社会治理河南省协同创新中心智库丛书

樊红敏◎主编

政府行为与地方社会治理现代化

中国社会科学出版社

图书在版编目（CIP）数据

政府行为与地方社会治理现代化／樊红敏主编 . —北京：
中国社会科学出版社，2018.12
ISBN 978 - 7 - 5203 - 1965 - 2

Ⅰ.①政⋯　Ⅱ.①樊⋯　Ⅲ.①社会管理—现代化管理—
研究—中国　Ⅳ.①D63

中国版本图书馆 CIP 数据核字（2018）第 005052 号

出 版 人	赵剑英
责任编辑	冯春凤
责任校对	张爱华
责任印制	郝美娜

出　　　版	中国社会科学出版社
社　　　址	北京鼓楼西大街甲 158 号
邮　　　编	100720
网　　　址	http：//www.csspw.cn
发 行 部	010 - 84083685
门 市 部	010 - 84029450
经　　　销	新华书店及其他书店

印　　　刷	北京君升印刷有限公司
装　　　订	廊坊市广阳区广增装订厂
版　　　次	2018 年 12 月第 1 版
印　　　次	2018 年 12 月第 1 次印刷

开　　　本	710×1000　1/16
印　　　张	19.25
插　　　页	2
字　　　数	316 千字
定　　　价	88.00 元

凡购买中国社会科学出版社图书，如有质量问题请与本社营销中心联系调换
电话:010 - 84083683

社会治理河南省协同创新中心智库丛书
编　委　会

目　录

专题四：地方治理与文化观念

丛书总序

中国三十多年改革开放是一个经济社会发展走向社会全面进步的可持续过程。在经济建设获得巨大成就的同时，社会发展的新要求和新挑战正在催逼着我们进一步解放思想，在社会建设的重点领域实施突破性变革，实质性地推进国家社会治理能力和水平。十八届三中全会将"创新社会治理"提升至推进国家治理体系和治理能力现代化的战略高度，以专章形式对创新社会治理的目标、方向和任务等进行了全面论述。党的十八届四中全会提出了"依法治国"的重大方略，提高社会治理法治化水平成为"推进国家治理体系和治理能力现代化"的应有之义和重要路径。

在当前经济新常态背景下，社会变迁和社会发展呈现出一系列新态势：新型城镇化加速新态势、社会权利不断发展新态势、变动的社会需求和冲突性利益格局新态势、老龄化社会加剧新态势、"互联网＋"时代来临新态势等。着眼于社会变迁和转型的新态势，创新社会治理体制机制，保障经济社会持续发展是社会治理理论和实践面临的重大课题。社会治理河南省协同创新中心立足区域性专业型特色智库定位，着力于发挥协同创新平台功能，服务地方经济社会发展，推动地方社会治理现代化。现已形成一支稳定的研究队伍，在数据库平台建设、人才培养、科学研究和社会服务上开展了有成效的探索。中心通过开展跟踪社会调查，建立了地方社会治理数据库。中心定期编印《决策参考》，针对河南省社会治理实践中的突出问题，提交决策咨询报告，内容涉及：新型城镇化、工业化、公共服务、公共财政、食品安全、自贸区建设、新型农村社区建设、基层公共文化、公共安全形势、政府门户网站评估、政府购买社工服务、城乡一体化、农民工市民化、农村基督教治理、城乡教育资源分配等。中心自2014年以来，发布年度《河南社会治理发展报告》，报告围绕深化社会治理改革、公共安全、社会组织参与、公共服务以及新型城镇化等重点和难点问题，将当前社会治理领域的学术研究、政策论述和政策建言，以易于阅读的语言编辑，为各级党委、政府创新社会治理提供理论支撑和决策参考，受到社会和媒体的广泛关注和好评。

社会治理河南省协同创新中心智库丛书以推动地方社会治理现代化为旨归，围绕地方社会治理面临的新形势、新任务和社会治理的重大问题，聚焦于地方社会冲突治理、新型城镇化、社会组织参与、互联网社会治理等重大现实问题。智库丛书以最大限度激发社会活力，增益全社会福祉为根本目标，着眼于创新地方社会治理，推动理论创新；凸显社会治理的实践性和地方性特色，与各行动主体的创新性探索和地方实践相结合，推广一批社会治理的成熟经验，推动社会治理变革和实践创新。

抓住新的机遇，全面深化改革，积极应对当前新常态下社会建设和社会治理面临的各种挑战和风险，需理论研究者和社会实践者同心协力地投入到实践探索当中，更好地为现实服务。希望丛书的出版，能为推动地方社会建设和社会治理能力现代化发挥应有的作用。

郑永扣

2015 年 12 月

专题一：地方政府行为

从邀功到避责:基层政府官员行为的新变化

倪星　王锐[*]

提要: 随着当前政治经济环境的变化,全球性的避责时代已经来临,避责逐渐取代邀功成为政府官员行为的主要选择。国内外的相关理论和经验研究发现,经济发展、公共舆论、问责力度与政府官员避责行为之间具有紧密的联系,而官员的避责策略可以从列举式、类型学和决策树三种方式进行归纳总结。我国基层官员常用的避责策略则包括忙而不动、纳入常规、隐匿信息、模糊因果关系、转移视线、找替罪羊等。面临社会转型带来的挑战,官员避责行为造成了改革压力指数化增长,带来了公共政策失败、公众信任危机、政府内部激励不足等问题。针对官员避责所导致的不作为现象,亟待重新进行顶层设计和系统化的制度安排,尽快实现从模糊管理向精细管理、从无限责任向有限责任、从忠诚训练向能力训练的转变。

关键词: 风险社会;邀功;避责;政府官员行为

一　风险社会与避责时代的来临

近年来,引起决策者和研究者关注的一个重要现象是,政府官员的行为正在发生重大转变,政府内部的消极不作为逐渐取代了以往强有力的创新行为。作为公共权力代理人,政府官员应当追求公共利益,但作为理性经济人,政府官员也在追求私人利益。这两者之间存在着一系列矛盾,使

* 作者简介:倪星,中山大学中国公共管理研究中心、廉政与治理研究中心;王锐,中山大学政治与公共事务管理学院。

得政府官员的行为变得异常复杂。从现有文献来看，国内外关于政府官员行为的研究主要沿袭着邀功（credit claiming）与避责（blame avoidance）两大路径展开。邀功和避责表面上看似对立，但事实上在现实政治场域中处于共存状态，这也引起了国内外学者的争论，即政府官员行为是以邀功为主还是以避责为主。随着当前各国政治经济形势的变化，越来越多的学者认为全球性的避责时代已经开启，避责逐渐取代邀功成为政府官员行为的主要特征。最近在基层调研中，某领导曾经谈道："作为一把手，自己有几十年党龄了，组织也对自己不薄，这点党性修养还是有的，所以自己还是靠理想信念支撑着去干事。但每次开会布置工作时，看到下属们经常是一脸茫然，表面上点头哈腰、哼哼哈哈，其实他们内心里可能在说，领导你别天天忽悠我们了。说实话，我手中没有任何东西去调动他们的工作积极性。"某基层官员也说："这几年地方经济形势非常糟糕，上级天天鼓励我们干事创业，打破常规谋发展，还出台了激励创新、容错免责办法。但事实上一旦出现问题，有关部门一定是要找人出来买单的，最终得有人负责，还不是落在我们这些基层经办人员身上。"这说明在中国地方政府管理实践中，也出现了避责的现象。

在关于邀功的研究中，个体邀功行为在私人部门和公共部门之间存在着较大差异，在不同类型的政治体制下也体现出不同诉求。公共部门的多重委托—代理关系使其呈现出组织目标多元性与模糊性的特征，由于产出难以度量，并且政府官员在多维任务下缺乏显性激励，故相较于私人部门建立在"薪酬与业绩关联的线性激励契约"[1] 基础上的邀功行为，公共部门的邀功行为更多体现在对晋升、选票等的追求方面。在西方选举政治中，连任被视为政府官员的首要目标。[2] 而在我国的政治体制下，邀功主要表现为政府官员对政治晋升的追求，各级政府通过财政分权和政治集权

---

[1] 　M. Harris and B. Holmstrom, "On the Duration of Agreements", *International Economic Review*, Vol. 28, No. 2. 1987.

[2] 　S. Peltzman, "Toward A More General Theory of Regulation", *The Journal of Law & Economics*, Vol. 19, No. 2, 1976; M. P. Fiorina, Congress, Keystone of the Washington Establishment, *New Haven and London*: Yale University Press, 1989, p. 46; D. R. Mayhew, Congress: The Electoral Connection, *New Haven*: Yale University Press, 1974, p. 52—61; R. K. Weaver, "The Politics of Blame Avoidance", *Journal of public policy*, Vol. 6, No. 4, 1986.

充分调动起官员的邀功行为，引发围绕 GDP 增长而展开的"晋升锦标赛"①。

　　当前，虽然避责正在成为一个描述政府官员行为的流行概念，但其含义仍然较为模糊。在已有英文文献中，关于责任的描述主要有 responsibility、accountability 和 blame。其中，responsibility 是公共行政领域对责任的一般表述，其含义较为明确和稳定。accountability 具有问责的意思，其内含较为复杂。blame 主要由官员感知到的伤害（harm）和责任（responsibility）组成，这就意味着在避责（blame avoidance）中对于"责"的界定范围更为广泛，包括政府官员所承担的直接责任以及由于其特殊位置所承载的潜在损失（例如受到指责等）。作为公共治理的最重要主体之一，政府官员承担着诸多责任，当前研究也聚焦于探究政府官员的避责行为。此外，我们还需要注意公众和利益团体中存在的避责倾向，经过观察发现，他们也往往将相关责任推向政府。理想的政府与公众关系应该是，政府基于公众需求提供公共物品和公共服务，公众对此进行反馈并对政府形成监督，双方在互动中共同促进良好的公共治理。然而，避责主体的扩大化导致政府与公众关系的异化，双方之间互相推卸责任，陷于无止境的互不满意状态。公众和利益团体中存在的避责倾向，诱发对政府更激烈的问责，而这又可能会激起政府更大程度上的回避行为，由此变成一个不断强化的闭环，在政府和公众之间形成了负和博弈（negative sum game）。

　　具体而言，无论是邀功还是避责，都与政府官员所处的具体环境密切相关，直接受到宏观、中观和微观环境变化的影响。在宏观层面上，具体体现为风险社会中不确定性增加与政府责任无限扩展之间的矛盾。乌尔里希·贝克（Ulrich Beck）②的"风险社会"理论认为，在现代化阶段中工业化道路所产生的威胁开始占主导地位，给整个社会带来了系统性转变，这不仅体现在风险分配格局的变化，更体现在对不确定性的理解和判断方

---

　　① 周黎安：《晋升博弈中政府官员的激励与合作——兼论我国地方保护主义和重复建设问题长期存在的原因》，《经济研究》2004 年第 6 期；周黎安：《中国地方官员的晋升锦标赛模式研究》，《经济研究》2007 年第 7 期；H. Li and L. A. Zhou, "Political Turnover and Economic Performance: The Incentive Role of Personnel Control in China", *Journal of public economics*, Vol. 89, No. 9, 2005.

　　② U. Beck, "Risk society: towards a new modernity", *Social Forces*, Vol. 73, No. 1, 1992.

面的改变。风险社会带来了不确定性的扩大和未来的不可预期，而随着行政国家的崛起，各国政府的行政权力和行政活动大量扩展，直接介入并渗透到社会生活的各个领域，政府随之从有限责任主体逐渐扩展成为无限责任主体。在风险和责任的双重压力下，政府官员的行为开始由邀功转换为避责。

在中观层面上，具体体现为信息技术的传播激化效应与政府官员有限注意力之间的矛盾。依托于信息技术革命的网络参与，改变了人们对空间和时间的运用。在流动的空间和压缩的时间交互影响下，移动互联正逐渐改变着当下信息流的传播路径，塑造了现代社会中的传播新模式。信息时代不仅表现为大数据的深度挖掘和大范围的信息共享，更是对政治、经济和社会秩序的变革和挑战。科技发展激化了当下各类事件的发酵速度和传播力度，呈现无时空限制下的高度参与交互效应。尤其是负面事件的传播，更易引起井喷式的关注和评论。而政府官员的注意力和能力是有限的，信息时代的公共舆论被其视为一种需谨慎规避的障碍，进而使得他们无法准确预判所处环境，其避责行为进一步得到强化。

在微观层面上，具体体现为原子化个体的消极偏向与信任危机之间的矛盾。相对于风险社会和信息技术革命的到来，原子化个体对负面事件的消极感知所产生的影响更为深远。一般而言，原子化个体对政府的看法直接影响着其政治信任度和政治忠诚度，个体对负面事件的消极偏向感知容易诱致政治信任危机。随着公众个体满意阈值的不断提升，政府与公众之间的互动难度提高，政府需要投入的成本也随之增加。这种情况使得政府官员更倾向于采用避责策略，将成本投入和外部压力控制在可承受的范围之内。此外，对负面事件的偏向性感知同样存在于政府内部。作为原子化的个体，政府官员也对损失更为敏感，使得他们更愿意选择避责策略。

风险社会的来临、信息技术的传导力度和公众信任危机的存在共同导致的结果就是，政府部门形成了风险规避（risk aversion）① 的风气，政府官员成为了风险规避者。根据丹尼尔·卡尼曼（Daniel Kahneman）和阿

---

① R. Norman, "Managing Through Measurement or Meaning? Lessons From Experience With New Zealand's Public Sector Performance Management Systems", *International Review of Administrative Sciences*, Vol. 68, No. 4, 2002.

莫斯·特沃斯基（Amos Tversky）① 的前景理论（prospect theory），人们进行决策时依据的是对潜在而非最终损失和收益的评估，这意味着多数人对得失的判断往往是根据某一参考点而做出的。风险规避者并不是指一个人在本质上追求确定性和安全感而对风险产生厌恶，而是指其做出风险决策时，相对于一个具有更高预期收益的选择，更愿意接受另一个相对保险但预期收益更低的选择。

二　避责研究的产生与发展

在对政府官员行为的研究中，越来越多的学者强调要关注政府内部的避责行为，并注意到其对政治过程、政策制定、外部回应等方面产生的深远影响。相比于邀功行为研究的宏大框架和丰富多样，当前对避责行为研究的焦点较为分散。从总体上看，避责研究可分为两个阶段：第一个阶段是由 R. 肯特·韦弗（R. Kent Weaver）在《公共政策学报》（*Journal of Public Policy*）发表《避责中的政治》（*The Politics of Blame Avoidance*）一文开启了对避责问题的讨论。第二阶段是自 2002 年以来克里斯多夫·胡德（Christopher Hood）发表的一系列文章和著作引起了对避责问题的多领域研究。时至今日，关于避责问题的研究层出不穷，研究重心也从对现实问题的解释上升到理论的构建。

（一）第一阶段：避责问题的提出

在目前可查询的文献中，韦弗是关于避责行为的最早研究者之一，其开创性研究得到了后续研究者的广泛认可。韦弗的研究基于两个重要观察：(1)政府自律性（automaticity）的增加，即政策制定者加大了对自身所拥有的自由裁量权的控制。(2)消极偏向（negativity bias）的影响，即在同样程度下负面性质的事件对个体心理过程的影响比正面性质的事件更为强烈。上述现象意味着政府自身及其面临环境发生了重大变化，促使韦弗开始关注政治生活中的官员避责行为。韦弗的政府官员避责理论核心包

---

① D. Kahneman and A. Tversky, "Prospect Theory: An Analysis of Decision Under Risk", *Econometrica*, Vol. 47, No. 2, 1979.

括三个动机、一个假设、四个原因和八种策略。他将政府官员的动机划分为邀功（credit claiming）、善政（good policy）和避责（blame avoidance），构建政府官员"追求连任和晋升最大化"的行为假设，认为政府官员并不是传统意义上的追求功绩最大化，而是谋求责任最小化。只有当选民对其收益和损失有对称性的反应时，官员才会理性地追求持续利益最大化，采取邀功策略。而导致官员避责行为的原因包括财政压力增加、政党地位下降、政治政策变化、利益群体影响等。在此基础上，韦弗归纳出常见的八种避责策略，强调指出官员动机主要是避责而非邀功，提醒人们关注政府内部出现的避责现象。①

此后，凯瑟琳·M. 麦格劳（Kathleen M. McGraw）② 从心理学领域研究了政府官员的避责行为，认为政府官员通过政治解释和正当性辩护来塑造公众的感知，其实验研究发现政治解释的确有效提升了公众对政府官员的评价。保罗·皮尔森（Paul Pierson）③ 研究了福利国家体系下的政府避责问题，关注长期货币紧缩下政府福利政策撤离中的避责逻辑。理查德·埃利斯（Richard Ellis）④ 在其著作《总统的避雷针：避责中的政治》（*Presidential Lightning Rods: the Politics of Blame Avoidance*）中对美国联邦政府内阁官员代替总统承受外界问责的现象进行了研究，通过选取多个美国总统的例子，他认为作为总统免受攻击的工具选择，由内阁官员代替总统承受问责的方式可以帮助总统检验政策效果、收集民意、保护其政治力量和公众形象。但遗憾的是，作者并未继续深入挖掘避责逻辑背后的一系列问题。

总的来说，第一阶段对避责问题的研究提出了与邀功不同的分析逻辑，使人们认识到官员行为转换所带来的深刻影响。但该阶段的研究主要限于现象描述，缺乏对避责逻辑的深入探究，使得相关研究在较长的一段

---

① R. K. Weaver, "The Politics of Blame Avoidance", *Journal of public policy*, Vol. 6, No. 4, 1986.

② K. M. McGraw, "Avoiding Blame: An Experimental Investigation of Political Excuses and Justifications", *British Journal of Political Science*, Vol. 20, No. 1, 1990.

③ P. Pierson, Dismantling the Welfare State?: Reagan, *Thatcher and the Politics of Retrenchment*, Cambridge: Cambridge University Press, 1995, pp. 1—224.

④ R. Ellis, *Presidential Lightning Rods the Politics of Blame Avoidance*, Kansas: University Press of Kansas, 1994, pp. 1—280.

时间内处于停滞状态。

（二）第二阶段：多领域的避责研究

胡德的一系列文章及著作《推卸责任：倾向性解释、官僚制和政府中的自我保护》（*The Blame Game: Spin, Bureaucracy, and Self - Preservation in Government*）开启了第二阶段对避责问题的研究。在研究方法上，随着各类数据信息可获得性的提升，对避责问题的研究开始从单一案例的定性研究向运用各类模型方法的量化研究发展，呈现出较为多元的研究状态。其中，定性研究多集中于通过案例分析来探究避责的具体逻辑，尤其是对福利国家中的避责研究较为突出。① 定量研究则主要运用调查数据来探究与避责行为相关的问题，较为典型的包括政府官员对公共报告中绩效指标的正当性辩护②、部长辞职是如何承担相关责任和提升政府民望③、消极偏向的观察性和实验性研究④、避责事件和媒体负面性报道的分析⑤，以及其他一些对避责的探索性研究。⑥ 在研究领域上，第二阶段的避责研究不仅仅局限于单纯讨论避责问题，而是将避责置于具体政治场域下进行

① A. Lindbom, "Obfuscating Retrenchment: Swedish Welfare Policy in the 1990s", *Journal of Public Policy*, Vol. 27, No. 2, 2007.

② E. Charboneau, F. Bellavance, "Blame Avoidance in Public Reporting Evidence from a Provincially Mandated Municipal Performance Measurement Regime", *Public Performance & Management Review*, Vol. 35, No. 3, 2012.

③ T. Dewan and K. Dowding, "The Corrective Effect of Ministerial Resignations on Government Popularity", *American Journal of Political Science*, Vol. 49, No. 1, 2005.

④ R. Dixon, C. Arndt, M. Mullers, J. Vakkuri, K. Engblom - Pelkkala, and C. Hood, "A Lever for Improvement or a Magnet for Blame? Press and Political Responses to International Educational Rankings in Four EU countries", *Public Administration*, Vol. 91, No. 2, 2013; A. L. Olsen, "Citizen (Dis) satisfaction: An Experimental Equivalence Framing Study", *Public Administration Review*, Vol. 75, No. 3, 2015.

⑤ C. Hood and R. Dixon, "The Political Payoff from Performance Target Systems: No - Brainer or No - Gainer?", *Journal of Public Administration Research & Theory*, Vol. 20, No. Supplemen 2, 2010; S. L. Resodihardjo, B. J. Carroll, C. J. A. van Eijk and S. Maris, "Why Traditional Responses to Blame Games Fail: The Importance of Context, Rituals, and Sub - Blame Games in the Face of Raves Gone Wrong", *Public Administration*, Vol. 94, No. 2, 2015.

⑥ R. Sulitzeanu - Kenan, "If They Get It Right: An Experimental Test of the Effects of the Appointment and Reports of UK Public Inquiries", *Public Administration*, Vol. 84, No. 3, 2006.

分析。例如，探讨高等教育专项拨款中的党派避责问题①、透明公开理念
与避责逻辑的碰撞②、政策制定和政策创新中的避责问题③、中国官员应
对冲突事件中的避责行为④，等等。在解释框架上，第二阶段的研究文献
对避责的产生、策略、过程、影响等进行了深入探究，并逐渐开展了理论
间的对话。在因果机制上，重点探讨了经济发展、公共舆论、问责力度对
政府官员避责行为的影响，具体如下：

经济发展与政府官员避责行为。经济发展与政府官员避责行为之间的
关系极为复杂，两者之间的因果关系并未有确切的结论，而且在不同的外
在环境下表现迥异。此方面的研究主要集中在福利国家领域，纵然学者们
对福利国家的经济后果一直有所争论⑤，但随着各福利国家面临日趋严峻
的长期经济衰退状况，学界对社会政策开支削减的问题进行了大量讨
论。⑥ 相关研究探讨了福利削减所带来的后果，发现选民的不满使福利政
策开支削减成为一项不受欢迎的政策。至于政策制定者行为背后的原因，
越来越多的学者将其归结为避责逻辑。⑦ 伴随着全球性经济危机的到来，
资本主义福利黄金时代的终结给政府带来了巨大压力，这体现在财政汲取
能力的减弱和公民意识的崛起。财政收入的缩水意味着政府无法继续负担
较高的福利开支，而公民意志的崛起使其不再单纯满足于初级的福利保
障。政府不仅要应对福利依赖的财政压力，更需要回应持续高涨的公众诉

---

① S. J. Bella and L. Sigelma, "Partisanship, Blame Avoidance, and the Distribution of Legislative Pork", *American Journal of Political Science*, Vol. 46, No. 4, 2002.

② C. Hood, "What Happens When Transparency Meets Blame – Avoidance?", *Public Management Review*, Vol. 9, No. 2, 2007.

③ M. Howlett, "The lessons of failure: learning and blame avoidance in public policy – making", *InternationalPolitical Science Review*, Vol. 33, No. 5, 2012.

④ Y. Cai, *State and agents in China: Disciplining government officials*, Stanford University Press, 2014, pp. 134—158.

⑤ I. Mares, "The Economic Consequences of the Welfare State", *International Social Security Review*, Vol. 60, No. 2—3, 2007.

⑥ P. Starke, "The Politics of Welfare State Retrenchment: A Literature Review", *Social Policy &Administration*, Vol. 40, No. 1, 2006.; W. Korpi, "Welfare – State Regress In Western Europe: Politics, Institutions, Globalization, and Europeanization", *Sociology*, Vol. 29, No. 29, 2003.

⑦ N. Giger and M. Nelson, "The Electoral Consequences of Welfare State Retrenchment: Blame Avoidance or Credit Claiming in the Era of Permanent Austerity?", *European Journal of Political Research*, Vol. 50, No. 1, 2011.

求。基于此，在很多进入福利陷阱的国家中陆续出现了政府官员大范围避责的现象。

公共舆论与政府官员避责行为。心理学家将避责视为人的一种特性，公共舆论的压力尤其使得人的消极偏向显著提升。作为解释政治现象和官员行为的重要理论，消极偏向源于公众对政府的基本预期，即公众普遍认为政府实现善治是理所应当的，政府应该更加关注自身执行力不足的问题。① 早期研究已证明，公众对政府的不满意程度比满意程度在政治忠诚方面更易产生相应的行动和改变②，研究公共领域避责问题的学者同样认为负面事件比正面事件对政府更具冲击力。③ 尽管学术界对于消极偏向产生的原因还存在争论，但该种现象的显著性存在已得到了充分证实，未来的研究需要更深入探讨其对政府公共决策产生的影响。除此之外，信息时代下公共舆论的话语权发生了重大变化，舆论力量的崛起促使政府官员更加关注自身行为的调整，更偏向对外采取规避性策略进行风险化解。

问责力度与政府官员避责行为。有权必有责，政府官员在拥有权力的同时也担负着责任。从现实经验来看，问责的增加意味着政府官员行为成本—收益的变化。为规避潜在的问责风险，政府官员倾向于将突发事件避责转为常规事件避责。虽然胡德认为问责力度和政府官员避责行为之间的关系尚未明确④，但毋庸置疑的是，问责的强度塑造着政府官员行为。一方面，当避责策略有效时，高强度的问责可能面临更为激烈的避责行为；另一方面，高强度的问责往往伴随更严厉的惩罚，当避责行为无法有效规避风险时，问责的规范性作用就可能得到提升。在西方政党政治和宪政体制下，问责包括议会问责、司法问责、政府内部问责、公务员问责和选民

① K. Yang and M. Holzer, "The performance – Trust Link: Implications for Performance Measurement", *PublicAdministration Review*, Vol. 66, No. 1, 2006.

② R. R. Lau, "Negativity in Political Perception", *Political Behavior*, Vol. 4, No. 4, 1982; R. R. Lau, "Two Explanations for Negativity Effects in Political Behavior", *American Journal of Political Science*, Vol. 29, No. 1, 1985.

③ P. Rozin and E. B. Royzman, "Negativity Bias, Negativity Dominance, and Contagion", *Personality and Social Psychology Review*, Vol. 5, No. 4, 2001.

④ C. Hood, "Blame Avoidance and Accountability: Positive, Negative, or Neutral?", In Melvin J. Dubnick and H. George Frederickson (Editors), Accountable Governance: Problems and Promises, London: M. E. Sharpe, 2011, p. 172.

问责等形式，其问责体系比较系统化、制度化。长期以来，我国实行的是与干部任命制相匹配的自上而下为主的问责，但近年来社会问责也在不断加强，整体上强化了问责力度。

总而言之，第二阶段的避责研究强调官员行为转变是由一系列结构性变化引起的，由避责问题延伸出的是对整个时代背景的思考，避责不仅仅是当前政府内部的普遍现象，而且引发了政府和社会的互动，涉及到政府内部各层级的关系以及政府与公众之间的关系。避责的相关研究吸引了众多研究者对政府官员行为的关注，尤其是自 2002 年以来，关于避责的研究成果层出不穷，呈现出井喷式的上升趋势。在过去相当长一段时期内，学术界对邀功行为的研究处于主导地位。而在当前的时代巨变的背景下，我们更需要关注政府官员避责行为的变化，深入分析这种变化背后的深层逻辑，警惕其带来的预期和非预期后果。

三 政府官员避责的具体策略

避责策略作为政府官员避责行为的具体表现和实际运用，一直是避责研究的核心内容。在已有研究中，学者们主要通过列举式、类型学和决策树三种方式对政府官员的避责策略进行归纳总结。

（一）列举式

韦弗在实证研究的基础上通过列举的方式提出了八种避责策略，并进一步描述了产生各类避责策略的具体情形，主要包括：（1）限制议程。当政策制定者和选民之间发生冲突时，政府官员为防止潜在决策出现高成本代价，更倾向采用减少议程的方式来避责。（2）议题重设。政策制定者会提出新政策，并以此将已有损失模糊化。（3）非理性支出。当出现负和博弈或已有政策失败的情况时，尽管面临持续亏损，政策制定者仍会投入大量资源维持现状，并以此来使可能存在的影响滞后显现。（4）互相推诿。政策制定者倾向于通过集体决策的形式制定相关政策，进而分散自身的压力。（5）找替罪羊。当过去的丑闻或政策过失被发现时，找替罪羊的策略常被使用，即政策制定者将责任推至他人尤其是下属身上。（6）紧随潮流。支持政治上更受欢迎的选择而非更理性的选择，据此来减少自身责任。(7)全力抵御。该策略基于"法不责众"的观念，通过将责任分散乃至遍及更多政策制定者的方式来规避风险。(8)行为惯性。当政策制定者已知晓自己行为是错误的时候，为防止产生问责，仍会利用那些与自身政策偏好相违背的邀功机会。①

蔡永顺认为，中国政府官员有着强烈的避责动机，其中保持权力(staying in power) 是重中之重。纵使国家具有一定容忍范围，政府官员仍会采取积极避责策略来免于惩罚。这些避责策略包括：(1)屏蔽信息或瞒报。这是面临突发事件时的常见做法，通过对信息的把控来对事实进行隐藏。(2)规避责任。常见的有寻找替罪羊、民众行动政治化、模糊因果等策略。(3)调动社会网络。即动用社会网络和社会关系寻求帮助或保护，这也体现出关系网对政府官员的重要性。②

在基层调研中，我们也发现了当前一些基层官员常用的避责策略，具体包括：(1)忙而不动。上级有什么要求，下级表面上马上照办，看起来很忙，声势也做足了，但是实际上根本不动，最终应付了事。(2)纳入常规。再紧急的事情，领导再重视的事情，都把它纳入繁文缛节之中，用制度、规则和程序等对付之，用常规的汪洋大海淹没之。(3)隐匿信息。即下级利用自己的信息优势，向上级报喜不报忧。(4)模糊因果关系。在发生问题后，上级问责的时候，通过模糊前因后果之间的关系，进而蒙混过关。(5)转移视线。不断制造新的危机和议题，转移焦点。(6)找替罪羊。在问责时互相推诿，尤其是向下级转移责任，最后出现"都是临时工干的"之类的借口。

(二) 类型学

胡德作为避责研究领域的领军人物，将避责策略划分为三种类型：(1)机构策略。即寻找替罪羊的策略，当在正式制度结构中分散责任可有效应对问责时，政府官员会选择将责任和管辖权在多个机构和公职人员之间进行分拆。(2)表象策略。当引导公众可限制或偏转问责时，政府官员

① R. K. Weaver, "The Politics of Blame Avoidance", *Journal of public policy*, Vol. 6, No. 4, 1986.

② Y. Cai, *State and agents in China: Disciplining government officials*, Stanford University Press, 2014.

会通过各类方式塑造公共感知来缓解自身压力。(3)政策策略。在有可供比较的政策选项时，通过政策选择、操作常规等方式使得机构或个人责任最小化。①

与此类似，莱斯利·亚历山大·保罗（Leslie Alexander Pal）和韦弗通过类型学的方式将 11 种避责策略归纳为三大类别：(1)程序性策略。包括与外界隔离、推卸责任、限制议程的具体策略。(2)感知性策略。包括模糊化、寻找替罪羊、兜圈子、重新定义问题的具体策略。(3)支付性策略。包括分散化处理、赔偿、豁免、保持专注的具体策略。皮尔森也归纳了避责的三种策略：(1)模糊处理策略，即降低改革的可预见性。(2)共担策略，即减少改革的负面后果。(3)补偿策略，即向改革中的损失者进行转移支付。②

表 1　　　　　马丁·赫林（Martin Hering）总结的避责策略类型③

来源	类型一	类型二	类型三
Pal and Weaver（2003）	程序性策略	感知性策略	支付性策略
	外界隔离	模糊化	分散化处理
	推卸责任	寻找替罪羊	赔偿
	限制议程	兜圈子	豁免
		重新定义问题	保持专注
Pierson（1994）	模糊处理	共担策略	补偿策略
	递减主义	针对性政策	责任免除
	隐瞒		选区
	负担转移		提供其他好处
	自律性		
	回应滞后		

---

① C. Hood, "What Happens When Transparency Meets Blame - Avoidance?", *Public Management Review*, Vol. 9, No. 2, 2007.

② L. A. Pal and R. K. Weave, *The Government Taketh Away: The Politics of Pain in the United States and Canada*, Washington: Georgetown University Press, 2003.

③ M. Hering, "Welfare State Restructuring without Grand Coalitions: The Role of Informal Cooperation in Blame Avoidance", *German Politics*, Vol. 17, No. 2, 2008.

续表

来源	类型一	类型二	类型三
Hood（2002）	表象策略	政策策略	机构策略
	找借口	选择性的政策	代表团
	正当性辩护		

（三）决策树

很显然，上述避责策略分析都是从静态出发的，缺乏一个动态的视角。2016年，胡德等人指出应该将避责策略视为一个动态选择的过程，进而提出了决策树的分析模型。[①] 胡德等人选择四个民主国家中政府首脑对媒体负面报道的回应为案例，在比较视角下通过量化数据来分析政府官员避责行为中的反应、撤离和效果，进而探究官员避责逻辑。借助卡普－梅耶的生存分析模型、参数加速时效时间模型、自回归分布滞后模型等分析框架，他们发现媒体公开指责的程度与官员的回应烈度直接相关，并引发一系列连续动态的策略选择。首先，政府官员将决定选择采取引导策略还是其他避责策略。其次，在引导策略下，政府官员将决定选择积极的应对姿态还是消极的应对姿态。再次，在积极的应对姿态下，政府官员将选择承认问题还是否认问题。最后，在承认问题的基础上，政府官员将选择承认责任还是否认责任。该动态避责策略反映出政府官员面临问题时的序贯选择，并基于实际案例和数据证实了避责策略的动态层次性。

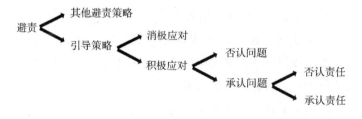

图1　动态避责策略选择

---

① C. Hood, W. Jennings and P. Copeland, "Blame Avoidance in Comparative Perspective: Reactivity, StagedRetreat and Efficacy", *Public Administration*, Vol. 94, No. 2, 2016.

以上所列举的是在避责研究领域中较为经典的分类,除此之外,也有学者根据不同的研究问题对避责策略进行了其他分析①,此处不再赘述。总体来看,已有的避责研究文献为我们提供了非常详实的概念界定、实证归纳和理论框架,但由于避责是一个情景变量,随着具体问题、环境和行动主体的不同,其具体策略千变万化,很难一一穷尽。同时,对避责的研究散布于不同的研究问题和研究领域中,不同学者、不同学科视角和不同研究取向的理论兴趣、研究方法和目的存在着巨大差异,所得出的结论往往千差万别、莫衷一是。然而,无论如何,对避责策略的分析既离不开对现实情况的敏锐把握,又需要深入分析其背后的逻辑脉络,这就要求学者们妥善平衡现实与理论之间的张力。

四　避责行为的后果:改革压力的指数化增长

当前,政府官员的避责行为对政治、经济和社会发展产生了一系列影响。这些影响不仅是其表面上所呈现出来的那么简单,而是关系到全面转型背景下改革压力指数化增长等根本问题,以及从个体行为传导而成的全社会避责博弈。在避责时代,公共治理主体既没有发挥事前预防的作用,又不能积极有效应对风险,也不愿为此承担责任,而是构建"避责共同体"力图对自身责任进行回避,采取各类措施消解自身压力。同时,各国普遍存在的避责主体扩大化趋势使得问题变得更加严重。正如贝克所言,现代社会中正在出现一种"有组织地不负责任"(organized irresponsibility)的趋势,"公司、政策制定者和专家结成的联盟制造了当代社会中的危险,然后又建立一套话语来推卸责任"②。具体而言,面临政治、经济和社会转型的种种挑战,避责所带来的改革压力增长主要体现在政策失败、公众信任危机、政府内部激励不足等方面。

政策作为国家意志的具体体现,是贯彻落实发展理念的重要承载。因此,政策的产生、实施、反馈和完善至关重要。而政府官员中避责行为的

---

①　B. Vis and K. Van Kersbergen, "Why and How Do Political Actors Pursue Risky Reforms?", *Journal of Theoretical Politics*, Vol. 19, No. 2, 2007.

②　G. Mythen, *Ulrich Beck: A Critical Introduction to the Risk Society*, London: Pluto Press, 2004, p. 60.

蔓延可能导致政策失败，具体体现为无法产生可供选择的政策。① 面对日趋减少的邀功机会和逐步增加的问责力度，政府官员逐渐对自身所拥有的自由裁量权进行控制，在政策制定过程中的偏好也会相应有所改变。政策产出是一个复杂的过程，背后蕴含了多重力量博弈，而官员避责行为的嵌入使得政策产出更为复杂和困难。首先，对于政府官员而言，最简单直接的风险规避方式就是减少政策的制定。当出台某一政策可能会广受争议而存在潜在风险时，政策制定者倾向于放弃自身政策偏好，转而避免政策制定或制定较为中立的政策。其次，在政策制定过程中，政策制定者更趋向用共同决策或委员会决策的方式实现风险共担，这往往导致权责不对等、互相推诿等现象。最后，官员避责行为往往会影响政府内部利益平衡，使得政策更新动力不足进而导致政策失败。这也解释了为什么在风险社会中政策创新很少，并且通常带有消极意味，其背后的深层次原因是面对变革缺乏有效的政策供给。

当前西方福利国家中，财政压力和政治压力共同导致了福利撤退。在2008 年全球性金融危机带来长久经济衰退的背景下，各国社会保障投入的削减和政策调整的减少成为普遍现象，福利国家的避责行为尤为令人瞩目。相比于 20 世纪六七十年代福利扩张下的邀功行为，如今的福利削减意味着政府官员无法持续满足选民的福利要求，短期内又无力改变这一状况，这势必导致政府官员避责行为的扩张。面对福利依赖带来的种种弊端，在很多国家中主张削减福利开支、自由市场优先和家庭优先等措施被提出，并被相信是矫正弊端的有效措施。然而，一些福利国家的确竞相削减了福利开支，但政府官员的避责行为却迎来了新一轮的社会问责，即选民因官员失败的政治承诺产生了对政府的不满和信任危机，加剧了政府与公众之间的紧张关系，并引起其他链式反应。目前，全球面临着长期经济萎缩的压力，急需进行深入彻底的变革以找寻新的发展动力，但公众的不信任和不满情绪直接影响整个社会的稳定，消解了政府政策选择的空间。从福利国家面临极大选举风险的现实来看，通过削减福利支出来缓解财政压力的做法与选民长期的福利最大化幻觉之间存在着矛盾，故如何在政治

---

① R. K. Weaver, "The Politics of Blame Avoidance", *Journal of public policy*, Vol. 6, No. 4, 1986.

成本最小化的基础上平衡政府与公众的关系值得深入考量。

在公共组织中如何激励公务员历来是一个重要问题。公共服务动机理论认为，公务员比私人部门员工更看重公共组织的使命，因为那些目标和他们的价值相重叠。[①] 但现实中政府官员的避责行为呈现出明显的经济人特征，使得激励问题变得更为复杂和困难。毫无疑问，官员个人的行为选择极大地影响着政府政策的实施和成败，通过正确的激励使官员个人目标与组织目标趋向一致是制度设计的关键。但避责行为的发生，使得官员的责任权利之间相互分离，导致无法实现对个体的精细化激励和约束。同时，官员避责行为所存在的传染效应，无人愿意担负改革的风险和责任，使得改革更是举步维艰。针对官员的避责行为，上级或社会往往试图通过加大问责力度来加以矫正，但这样更易形成对官员的负激励。

五 结论与讨论

近年来，由官员避责所导致的不作为现象已经引起了社会的高度关注。我们需要从高层慎思未来的改革措施，采取切实措施扭转当前政府官员中弥漫的避责偏好，并以此作为推动中国改革再出发的契机和切入点。作为一种易被观测到的现象，政府官员避责行为背后有着深刻的制度根源。在传统的干部任命制下，政府官员以对上负责为主。如今伴随着社会问责的强势崛起，在上级和社会的双重压力下，政府官员的行为被不断重新塑造。一方面，社会发展导致对政府责任的无限需求，政府责任的无限扩张使得其能力捉襟见肘，而政府官员需要承担的实际责任往往大于其书面责任，权责的不对等使得避责成为必然选择。另一方面，伴随着新公共管理改革浪潮，上级政府不再直接对下级政府发号施令，而是倾向于提出战略性指导，通过由上到下的职能转移和服务外包来分解任务，形成了避责行为的传导。此外，避责不仅仅是政府官员的独特行为，更可能出现社会成员之间互相避责的现象，进而使得整个社会陷入恶性循环。

---

① J. L. Perry, A. Hondeghem and L. R. Wise, "Revisiting the Motivational Bases of Public Service: Twenty Years of Research and an Agenda for the Future", *Public administration review*, Vol. 70, No. 5, 2010.

　　党的十八大以来，各级党委和政府针对官员不作为现象提出了各种治理举措。例如，通过落实"两个责任"厘清政府官员的权责范围，在反腐败和廉政建设的背景下强调作风建设，在鼓励改革创新的基础上探索容错机制，等等。这些做法力图提高政府官员的担当意识，并为改革创新行为提供一定的保护和激励。但是，当前许多措施只是以碎片化的方式呈现，缺乏整体性制度设计，容易成为运动式的口号宣传，最终流于形式，难以实际执行。面对当前严峻的政治经济形势，迫切需要各级党政官员勇于担当、主动作为、锐意改革，拿出三十多年前第一代改革者"杀出一条血路"的精神气质，推动中国改革开放的再次出发。为此，我们需要针对政府内部避责行为蔓延的态势，重新进行顶层设计，提出系统化的制度安排，尽快实现三个方面的转变：首先，针对政府官员缺乏科学激励、改革动力不足的问题，需要从模糊管理转变为精细管理，更好地发挥激励机制的作用。其次，针对政府官员职责泛化、责任担当不足的问题，需要将政府责任从无限责任转变为有限责任，进行更加清晰明确的权责划分。最后，针对政府官员岗位要求与自身能力不对等、创新能力不足的问题，需要优化教育培训工作，从偏重忠诚训练转变为更加重视核心业务能力培养。

制造同意:广州市政府治理邻避冲突的策略

张紧跟*

摘要: 在治理邻避冲突的实践中,广州市政府采取了三管齐下的运作策略,即为消解公众疑虑而营造认知性同意、对操作程序的"查漏补缺"获得公众对政府操作过程的同意、开放公共政策过程以吸纳公众参与等三种方式推进预定政策目标。这种"制造同意"在地方政府的权威式主导与公众的自愿性同意之间建立了平衡性联系,是地方政府主动开放政策过程吸纳公众参与的创新性治理。因此,邻避冲突治理取决于地方政府治理创新与公民社会成长的制度化良性互动。

关键词: 制造同意;邻避冲突;地方政府治理

一 问题的提出与文献回顾

早在 20 世纪 70 年代,O'Hare(1977)开始使用"邻避"(NIMBY)来描述那些兴建能够带来整体性社会利益,但对周围居民产生负面影响的设施。而邻避冲突是指因为邻避设施建造而引起的当地居民与政府、或者邻避设施建设者之间的冲突。近年来,伴随着城镇化进程的狂飙突进,我国邻避冲突呈高速发展态势,如 2007 年厦门 PX 事件、2009 年番禺垃圾焚烧厂事件、2011 年大连 PX 事件、2013 年昆明 PX 事件、2014 年余杭中

---

* 作者简介:张紧跟,中山大学中国公共管理研究中心、中山大学政治与公共事务管理学院、中山大学港澳与内地合作发展协同创新中心。

基金项目:国家社会科学基金重大招标项目(12ZD040);教育部人文社会科学重点研究基地重大项目(14JJD630002);教育部"新世纪优秀人才支持计划"。

泰垃圾焚烧厂事件、2015 年罗定垃圾焚烧厂事件、2016 年仙桃垃圾焚烧厂事件等。由于缺乏行之有效的邻避冲突治理措施，不仅导致 PX 项目因抗议声浪而相继搁浅、高铁线路在众生喧哗中被迫改线、垃圾焚烧厂在舆情汹涌里夭折停建，甚至危及社会和谐稳定，因此地方政府往往面临邻避冲突治理危机。

从既有相关研究来看，无论是基于风险沟通还是公共政策过程中的协商参与，大部分研究者都是在总结既有邻避冲突教训与借鉴外部经验的基础上进行应然性对策设计（陶鹏、童星，2010；陈宝胜，2012；吴翠丽，2014；张乐、童星，2014；马奔等，2014；杜健勋，2016；王佃利、邢玉立，2016；田亮、郭佳佳，2016；唐庆鹏，2017）。而在数量有限的基于地方政府应对邻避冲突实践的研究中，研究者发现地方政府预料到邻避设施选址容易遭遇抵制，因而采取封闭式专断决策，让公众对城市总体规划、环境影响评估等过程不充分参与等（郑卫，2011），最终导致公众知情权、参与权和监督权得不到满足，以致他们既不理解又不支持政府决策（汤汇浩，2011）。由于地方政府作为邻避冲突中非中立的一方，因而常常使其对民众的安抚与调解能力大打折扣，与此同时，抗议者起初常常通过体制内管道表达诉求，然而政府却常常施以"拖延术"，即长时间不予回应；除此以外，政府还通过传唤、拘留和大量警察维持"秩序"等方式压制民意表达，进而"突袭式"建设或复建"邻避设施"，但这一过程往往导致急剧的暴力冲突（何艳玲，2006、2009）。熊炎等指出，政府面对邻避抗争存在无法充分回应公众诉求、没有引入第三方介入技术性问题评判、没有发挥社区组织整合群众利益的功能以及回馈与补偿机制的不合理等问题（熊炎，2011；黄岩、文锦，2010）。不过，关于中国邻避冲突治理的研究仍然集中于冲突何以发生以及地方政府何以治理失败，却很少探讨地方政府如何成功治理邻避冲突。[①] 近年来，一些地方政府在应对社会抗争中开始倾向于采用"刚柔并济"的"摆平"策略而非"完全刚性"的"压制"策略（钟伟军，2011；郁建兴、黄飚，2016）。陈峰等

---

① 邻避冲突的普遍结果是地方政府迫于维稳压力回应公众诉求，不管是迁址另建、搁置还是原址重建，都止步于偶发性的危机处理，但广州案例的独特之处在于其初步构建了公众持续参与的治理框架（张紧跟，2014）。

（F Chen & Y Kang，2016）发现基层政府解决中国式抗争常用"三板斧"：联合制度安排、个案调停机制以及社区监视。张永宏、李静君（2012）发现基层政府在应对公众抗议时采取了"制造同意"的三种具体手法：一是"花钱买稳定"，即从物质利益上对公众让步和妥协；二是"打综合战"，即让抗议者限于纷繁复杂的法律程序中，从而不堪程序的"拖"与"磨"，在这其中，有些时候政府会以"调解代替诉讼"、"抓把柄"予以推进；三是以"为人民服务"的名义加强"社会管理"，最重要的是通过设置诸如社区工作站等基层机构收集信息，同时对不满者做情感工作。但是，邻避冲突中的环境和健康问题常常超越具体的物质利益而涉及个人价值理念、生活方式（Walsh，et al.，1993；费希尔，2003），不是一个简单的利益交易。而且，这种"制造同意"其实是柔性压制与强力压制的两手并用，如借助抗议者关系网络做思想工作（如亲友劝说、领导施压等）来实现"关系型压制"（Deng & O'Brien，2013），或使用"政治化"（如"扣帽子"、"定性"等）、武力处理等刚性手段（Cai，2008）。显然，这并没有超越"摆平理顺"的"权益式治理"，而"摆平—妥协"二元策略、以维稳为治理底线的治理模式也无益于邻避冲突解决（鄢德奎、陈德敏，2016）。

总之，在实践中，"地方政府宣布建设—居民强烈反对—邻避设施被迫搁置"已然成为近年来中国特色邻避冲突治理的"样板戏"。虽然广州市政府在2009年强力推进的垃圾焚烧发电厂建设项目在遭遇番禺市民的激烈反对时也一度搁置，但2010年重新启动后逐步完成了重新选址并力图通过政府吸纳公众制度化参与走出既有邻避冲突治理的困境。①

因此，回顾广州市政府治理邻避冲突的实践，有必要回答两个问题②：（1）广州市政府在治理邻避冲突中采取了什么策略？或者说，广州

---

① 从历时性来看，没有2009年的邻避抗争故事自然就很难有2010年后的故事续集，因此应该将其作为一个完整的故事而不应该将其人为肢解。而在这个研究众多的旧案例中，研究者要么聚焦于2009年公众如何抗争（郭巍青、陈晓运，2011；袁光锋，2012；曾繁旭等，2013）、要么聚焦于2010年后的发展来进行应然性政策参与设计（黄小勇，2010；胡燕等，2013），缺乏解释性"深描"。

② 既有关于邻避冲突治理的研究文献虽然都强调公民参与和协商治理的重要性，但由于过分强调了对策导向而忽视了应有的学理性解释。

市政府为何能成功治理邻避冲突？（2）广州市政府治理邻避冲突的策略意味着什么？

本研究使用的资料来源于一手调查和二手文献。一手资料收集是基于我们 2009 年以来在广州的田野工作，资料获取主要通过参与式观察和访谈；二手文献来源于政府政策文本、媒体对事件的报道与讨论、中国知网上的学术论文等。

二　案例回溯：从邻避冲突到制造同意

1. 邻避抗争使项目暂时搁置

2009 年 2 月 4 日，广州市政府发出通告，决定在番禺区大石街会江村与钟村镇谢村交界处建设生活垃圾焚烧发电厂，计划于 2010 年建成并投入运营。9 月起，大石居民从媒体、网络等民间渠道得知这一信息。不久，这一选址就引发了距离垃圾焚烧厂选址 1 公里到 10 公里不等的几十个番禺区商品房小区业主的邻避抗争。在这些小区中，住户动则近万、多则几十万，"白领"、"中产阶层"是他们的共同身份特征，拥有私有住房产权以及追求优质生活让业主们非常在意生活空间的环境状况，不少业主还有如抗议市政路穿过小区的维权抗争经历。正因如此，垃圾焚烧厂选址信息一经网络曝光随即引发争议和抵制。在 2009 年 10—11 月，业主们通过网络陈情、秘密聚会、集体签名、媒体发声、街头行为艺术等方式开展抵制。同时，业主们搜索和公布焚烧厂决策的闭门专断、既有焚烧厂的污染 "证据"（如 "产生一级致癌物二噁英"、"导致癌症高发"）和垃圾焚烧的 "产业利益链条"，质疑垃圾焚烧的行政违法、技术风险和政商勾联。舆情部门监测到公众不满并迅速上报给广州市政府，市政府的回应随之而来。11 月 22 日，广州市政府召开媒体通报会，试图通过向公众说明情况从而避免集体上访事件发生。但是，在这个通报会上，原广州市环卫局局长、市政府副秘书长吕志毅关于 "垃圾焚烧是广州市垃圾处理坚定不移的发展方向"的强硬表态成为 "更大规模抗争的'动员令'"。11 月 23 日，一场近千人的街头抗议在广州市政府门口爆发且和平收场，引起多级政府和国内外媒体关注。12 月 20 日上午，应邀参加华南板块业主代表座谈会的时任中共番禺区委书记谭应华公开表示 "垃圾焚烧发电厂项目已停止"。

2. 2010年重启议程中的调适

一是调整政策议程。从2010年1月13日开始,广州市政府围绕垃圾治理在南方网、金羊网、大洋网、奥一网4家网络媒体上广泛开展公众意见网络征询活动,相关部门在对这些意见和建议进行汇总综合后,报市政府常务会议决策。① 二是着力修补"样板工程"李坑焚烧厂。"(李坑焚烧厂)是目前领导、市民和媒体关注度极高的一项工作,要全力以赴打赢'李坑保卫战',用最严格、最有效的标准,提升垃圾焚烧发电厂的运营水平……以此全面推进生活垃圾处理设施规划建设"②。从2012年开始,除了业主广环投集团、城管委、环保部门、村民监督组等四重监督外,还将设立由公众监督委员会组建的监督团,定期对李坑焚烧厂运营、维护、监管等状况实施社会监督,并定期向社会公布。③ 2015年,针对投诉,广州市城管委提出了非常严厉的监管措施。④ 2016年,广州李坑垃圾焚烧厂运营方表示,李坑烟气排放数据实时更新,并提供给市城管委和市环保局,"只要条件允许,烟气数据挂上网完全没有问题。"⑤ 三是构建吸纳公众参与的制度平台。2012年8月4日,广州市城市管理委员会成立了由30名社会人士担任委员的广州市城市废弃物处理公众咨询监督委员会。⑥ 四是展开政策营销。一方面,邀请专家为垃圾焚烧"正名"。2010年2月23—24日,应邀参加广州市生活垃圾处理专家咨询会的绝大多数专家认为对未能回收利用的生活垃圾进行现代化的焚烧处理符合环境友好

---

① 赖伟行:《听民声、疏民意、纳民智、解民忧》,《广州日报》2010年4月24日。

② 市城管委主任、书记、市城管局局长在市城管委和市城管局工作部署会议的讲话:《抓住重点,突破难点,统揽全局,整体推进全面提高城市管理水平》2010年3月5日,广州市城管网(http://www.gzcg.gov.cn/site/public/archive.aspx? CategoryId = Mjg4LDMyOA——&DocumentId = Njg4MzM-)。

③ 访谈:广州市城管委办公室,2012年11月18日。

④ 《李坑垃圾焚烧厂垃圾未烧透被处罚》,《广州日报》2015年3月25日。

⑤ 访谈:广环投集团副总经理陈文旭,2016年9月20日。

⑥ 《广州城市废弃物处理公众咨询监督委员会召开成立大会》,《广州日报》2012年8月4日。

型和气候友好型技术要求。① 另一方面，营销"变废为宝"的政策观念。
2012 年 7 月，时任广州市长陈建华提出：经过分类、减量、无害化处理，
除了可直接回收垃圾以及科学处理后每天可产生 5000 吨优质有机肥料的
餐厨垃圾外，焚烧垃圾每天 7000 吨可以产生总发电量 280 万度，相当于
10 个西村发电厂。②

3. 项目重新选址并赢得"同意"

2011 年 4 月 12 日，番禺区政府公布"五选一"选址方案，即选取五
个备选地址（包括原会江选址、沙湾镇、东涌镇、榄核镇和大岗镇等五
处），最终厂址将通过广泛讨论，根据群众意见、环评分析和专家论证来
确定，计划在 2014 年建成投产。4 月 25 日，来自番禺一些楼盘的业主再
次造访广州市城管委表达不满并要求官方加快垃圾分类工作。在南都网 6
月 16 日组织的网上投票中，超过 57000 张投票中大约有 53000 张票被投
给大岗，因为那里既远离居民区又已经完成了征地。③ 2011 年 6 月 22 日，
负责环评工作的华南环科所根据对规划内容的环境合理性与各层次规划协
调性等两个方面的初步分析，将番禺垃圾焚烧发电厂的初步选址排序为大
岗装备基地、东涌三沙、榄核八沙、大石会江、沙湾西坑尾。2011 年 8
月 15 日，环评报告建议取消沙湾西坑尾作为垃圾处理基地选址，按环境
可行性将选址依次排序为大岗、东涌、大石和榄核。2012 年 7 月 10 日，
番禺区政府公示了《广州市番禺区生活垃圾收运处理系统规划（2010—
2020)》，确定了番禺区生活垃圾综合处理厂（广州市第四资源热力电厂，
原番禺垃圾焚烧发电厂）推荐选址为大岗，备选点为东涌镇三沙和大石
会江。2013 年 5 月 19 日，选址于大岗的广州市第四资源热力电厂项目正
式通过环评审批，即将开工建设。2017 年 2 月 22 日，广州市城管委在官
方网站通报，历经 4 年建设而建成的广州市第四资源热力电厂，于当天实
现点火烘炉。④

---

① 《广州宜采用"以焚烧为主、填埋为辅"生活垃圾处理模式》，《广州日报》2010 年 2 月
25 日。

② 《先分类垃圾再变废为宝 99% 垃圾可回收再利用》，《广州日报》2012 年 7 月 11 日。

③ 《番禺垃圾焚烧厂五选一意见收集截止》，腾讯新闻，2011 年 6 月 11 日。

④ 《第四资源热力电厂在南沙大岗点火》，《羊城晚报》2017 年 2 月 23 日。

　　至此，广州因兴建垃圾焚烧厂而引发的邻避冲突，以"不要建在我家后院"以及"应该建在市政府大院"始，以"寻求如何走出垃圾围城"结束，从邻避抗争到理性博弈，市民和政府共同谱写出公民理性抗争、官民良性互动的样本。① 简而言之，在广州市政府的策略性治理下，垃圾焚烧发电项目赢得了公众同意。

三　广州市政府如何制造公众同意

1. 改变公众认知

　　在邻避冲突中，抗争者利益诉求除了"我家后院"之外，还有"我的身体"、"我的河流"、"我的景观"、"我的空气"等（贝克，2003）。也就是说，在邻避冲突中，公众抗争呈现出的是对邻避设施可能产生风险的担忧与对地方政府"一再承诺"的不信任。因此，地方政府在兴建垃圾焚烧发电厂进程中，往往以"技术安全"为核心、同时辅之以"依法行政"和"民心工程"，力图营造一套"不怕"的认知体系。其逻辑在于：技术是安全的，所以不怕；即使怕，也是"依法行政"，所以必须支持；如果不支持，就是对抗公共利益，因为这是"民心工程"。但是，在广州案例中，这套官方话语并未奏效。

　　2010 年广州市重启垃圾治理议程后，政府尝试改变公众认知。

　　第一，迂回论证垃圾焚烧的"正当性"。首先，广州市公开相关数据，营造"垃圾围城"图景。按照官方文件，由于容量所限，兴丰生活垃圾卫生填埋场将于 2011 年填满封场，番禺生活垃圾填埋场也将于 2012 年填满封场。如果不加快生活垃圾处理设施建设，将面临"垃圾围城"危机。② 然后，官方强调"生活垃圾因你我而生，也需要你我共同面对、共同解决"③。其次，为垃圾焚烧"正名"。一方面，为垃圾焚烧去"污名化"。在 2010 年 2 月 23—24 日关于广州市未来垃圾管理战略专家讨论会上，支持垃圾焚烧的专家继续宣称人与二噁英共存没有危险，认为以现有

---

① 《垃圾处理建言群体　官民互动探路垃圾分类》，《新快报》2013 年 3 月 29 日。
② 《政府问计垃圾如何处理》，《羊城晚报》2010 年 1 月 14 日。
③ 《广州市政府就垃圾处理问题向网民征集意见》，《广州日报》2010 年 1 月 14 日。

二噁英存在水平，一般人需要 24 万年才能达到中毒状态。① 另一方面，强调垃圾焚烧是必须的选择。2013 年 4 月 23 日，广州市人大代表、市人大城建环资委委员、市环境保护科学研究院党总支书记罗家海认为，"每日产生 1.4 万吨生活垃圾，广州垃圾填埋场将在 2015 年前陆续封场，广州土地资源稀缺，3 年后将无处可填。"② "相比垃圾填埋占用大量土地资源、较长降解时间、高昂的生态恢复成本，垃圾焚烧的确有其优点，比如焚烧后可使垃圾体积减少 80%—90%，每吨生活垃圾焚烧还可产生 300—400 多度电"③。

　　第二，为垃圾焚烧设施"去污名化"。为了缓解公众将"采用国际先进技术"的垃圾焚烧设施与"看到的是恶心、闻到的是恶臭、听到的是吵闹"以及"癌症、二噁英"等画等号导致的心理紧张，市政府双管齐下。一方面，将"垃圾焚烧发电厂""隐姓埋名"为一般公众闻所未闻的"资源热力电厂"。2012 年 4 月 19 日，广州市人民政府报送市人大常委会审议的城市废弃物品处置利用实施方案明确，未来三年广州新建的 6 座垃圾焚烧发电厂名称统一为"资源热力电厂"④。改名原因就是为了减轻项目推进将会遭遇的阻挠，把"威名远播"的垃圾焚烧厂"化妆"成"资源热力电厂"给人耳目一新及公益感，不雅"垃圾"被置换为生产生活必需的"电力"和"变废为宝"的回收事业。空气污染、二噁英、黑烟和粉尘，都隐身于幕后。对于远离焚烧厂的更多数市民来说，这样一个积极向上的名称足以让公众从焦虑中找回平衡，大大减轻了政府的压力。⑤另一方面，向公众开放相关设施。2014 年 6 月，广州市开放公众参观番禺火烧岗填埋场和李坑焚烧厂二期。这样做，既让直面垃圾填埋的公众能直观地"否定垃圾填埋"，又使公众降低了对"堪比星级酒店"的焚烧厂的疑虑。到 7 月 4 日，超过一万名各界人士前往垃圾焚烧厂，通过参观对

---

　　① 赵章元：《关于此次广州之行需要澄清的问题》，2010 年 3 月 1 日（http：//zhaozhangyuan. blog. sohu. com/145097621. html）。

　　② 《广州垃圾亟需焚烧》，《新快报》2013 年 4 月 24 日。

　　③ 访谈：广州市环境保护科学研究院罗书记，2010 年 4 月 20 日。

　　④ 《广州生活垃圾焚烧发电厂统一更名资源热力电厂》，《羊城晚报》2012 年 4 月 19 日。

　　⑤ 《建垃圾焚烧厂，公众参与价值几何》，《羊城晚报》2012 年 4 月 21 日。

比，更多市民开始接纳垃圾焚烧理念。① "以前总认为垃圾焚烧厂应该是漫天臭气，常人一般都不敢轻易靠近，去了之后却让我有种大吃一惊的感觉。封闭式的处理方式、高技术的机械化流程，每个过程都严格监管，并且排放气体都进行处理达到排放标准，让我很诧异，在现场闻不到一丝异味，跟广州其他一般场所差不多。"②

显然，广州市政府在认知层面重建"不怕"话语体系的配套系统信任机制（何艳玲、陈晓运，2012），使公众认知发生了变化。

2. 完善操作程序

2009 年邻避抗争起因就在于公众认为缺乏民意表达的基本程序，信息不公开且缺乏正当性公开性的决策程序（范少虹，2013；Wong，2016）。2010 年 3 月，番禺业主联合多位广州市民在给全国人大的"万言建议书"中认为"规划资讯不公开是反对垃圾焚烧争议升级的导火索"，最关键问题是"政府在推动垃圾焚烧项目时，存在程序不合法、违背民意、假造民意、信息不公开甚至利益输送等问题"③。为此，重启议程后的广州市政府完善操作程序，以化解公众对于邻避设施选址程序不公平的不满。

第一，公开基本操作流程。2011 年 4 月 12 日，广州市番禺区政府公布了备选点的产生和审批程序：第一步，由区城管局委托广州市城市规划勘测设计研究院，编制《广州市番禺区生活垃圾收运处理系统规划(2010—2020)》初稿；第二步，公布《规划》中的五个备选点及其选点依据；第三步，6 月 15 日前收集垃圾焚烧厂备选点供市民和人大代表、政协委员提出意见和建议，同时对《规划》初稿（包括 5 个备选点）进行规划环评。待人大、政协、市民的意见汇总后，连同规划环评审查意见，供专家论证会进行最终评审、论证；第四步，完善后形成《规划》报审稿送区规划分局组织评审，然后送市城管委审查、出具审查意见。最后报市规划局审查、审批，按相关程序纳入市控制性详细规划统一管理，

① 《广州一个月内上万名市民参观垃圾焚烧厂》，《广州日报》2014 年 7 月 9 日。
② 访谈资料：广州市番禺区丽江花园业主，2014 年 8 月 9 日。
③ 《透视番禺垃圾焚烧背后的互动与博弈》，《南方日报》2011 年 4 月 15 日。

确定垃圾焚烧厂选址。从番禺区公布的决策的流程来看，政府修补了过去忽视的环节并试图让整个决策更民主、科学，这有助于社会、民众更好地了解整个决策及其机制，从而推进垃圾处理事务有效治理。①

第二，选址从"一选一"变成"多选一"。2011 年 4 月 12 日，番禺区公布了垃圾焚烧发电厂的 5 个备选地址，并表示选址最终结果将根据群众意见、环评分析和专家论证结果来确定。2011 年 8 月 15 日，番禺垃圾焚烧厂项目选址取消沙湾西坑备选点，从"五选一"变成"四选一"。选址"多选一"，改变了"领导定调子、专家做文章、领导定盘子"的传统剧目，有助于落实公众参与的自主选择权（陈宝中，2014）。

第三，完善环境影响评价。作为一种治理技术，环境影响评价提供了项目信息公开途径和公众参与平台，提高了受影响群体参与邻避设施决策的程度，在规避邻避效应中十分重要（何羿、赵智杰，2013）。2012 年 7月 23 日与 8 月 15 日，广州市第四资源热力电厂环境影响评价项目先后进行了两次公示。2013 年 5 月 16 日，广州市环保局重大建设项目审批委员会经集体审议通过（南沙大岗）项目（原番禺垃圾焚烧厂）环境影响报告书，广州市环保局承诺要"实行清洁生产、确保烟气排放达标、严格控制恶臭气体、优化设置水收集处理系统、妥善处置各类固体废物、防治噪声污染、加强施工期环境管理、做好污染源监测和环境监测、明确环保责任制等"②。基于此，设施规划开始回归到理性的公共利益分析与管理，公共利益界定、利益保护和程序这三个关键问题被充分考量，这无疑有利于促进规划顺利实施（郑卫，2011）。

3. 吸纳公众参与

作为邻避冲突治理的核心议题，通过理性对话对化解邻避冲突具有重要作用（Kraft& Clary，1991；Burninghan，2000；Wanxin Li，et al.，2012；魏娜、韩芳，2015）。与其他邻避冲突迥异的是，市民一开始就强调"质疑的是焚烧方法的不科学，无论在哪里建都会面临环境问题"③。而在项目暂

---

① 访谈：中山大学政治与公共事务管理学院 A 教授，2011 年 4 月 20 日。

② 《原番禺垃圾焚烧厂通过环评审批　穗环保局作 12 项承诺》，人民网，2013 年 5 月 19 日。

③ 2009 年 11 月 26 日"肥老雕"发表在"江外江"论坛的帖子：《警惕偷换概念：是不能烧，不是在哪里烧》，（http：//www. rg – gd. net/forum. php？ mod = viewthread&tid = 178394）。

时搁置后，广州市民也未停下脚步，邻避话语开始向"环保"、"公益"话语转变，如持续在媒体上宣传环保的垃圾处理理念、搜集和整理发布世界范围内的垃圾处理信息并倡导垃圾分类，实现了从市民向公民的华丽转型。对此，广州市政府也不断调适，开始了政府与公众持续互动。

一是主动听取民意。2012 年 3 月 27 日，《羊城晚报》开设"垃圾处理问题"专栏，吸引了专家学者和广大市民的关注和热议，纷纷为广州垃圾处理出谋划策。与之同时，广州市城管委也积极回应市民建言献策。[①] 2012 年 8 月 10 日，广州市科技协会和广州市城管委联合举办了名为"直面垃圾围城：现在与未来"的讲坛。[②] 2012 年 10 月 14 日，广州市科协、广州市城市废弃物处理公众咨询监督委员会、《南方都市报》联合举办了"生活垃圾分类处理：从政府战略到公众参与"论坛。[③] 2012 年 5 月 17 日下午和 5 月 22 日上午，时任市长陈建华分别主持召开两场专题座谈会，围绕广州垃圾处理的疑点难点以及垃圾处理技术路线等展开积极"对话"，力图形成共识。[④] 最终，市民倡导的生活垃圾源头分类获得政府认可。

二是让民意组织化和制度化表达。2012 年 6 月，由 2009 年反垃圾焚烧运动的核心成员发起的 NGO"宜居广州"成功注册，跻身广州最早一批合法注册为"民办非企业"的环保 NGO，得以合法身份持续参与广州垃圾治理。2012 年 8 月 3 日，由 36 名委员组成的广州市城市废弃物处理公众咨询监督委员会召开成立大会[⑤]，其中就有当年番禺反垃圾焚烧的意见领袖。作为市政府重大民生决策征询民意制度的重要实现形式，公众监督咨询委员会通过"收集民意、化解矛盾、过程监督、工作评价"来增进市民与政府的沟通而化解冲突。

---

① 《请你为垃圾处理献良策》，《广州日报》2012 年 3 月 27 日。

② 《广州举办讲坛讨论"垃圾围城"解决办法》，《羊城晚报》2012 年 8 月 12 日。

③ 《南都、市咨委会、市科协联合主办垃圾分类论坛》，《南方都市报》2012 年 10 月 15 日。

④ 《凝聚共识明确垃圾处理技术路线科学规划建设合理垃圾处理体系》，《广州日报》2012 年 5 月 18 日；罗艾桦：《广州市政府连续举行两场座谈会　邀网友问计"垃圾围城"》，《人民日报》2012 年 5 月 23 日。

⑤ 《广州城市废弃物处理公众咨询监督委员会召开成立大会》，《广州日报》2012 年 8 月 4 日。

四　结论与讨论：制造同意的潜力与限制

在《制造同意：垄断资本主义劳动过程的变迁》一书中，美国社会学家布若威（2008）用"制造同意"来解释为何产业工人自愿依照资本家的意愿来参与生产，认为恰恰是工人自发的同意与资本主义微妙的强制二者的结合塑造了生产行为，是工人自愿与国家运作不知不觉地塑造了这种"同意"的状况。

而在本案例中，广州市政府在邻避冲突治理中采取了三管齐下：第一，通过论证焚烧垃圾的必要性和正当性以及为垃圾焚烧设施"去污名化"来营造公众对政府决策的同意；第二，不断完善操作程序，将单一选址改为"五选一"来扩展公众的"想象与思考空间"、将政府决策与民意表达进行连接、增补环境评价信息等来塑造"程序公平"；第三，回应并吸纳公众诉求，将"反建垃圾焚烧厂"的邻避冲突成功置换为公众参与政府主导下的"垃圾治理"。其中，通过消解公众疑虑与"去污名化"营造了公众对政府政策目标的认知性同意，在操作程序上的"查漏补缺"则营造了公众对政府政策目标的同意，而通过开放政策过程吸纳公众参与则完全将公众纳入了政府主导的政策过程。正是在这种策略运作下，不仅基本上走出了邻避冲突困境，而且逐步塑造了公众有序参与政府主导的垃圾治理制度。因此，我们借用"制造同意"来概括广州市政府的治理策略。

显然，广州市政府的"制造同意"策略不同于既有研究中的"制造同意"。张永宏、李静君（2012）主要考察的是物质利益抗争，而邻避冲突则发端于弥散性的个体化风险焦虑，邻避设施选址也是地方政府的治理刚需，而且抗争者诉求的是安全和健康等抽象利益。因此，既有基层维稳中的"制造同意"策略难以解释邻避冲突过程中的地方政府如何实现有效治理的问题。不仅如此，广州市政府的"制造同意"策略也不同于既有"柔性维稳"机制中的"摆平理顺"。在以"摆平"策略应对社会抗争中，地方政府往往较为被动、消极地履行社会管理职能；根据对特定社会抗争事件是否超出管辖范围的可能性估计，选择性进行应对；在应对社会抗争事件时，运用拖延、收买、欺瞒、要挟、限制自由等方式，尽量实现属地社会表面上的暂时性稳定（郁建兴、黄飚，2016）。而在广州市的"制造同意"中，政府直面"垃圾围城"问题，通过策略性行动来营造公众认同、通过完善程序和吸纳公众参与来推进政府主导的政策目标，不是完全出于维稳需要而"摆平理顺"，而是策略性地走出了邻避冲突治理困境。

更重要的是，总结广州市政府治理邻避冲突的"制造同意"策略，我们可以发现：正是在公众邻避抗争压力下，地方政府开始创新政策过程；公民参与从被排斥到被吸纳，公民参与与政府管理创新持续互动，产生了良好收益。至少从故事续集来看，垃圾焚烧厂选址提前公开征求市民意见并且是一个"多选一"方案，而最终定址于远离人口聚集地区，对于政府与民众而言显然是一个双赢结果。在"制造同意"过程中，地方政府与公众都在进行调适。地方政府开始改革政策过程，主动公开相关信息、修补相关操作程序，并主动提供平台与公众进行沟通。民众则是从纯粹的反对政府政策转向政策倡导，主动参与并寻求与政府理性对话的机会。一方面，广州市政府逐步从"排斥公民参与走向吸纳民意"，从单方面强力推进垃圾焚烧走向与公众商量如何处理垃圾并吸纳公众力量来推进政府主导的垃圾处理事业；另一方面，民众从邻避抗争逐步走向政策倡导，公众针对垃圾处理监管、培养环保意识以及通过垃圾分类达到减少垃圾数量等提出了诸多政策性建议。最终双方分歧得到缩小，官民对话取代了官民对抗，协商治理基本格局初步形成。与国内已有的邻避冲突治理相比，广州没有仅仅止步于应急维稳，而是力图构建更有利于防范邻避风险的政府、市民与公民社会协商治理的新型治理制度框架（Wong，2016）。更重要的是，这种新的尝试表明：政府单方面制定政策并辅以强制力推行的行政运作方式行将终结，只有充分吸纳公众有序参与、获得公众同意并能构建出官民协作的政府才能实现对公共事务的有效治理。

那么，这种"制造同意"的治理策略意味着什么？

众所周知，在治理邻避冲突过程中，"基础性权力"弱化的地方政府依然拥有相当大的"专断性权力"①。然而，广州市政府在面对市民"正

---

① Mann（1998：5—9、73—123）根据国家与社会不同的互动方式将国家权力区分为两个层面：一是专断性权力，指国家可以在不必与市民社会进行例行化、制度化讨价还价的前提下自行行动，即国家依自身意志单方面地表达和行动的权力；二是国家基础性权力，指国家渗透进市民社会，在事实上有效贯彻实施其意志的权力，即通过社会获得的权力。

常”的邻避抗争时，虽然保留了"坚定不移地推进垃圾焚烧”的"强制力量"，但没有一味地"迎难而上"而是综合运用"交换、权威和说服"（林德布洛姆，1994：19—26）三种治理技术来"抚慰并诱导"不满的公众"同意"政府主导的政策过程，最终确保预期政策目标顺利实现。最终，在本案例中，公众同意与政府强制之间形成了微妙的、不确定的、有伸缩性的平衡。一开始，参与者就商定用一种守法的、合理的方式去向政府传达意见，因为盲目地跟政府对抗，受伤的只会是自己甚至家人。① 通过"无组织有纪律"的自我约束，广州市民的邻避抗争始终规避了"无序化和暴力冲突"。通过自我调适，广州市民由主张"将垃圾焚烧厂建在市政府大院"走向"做好生活垃圾源头分类的政策倡导"，初步实现了向现代公民的"华丽蜕变"。诚如郎友兴等言，走出中国式"邻避冲突"治理困境有赖于从"私民"走向"公民"，走出"私民社会"而走向"公民社会"（郎友兴、薛晓婧，2015）。对此，面对公众的公益诉求，相对理性的广州市政府容忍了这种"日益成长的公民社会"发起的正常社会抗争，将其与需要用暴力解决的、严禁的政治抗议相区分，政府实际上就把正常的邻避抗争吸收进政治结构中，消解了其挑战性与破坏性。在这些"同意与强制达成平衡"的可容忍邻避抗争空间中，地方政府策略性的"柔软姿态"不断消解了最初"怒气冲天"的市民的"拒绝与对抗"，最终从官民对抗走向了官民协作。因此，"制造同意"策略的最主要意义在于可以引导我们去看待地方政府治理邻避冲突中如何以及为何能实现良性的官民互动。实际上，在广州这样一个公民社会相对发达的城市，葛兰西（Gramsci，Antonio，1971：57、161、285）依然提醒我们注意：第一，政府必须对民众作出经济上的牺牲或让步；第二，同意是作为"程序正确性的内在原则"，并保持向参与开放的一种"方法"而出现的；第三，政府还要提供道德和知识上的领导，代表民众利益并使他们确信这一利益就是普遍利益。这意味着：在邻避冲突治理中，地方政府依然可以借助于修复"基础性权力"来实现有效治理，或者是以类似如审议式民主实践运用"回应、参与和协商"来说服公众（He & Warren，2011），抑或应该从"决定—宣布—辩护"模式转化为"参与—协商—共识"模式以及摒

---

① 访谈：广州市番禺区海龙湾、丽江花园业主，2011 年 12 月 30 日。

弃单一的"强制"而综合运用"权威、交换与说服"。而其成功运作与否，显然取决于地方政府与公众能否实现良性互动。

总之，在邻避冲突治理中，地方政府必须在冲突性的目标之间找到可能的平衡点（Mertha，2009；Deng & Yang，2013；Lang & Xu，2013）。而邻避抗争的规模、形式、上级乃至中央政府的态度、满足公众诉求的成本是影响地方政府策略选择的关键变量（Cai，2010；Yanwei，et al.，2016）。就本案例而言，公众的理性抗争与地方政府的理性应对，使地方政府可以低风险地"制造同意"，再次呈现出威权体制下的韧性治理（Nathan，2003）之可能性与可行性，而其中的关键是相对开放的政治机会结构与积极理性的公众参与最终改变了既定政策过程（Wong，2016），再次呈现出广州这样一个公民意识比较发达和公民社会日益成长的城市之特殊性。在本案例中，卷入邻避冲突的公众一方多为具有"白领"、"中产阶层"等共同身份特征的群体，他们不仅能够掌握较多的媒体资源和媒体使用能力，而且还能充分利用相对开放的地区政治结构扩展"统一战线"。而纵观整个事件，该区域原有的社区维权抗争经验塑造了特殊的抗争文化并培育了一批擅长抗争的精英（O'Brien & Li，2005），他们一方面坚守"踩线而不越限"策略并适时调适邻避抗争目标和诉求；另一方面，强调理性维权，并主动与政府沟通互动（曾繁旭等，2013）并接受政府的"组织吸纳"。于是，在实践中，有些地方政府可以成功运用"制造同意"策略而另一些地方却以失败告终，广州不仅能成功运用"制造同意"策略而且能初步构建新型公共治理制度框架，因此"制造同意"的治理策略有其内在的限度。具体而言，一方面，"制造同意"受到了邻避抗争者媒介素养、行动策略、公民意识的限制；另一方面，"制造同意"还取决于地方政府能否理性应对和有效吸纳公众的邻避抗争诉求。因此，能否成功"制造同意"，除了受限于宏观的体制空间外，取决于地方政府治理创新与公民社会成长的良性互动。

参考文献：

[1]［德］乌尔里希·贝克：《风险社会》，何博闻译，译林出版社 2003 年版。

[2]［美］迈克尔·布若威：《制造同意：垄断资本主义劳动过程的变迁》，李荣荣译，商务印书馆 2008 年版。

［3］［美］弗兰克·费希尔：《公共政策评估》，中国人民大学出版社 2003 年版。

［4］陈宝胜：《公共政策过程中的邻避冲突及其治理》，《学海》2012 年第 5 期。

［5］陈保中：《以改革精神推进城市规划公众参与》，《学习时报》2014 年 3 月 17 日。

［6］杜健勋：《交流与协商：邻避风险治理的规范性选择》，《法学评论》2016 年第 1 期。

［7］范少虹：《论"邻避冲突"中的政府依法行政》，《暨南学报》（哲学社会科学版）2013 年第 3 期。

［8］郭巍青、陈晓运：《垃圾处理政策与公民创议运动》，《中山大学学报》（社会科学版）2011 年第 4 期。

［9］何艳玲：《邻避冲突及其解决：基于一次城市集体抗争的分析》，《公共管理研究》2006 年第 4 期。

［10］何艳玲：《"中国式邻避冲突"：基于事件的分析》，《开放时代》2009 年第 12 期。

［11］何艳玲、陈晓运：《从"不怕"到"我怕"、"一般人群"在邻避冲突中如何形成抗争动机》，《学术研究》2012 年第 5 期。

［12］何羿、赵智杰：《环境影响评价在规避邻避效应中的作用与问题》，《北京大学学报》（自然科学版）2013 年第 6 期。

［13］胡燕等：《邻避设施规划的协作管治问题——以广州两座垃圾焚烧发电厂选址为例》，《城市规划》2013 年第 6 期。

［14］黄小勇：《公共决策的公众参与困境及其管理策略——以广东番禺区垃圾焚烧发电厂风波为例》，《国家行政学院学报》2010 年第 5 期。

［15］黄岩、文锦：《邻避设施与邻避冲突》，《城市问题》2010 年第 12 期。

［16］［美］C.E. 林德布洛姆：《政治与市场：世界的政治—经济制度》，王逸舟译，上海三联书店、上海人民出版社 1994 年版。

［17］郎友兴、薛晓婧：《"私民社会"：解释中国式"邻避"运动的新框架》，《探索与争鸣》2015 年第 12 期。

［18］马奔等：《当代中国邻避冲突治理的策略选择——基于对几起典型邻避冲突案例的分析》，《山东大学学报》（哲学社会科学版）2014 年第 3 期。

［19］汤汇浩：《邻避效应：公益性项目的补偿机制与公民参与》，《中国行政管理》2011 年第 7 期。

［20］唐庆鹏：《邻避冲突治理：价值契合与路径优化——基于社会主义协商民主视阈》，《学习与实践》2017 年第 1 期。

［21］陶鹏、童星：《邻避型群体性事件及其治理》，《南京社会科学》2010 年第

8 期。

　　［22］田亮、郭佳佳：《城市化进程中的地方政府角色与"邻避冲突"治理》，《同济大学学报》（社会科学版）2016 年第 5 期。

　　［23］王佃利、邢玉立：《空间正义与邻避冲突的化解——基于空间生产理论的视角》，《理论探讨》2016 年第 5 期。

　　［24］魏娜、韩芳：《邻避冲突中的新公民参与：基于社会建构的过程》，《浙江大学学报》（人文社会科学版）2015 年第 4 期。

　　［25］吴翠丽：《邻避风险的治理困境与协商化解》，《城市问题》2014 年第 2 期。

　　［26］熊炎：《邻避型群体性事件的实例分析与对策研究——以北京市为例》，《北京行政学院学报》2011 年第 3 期。

　　［27］鄢德奎、陈德敏：《邻避冲突的生成原因及治理范式重构——基于重庆市邻避冲突的实证分析》，《城市问题》2016 年第 2 期。

　　［28］郁建兴、黄飚：《地方政府在社会抗争事件中的"摆平"策略》，《政治学研究》2016 年第 2 期。

　　［29］袁光锋：《互联网使用与业主抗争：以番禺反垃圾焚烧维权事件为案例》，《中国地质大学学报》（社会科学版）2012 年第 3 期。

　　［30］张紧跟：《从抗争性冲突到参与式治理：广州垃圾处理的新趋向》，《中山大学学报》（社会科学版）2014 年第 4 期。

　　［31］张乐、童星：《"邻避"冲突管理中的决策困境及其解决思路》，《中国行政管理》2014 年第 4 期。

　　［32］张永宏、李静君：《制造同意：基层政府怎样吸纳民众的抗争》，《开放时代》2012 年第 7 期。

　　［33］郑卫：《邻避设施规划之困境——上海磁悬浮事件的个案分析》，《城市规划》2011 年第 2 期。

　　［34］钟伟军：《地方政府在社会管理中的"不出事"逻辑：一个分析框架》，《浙江社会科学》2011 年第 9 期。

　　［35］曾繁旭等：《运动企业家的虚拟组织：互联网与当代中国社会抗争的新模式》，《开放时代》2013 年第 3 期。

　　［36］Kate Burninghan（2000）. Using the Language of NIMBY：A Topic for Research, Not An Activity for Researchers. *Local Environment*, 5（1）.

　　［37］Yongshun Cai（2008）. Local Governments and the Suppression of Popular Resistance in China. *The China Quarterly*, 193.

　　［38］Yongshun Cai（2010）. *Collective Resistance in China：Why Popular Protests Succeed or Fail*. Stanford：Stanford University Press.

［39］Feng Chen & K. Yi（2016）. Disorganized Popular Contention and Local Institutional Building in China: A Case Study in Guangdong. *Journal of Contemporary China*, 25（100）.

［40］Yanhua Deng & Kevin J. O'Brien（2013）. Relational Repression in China: Using Social Ties to Demobilize Protesters. *The China Quarterly*, 215.

［41］Y. H. Deng & G. B. Yang（2013）. Pollution and Protest in China: Environmental Mobilization in Context. *The China Quarterly*, 214.

［42］Antonio Gramsci（1971）, *Letters From Prison*, *selected* , translated and introduced by Lynne Lawner, London: Jonathan LTD.

［43］Baogang He & Mark Warren（2011）. Deliberative Authoritarianism: the Deliberative Turn in Chinese Political Development. *Perspectives on Politics*, 9（2）.

［44］Michael Kraft & Bruce Clary（1991）. Citizen Participation and the NIMBY Syndrome: Public Response to Radioactive Waste Disposal. *Western Political Quarterly*, 44（2）.

［45］Graeme Lang & Ying Xu（2013）. Anti‐Incinerator Campaigns and the Evolution of Protest Politics in China. *Environmental Politics*, 22（5）.

［46］Wanxin Li, et al（2012）. Getting Their Voices Heard: Three Cases of Public Participation in Environmental Protection in China. *Journal of Environmental Management*, 98（1）.

［47］Yanwei Li, et al（2016）, Governing Environmental Conflicts In China: Under What Conditions Do Local Governments Compromise? *Public Administration*, 94（3）.

［48］Michael Mann（2003）, *States*, *War*, *and Capitalism*, Oxford: Blackwell.

［49］A. Mertha（2009）. Fragmented Authoritarianism 2. 0: Political Pluralization in the Chinese Policy Process. *The China Quarterly*, 200.

［50］Andrew Nathan（2003）. Authoritarian Resilience. *The Journal of Democracy*, 14（1）.

［51］K. J. O'Brien & L. J. Li（2005）. Popular Contention and Its Impact in Rural China. *Comparative Political Studies*, 38（3）.

［52］M. O'Hare（1977）. Not on My Back, You Don't: Facility Sitting and the Strategic Important of Compensation. *Public Policy*, 25（4）.

［53］Edward Walsh, et al（1993）. Backyards, NIMBYs, and Incinerator Sitings: Implications for Social Movement Theory. *Social Problems*, 40（1）.

［54］NWM Wong（2016）. Environmental Protests and NIMBY Activism: Local Politics and Waste Management in Beijing and Guangzhou. *China Information*, 30（2）.

"汲取"与"包容":"农民上楼"的两种模式

谢岳　吕晓波[*]

摘要: 在过去十年里,城镇化是中国一项影响深远的公共政策,不仅塑造了新型的城乡关系,也极大地塑造了基层政府行为。本文运用双案例比较研究方法,试图解释为什么乡镇政府在执行城镇化政策的时候,会呈现极端行为,汲取的和包容的。文章指出,县乡财政关系以及县级政府对土地财政依赖度是造成两种极端行为模式的关键原因。文章还发现,两种不同的城镇化模式在农民中间带来了相似的后果,农民对集中居住表现出不同程度的不满。作者认为,在推行农民集中居住的政策过程中,抑制基层政府非理性行为的有效措施是,调整政绩激励机制的指标与结构,同时,用制度化的方式确保农民参与此项政策的基本权利,建立农民与政府之间的合作关系。

一　导　言

过去十年,如何让农民成为市民、让农村成为城市,成为国家的一项重要政策。在各级政府的积极努力下,该项政策取得了有目共睹的成就。2014 年,城镇人口占总人口的比例已经到达了 54.77%,城镇常住人口74916 万人,超过了乡村常住人口的 61866 万人。[①] 新型城镇化政策引起了学者们的广泛关注。在观察基层政府推行的"土地换社保"政策时,

---

* 作者简介:谢岳,上海交通大学政治学教授;吕晓波,哥伦比亚大学政治学教授。

① 高云才:《截至 2014 年末,我国城镇化率达到 54.77%》,《人民日报》2015 年 10 月 22 日。

学者试图解释,当农民深知自己的损失巨大时,他们为什么采取沉默或不抵抗的策略。① 作为城镇化政策的一部分,有的学者研究了地方政府如何在农民和城市人口之间保持医疗保险的差异化的标准,从而揭示国家对基层社会的管理策略。② 有的学者注意到了地方政府在土地控制能力方面的差异,通过案例研究指出了导致这种差异的根源,即城市的行政等级结构决定了其土地控制的能力。③ 上述研究对于我们理解中国城市化过程具有积极的意义,不过,由于研究视角不同,研究者并没有对城镇化政策本身进行评估,相反,他们仅仅将城镇化作为背景加以处理。我们想知道的是,这项政策在微观层面是如何执行的?执行的效果如何?为什么会存在不同的执行模式?

2013 年起,作者在河南的商丘市和江苏的苏州市进行调查。商丘的 Y 县是国家级贫困县,财政收入的水平低下,乡镇政府在财政上对县级政府依赖度高,县乡财政关系高度集权;相对于 Y 县,苏州的 C 市(县级市)财政状况要好很多,该市长期以来在全国百强县排名中从未跌出前十位,县乡财政关系高度分权。在调查中发现,Y 县和 C 市在执行"农民上楼"政策的时候,采取两种差异性极大的不同模式,前者可以归纳为"汲取式"(extractive),后者更像是"包容式"(inclusive)。④ 在汲取的模式下,城镇化不仅没有改善农民的生活,相反,"农民上楼"却让他们付出了更多的经济代价;在包容的模式下,从经济收益的角度观之,"农民上楼"的代价小、收益大,净收益使得大部分农民至少在住房方面在短时间内赶上了城市居民的水平。不过,尽管"农民上楼"的模式不同,农民的收益也存在很大的差别,但是,他们对待城镇化的态度却存在高度的相似之处。

---

① ChuangJulia, "China's Rural Land Politics: Bureaucratic Absorption and the Muting of Rightful Resistance", *The China Quarterly*, Vol. 219, No. 3, 2014, pp. 649—669.

② HuangXian, "Expansion of Chinese Social Health Insurance: who gets what, when and how?", *Journal of Contemporary China*, Vol. 23, No. 1, 2014, pp. 923—951.

③ RithmireMeg, "Land Politics and Local State Capacities: The Political Economy of Urban Change in China", *The China Quarterly*, Vol. 216, No. 4, 2013, pp. 872—895.

④ "汲取"和"包容"受到 Acemoglu 和 Robinson(2012)对政治经济制度类分为"汲取"和"包容"的启发。

二　农民如何上楼?

河南的 Y 县(商丘市的一个辖县)位于中国的中部地区,历史上一直是传统的农业耕种地区,工业发展十分落后,绝大部分劳动人口从事农业生产。长期以来,被中央列入国家级贫困县之列。相反,邻近上海的 C 市拥有工业化发展的独特优势。长期以来,在全国的县级综合实力排行榜上位列前十位。先天或后天的优势或劣势导致了两个地区巨大的发展差距,无论是农民人均收入还是地方财政水平,Y 县都远远地落后于江苏省的 C 市(隶属于苏州市)。

发展的差距可以通过表 1 和表 2 表现出来。在 2006 年至 2010 年之间,Y 县的农民年人均纯收入平均不及 C 市农民的 30%。在财政收入方面,差距更加明显。在 2009 年至 2011 年之间,Y 县的一般预算收入只有 C 市的百分之二点几,在 2013 年至 2014 年之间,差距略有缩短,但即便是差距最小的 2013 年,前者的预算收入也只是后者的 4% 而已(见表 2)。增值税收入是衡量工商业发达程度的一个重要指标:2008 年,Y 县的增值税收入为 1432 万元,而 C 市为 15.6586 亿元;2011 年,Y 县的增值税收入为 3608 万元,而 C 市则高达 18.7277 亿元。①

表 1　　　　　2006—2010 年 Y 县和 C 市农民年人均纯收入　　　　　单位:元

年份 项目	2006	2007	2008	2009	2010
Y	2506	3016	3563	3851	4463
C	9293	10493	11804	13102	14664

数据来源:两地政府的统计年鉴(2006—2011)

---

① Y 县的数据来源于《商丘统计年鉴》(2009、2012),C 市的数据由该市财政局提供。

表2　　2009—2013年Y县和C市县乡两级政府公共预算财政收入　　单位:万元

项目 \ 年份	2009	2010	2011	2012	2013
Y	18038	22260	30618	42779	56444
C	780,800	1000864	1225011	1282681	1385809

数据来源:两地政府财政部门。

说明:"公共预算财政收入"不包括"转移支付收入"和"国有土地出让金收入"。

　　让农民集中居住,是从制定当地整体发展规划开始的,而规划的核心要素则是如何重新利用土地。在商丘市和苏州市的政府发展规划中,农民的集中居住项目涉及到规模巨大的农村人口和他们居住的宅基地。在Y县2006年的发展规划中,政府并没有强调村庄之间的合并,到了2009年,规划被修改,增加了"两村合一"的内容,而到了2011年,新的规划将"两村合一"修改为"四村合一"。在乡镇所在地和中心村庄,Y县政府要求每个乡镇建造至少一个大型生活社区。乡镇社区设计居住人口规模为八千人,而中心村社区则为五千人。C市的集中居住项目启动较早,但涉及到农村人口集中居住的规划和Y县大同小异。C市计划,在十年内,在农村地区建成600个左右的集中居住区,每个居住区规模控制在1500—2000户、人口5000—7000人。在Y县和C市,按照事先制定的发展规划,政府不再向居住在规划区内的农民批准任何一块宅基地,禁止自己建房、擅自加盖或扩建房屋。

　　不过,至于如何将农民从宅基地转移到楼房,两地政府的做法存在天壤之别。在Y县,政府承诺每个农户的宅基地按照大小和房屋的品质,按标准补贴。农民可以选择货币补贴,也可以选择以房换房。宅基地的补贴标准与耕地一致,即每亩地3万元,用于装修损失等方面的房屋补贴则是每平方米400—700元。但是,实际情况是,"农民基本没有拿到任何补贴"。[①]对当事农民的访谈也证实了官员的上述说法。2014年,在Y县经济最发达的L镇,从乡镇干部那里得知,政府大楼边上的大型社区里安

[①] 对市级一位负责农民集中居住项目的官员的访谈,2014年12月。

置了附近四个村庄的农民，每户农民都拿到了一套面积与其宅基地房屋相当的公寓房。然而，2015 年 7 月，农民指出，他们根本没有被安置在该社区中。政府口头承诺将他们安置在远离镇区的一个在建小区，但是，被拆迁之后已经长达四年，农民们依旧没有被安置。在另一个乡镇，D 镇，情况略微乐观一点。被拆迁的农民每户拿到了八千至一万元的补贴。官员、房地产开发商以及农民自己都表示，即使政府全面兑现给予农民的补贴，竭力地压低房屋价格，绝大多数农民仍然没有经济能力购买楼房。类似于全国绝大多数的农村而言，Y 县农民对购买的房屋只拥有使用权，没有所有权。这类房屋俗称"小产权房"，产权性质和宅基地一样，属于集体所有，不得到市场上交易。

在 C 市，仅仅从经济利益的角度而言，集中居住项目给农民们带来的好处堪比"天上掉下馅饼"。当农民将自己的宅基地与房屋交给政府之后，他们会在集中居住区得到 120—260 平方米面积不等的商品房，或者与商品房价格相当的现金；同时，政府也会根据每户的实际情况，补贴十万至三十万元的拆迁损失。大部分农民选择以房换房，得到 260 平方米两套房屋，外加一些拆迁补偿。乡镇政府干部告诉作者，政府花在宅基地换公寓房项目上的成本平均每户达到 150 万元；对农民来说，260 平方米两套住房当年能够达到 180 万元的市场价值。[①] 农民得到的好处还不止这些。在入住之前，乡镇政府已经为每户农民缴纳了用于未来房屋维护的公共基金；入住之后，他们还将享受三年免交物业管理费用的优惠。相对于 Y 县的农民，C 市农民最大的好处在于，当地政府在房屋产权上进行了大胆突破，让农民不仅拥有新房屋的使用权，而且拥有所有权。这就意味着，房屋可以进入市场交易。这些好处似乎还不够充分吸引农民。当地政府还在农民的身份选择上作出了让步，准许他们保留农民的身份，继续享受村集体经济带来的种种实惠。

三　不同的模式，相似的后果

无论是汲取式还是包容式，自上而下的城市化模式在农民中间还是制

---

① 对一位乡镇干部的访谈，2015 年 6 月。

造了不同程度的不满。Y 县和 C 市的农民普遍抱怨,自己的生活方式被强制地改变了。在居住习惯上,他们不喜欢住在楼房里,即便乘坐电梯,他们也会觉得上上下下不方便;不像原来的院落,楼房里是无法种植哪怕是少量的蔬菜水果,无法满足农民特别是那些经济拮据的农民日常生活所需。对于部分年老年农民而言,居住在楼房里还意味着,他们必须与自己的下一代分开生活,这样既造成了生活上的不便,也挑战了农民世代传承的居住文化传统。放弃世代同堂的文化传统,对农民来说不是一件易事。在我们调查的两个地方,农民还遇到另一个类似的困境:集中居住之后,住所离开自己的耕地更远了,他们不得不花费更多的时间与体力在路上。因此,有些农民为了种地方便,自己购买交通工具,往返在田地与新的住所之间。需要指出的是,不仅仅经济困难的农民反对集中居住,那些经济相对宽裕的农民也不怎么欢迎政府的做法,因为后者通常会在县城甚至更大的城市购买自己的房屋来改善居住条件。富裕的人宁愿保留他们在乡村的老宅子,尽管他们很少回去居住。在他们看来,拆除祖宅是难以接受的。

在 Y 县,农民的不满集中在拆迁补偿上。为了让工程项目尽快完成,当地政府一方面强制农民搬迁,另一方面强制他们购买房屋。村干部在迫使农民搬迁的过程中发挥了作用。他们有时会帮助建筑公司和乡镇政府压低给予农民的补偿金额,更常见的是,采取强制措施,迫使农民无条件地搬迁。对于那些拆迁"钉子户",村委会干部会联手建筑公司用暴力迫使其就范,阻止他们向上级政府上访。[1] 在那些当地干部有利可图的项目上,农民常常受到来自政府强制购房的压力。强制购房的方式多种多样,其中,强制拆迁尤其普遍。当地一位市级政府官员承认,将农民的房屋强制拆除,是一种逼迫农民购房的策略。[2] 道理很简单,如果不购房,对农民来说就意味着将无家可归。

在 Y 县,农民也有自己的抵制方式。比较常见的做法是,他们会在自己宅基地上扩建原有的房屋面积,这样,既能够解决人口增多而遇到的住房紧张的问题,又有可能在拆迁的时候得到更多的经济补偿。另一种抵

---

① 对 Y 县 D 镇农民的访谈,2015 年 7 月。

② 访谈,2014 年 12 月。

制的办法也十分普遍：由于政府不再批准新的宅基地，也不允许他们私自扩建房屋，部分农民私下里将房屋建在自己的耕地上，也有的建在交通要道两旁。为了阻止农民这种违法行为，当地政府专门成立了"双违"办公室，管理违法占地、违章建筑行为，经常组织拆除这些违章建筑的行动。不过，由于当地每年会增加500户左右的年轻农民需要新的宅基地建房，在农民缺乏购房能力的条件下，"双违"现象十分普遍。拆除"双违"建筑的行动常常伴随着暴力。有时，冲突也会因"双违办"滥用职权而起。据当地一位开发商透露，"双违办"会以暴力威胁为基础，向违建的村民收取2000元的好处费。[①] 农民在行贿之后，可以暂时地获得违章建房的合法保护。

在C市，在经济上向农民作出的惊人让步，并不意味着城镇化是受到他们欢迎的，大多数农民仍然不愿意集中居住在高层楼房里。如表3所示，在198位随机抽样的问答者中间，多达124人宁愿住在老房子里，只有69人选择更加现代化的居住方式。对"被城市化"的不满，有时会演变为冲突。M镇的一位干部曾经忧心忡忡地表示，农村一半的矛盾来自于农民集中居住项目。[②] 除了前面提到的农民对生活方式的不适应之外，C市农民也因经济补偿而与政府发生冲突。分歧发生在对宅基地上房屋的价值评估上。尽管政府制定了非常详细的评估标准，当地干部也承认，完全公平合理是做不到的。有的农民甚至为了获得补偿而质疑评估的合法性。在B镇，一位户口已经迁往城市的前农民，向当地政府据理力争，强调自己同样拥有获得补偿的资格。为此，此人多次与政府交涉。当遭到数次拒绝之后，他动员他的兄弟打伤了一位女性镇长。在M镇，一位在拆迁之前离婚的妇女，按照拆迁的规定，没有资格获得房屋安置的权利。在向镇政府多次申诉的过程中，她曾经以死相逼，威胁当地干部要从政府大楼上跳下自杀。剥夺离婚妇女享有房屋分配权的做法，涉及相当数量妇女的利益；她们的不满是C市实施集中居住项目过程中的一个重要群体。[③]

---

① 对一位开发商的访谈，2014年9月。

② 访谈，2014年11月。

③ 对当地信访局局长的访谈，2015年4月。

表3		C市农民对集中居住的总体态度		
	愿意	不愿意	无所谓	总数
住在公寓房里	69	124	5	198
住在老房子里	124	69	5	198

　　C市农民的不满还来自于集中居住导致他们生活质量的下降。在198份问卷当中（见表4），只有11人承认"家庭收入增加了"，而69人认为"收入减少了"，118人认为"收入没有变化"；在"家庭开支"这一项中，高达173人回答"家庭开支增加了"，只有2人回答"家庭开支减少了"。集中居住导致农民生活质量的下降原因因人而异。由于政府交到农民手中的房屋是简陋的"毛坯房"，居住者不得不进行室内整理和装饰。农民认为这是他们的新增开支。集中居住之后也影响到部分农民的生计问题。从一位理发师那里得知，在搬迁之前，他用于理发室的年租金只有2千—3千元，而政府向他提供的新的理发室（位于小区的大门旁）所需的年租金高达3万元。他抱怨，如此高昂的租金让他原本依靠理发勉强维持生计的状况，如今难以为继。

表4		集中居住对C市农民生活的影响		
	增加了	减少了	没有变化	总数
家庭收入	11	69	118	198
家庭开支	173	2	23	198

　　城市化对农民的职业改变的影响微乎其微，收入水平也没有因此而有所提高。在两个地区，大多数住在楼房里的农民仍然从事着千百年亘古不变的农业生产，少数农民会在居住区附近的集市上从事小本生意（如卖水果、蔬菜等），也有的男子（常常是上了年纪的）在诸如建筑等行业，凭借尚存的体力换取微薄的收入。基于此，当地干部对未来的社会矛盾十分担忧。C市的一位信访局局长坦言，即使在类似于C市的经济发达地区，一旦政府对农民生活不再大包大揽，集中居住的项目就会很难维持下去；那些经济上特别困难的农民，当他们无力承担城市生活的种种开支的

时候，冲突的发生是可以预见的。[①]像 C 市这样的发达地区，尽管土地在它们的财政收入中间占据的比重要低于像 Y 县那样落后地区，但是，工业和商业的相对发达并不能表明财政没有压力。事实上，C 市的财政局官员私下里承认，县、乡两级政府的财政负担相当惊人，每个乡镇保守估计平均债务达到 50 亿—70 亿元。[②] 这也就意味着，C 市大包大揽的做法恐怕难以持续。

四　差异归因:作为独立变量的财政

财政是解释基层政府行为的一个特别重要的变量，因为财政关系决定了政府能力以及上下级政府之间的关系。截至 2006 年，中央对地方财政关系的改革主要采取两种模式：在中西部经济落后地区，县乡之间的财政关系以集权为主，缺口部分主要依靠上级转移支付；在东部发达地区，财政关系主要实行分权模式，鼓励基层政府创造财富的积极性。[③] 需要指出的是，不论是在落后地区还是发达地区，集权或分权之下的财政关系都采取了预算的软约束，也就是说，基层政府仍然可以在预算外创造财政收入。[④] 土地就是地方政府的一项特别重要的预算外收入。[⑤]

相较于 C 市，Y 县在县乡财政关系上表现得更加集中，而县级政府对土地财政的依赖度也要大大高于前者。过去十多年里，Y 县的县乡财政关

---

① 访谈，2015 年 4 月。

② 同上。

③ Tao, Ran and Ping Qin, "How Has Rural Tax Reform Affected Farmers and Local Governance in China?". *China & World Economy*, Vol. 15, No. 3, 2007, pp. 19—32; Li, Linda Chelan, "Understanding institutional change: Fiscal management in Local China", *Journal of Contemporary Asia*, Vol. 35, No. 1, 2007, pp. 87—108; Oi, Jean C., Kim Singer Babiarz, et al. "Shifting Fiscal Control to Limit Cadre Power in China's Townships and Villages", *The China Quarterly*, Vol. 211, No. 3, 2012, pp. 649—675; 孙柏英：《"强镇扩权"中的两个问题探讨》，《中国行政管理》2011 年第 2 期。

④ 周飞舟：《从汲取型政权到"悬浮型"政权：税费改革对农民与国家关系之影响》，《社会学研究》2006 年第 3 期。

⑤ 周飞舟：《生财有道：土地开发和转让中的政府与农民》，《社会学研究》2007 年第 1 期；Ong, Lynette. H. "State – Led Urbanization in China: Skyscrapers, Land Revenue and 'Concentrated Villages'", *The China Quarterly*, 2014, Vol. 217, No. 1, pp. 162—179.

系之所以变得越来越集权,是因为这里曾经是 20 世纪 80—90 年代税费负担问题较为突出的地区。如今,财政的集权化改革已经在很大程度上抑制了该地区基层政府乱收税费的现象,有效地减轻了农民负担。像其他地区一样,中央取消农业税的替代办法,就是加大对 Y 县转移支付的规模,逐步将该县乡机关和事业编制人员的工资以及日常的行政办公经费纳入到转移支付的覆盖范围。在 Y 县,来自上级的转移支付成为该县财政的主要来源,2009 年,转移支付为 14 亿多元,而当地创造的财政收入(主要来自公共预算收入与国有土地销售收入)只有 2.7 亿元;2013 年,这种格局没有发生改变,转移支付的总量在继续增加,达到 26.84 亿元,而公共预算收入与国有土地销售收入总共只有 14.7 亿元(见图 2)。但是,转移支付的使用范围受到上级政府的严格限制,只能用于行政办公、人员工资和其他专门项目。

中央实行的财政集权不仅仅是为了约束县级政府的行为,乡镇政府同样是财政改革的目标。财政改革将监督与约束乡镇政府行为的权力赋予给了县级政府,俗称采取"乡财县管"。在 Y 县,"乡财县管"的做法被具体化为二十字方针,即"预算共编、账户通设、集中收付、采购统办、票据统管"。乡镇财政所实行的县乡统管双重体制,取消乡镇财政总预算会计,职能缩减,人员简编。财政集权对乡镇的财政收入影响非常明显(见表 5)。2003 年,在农业税取消之前,Y 县的乡镇一般预算总收入达到 8253 万元,其中,4881 万元为农业税收入,基本上与县级财政预算收入持平,但是,在农业税取消之后,乡镇财政收入大幅度地减少,2005年只有 3560 万元。这种低收入的状况一直维持到 2010 年才恢复到 2003年的收入水平。在 2005 年之后,严重缩水的乡镇财政收入主要依靠上级政府的转移支付和专项资金来填补空缺。如表 5 显示,2005 年,在乡镇财政收入锐减的情况下,财政支出却高达 9374 万元,比 2003 年的 6597万元还多出 2000 多万元;2005 年之后,巨大的财政赤字一直没有改变。

在财政集权的背景之下,出让国有土地是 Y 县创造新财富的主要办法。如图 1 显示,除了 2009 年之外,在 2010—2013 年的四年时间里,土地的销售收入都高于县级政府公共预算收入,财政对土地收入的依赖度年平均超过了 100%。土地成为县级政府创造预算外收入的最重要来源。始于 2011 年的农民集中居住项目为 Y 县带去了数量可观的建设用地指标。

截至 2014 年底，通过收回农民的宅基地，全县共创造出 3000 多亩的建设用地指标。从农民宅基地上创造出来的建设用地指标，不是由各个乡镇政府支配，而是由县政府统管。县政府将这些指标用于商业价值最高、工业发展需求最迫切的城市和城市周边地区，通过土地出让而来的收入也全部由县级政府支配。

表 5   Y 县乡镇政府财政一般公共预算收入   单位：万元

年份 项目	2003	2005	2006	2007	2008	2010	2011
收入	8253	3560	5432	4710.3	5255	8695	10276
支出	6597	9374	9617	14166.9	14524	25034	27364

数据来源：Y 县所属的市级统计年鉴（2004、2006—2009、2011—2012），中国统计出版社。

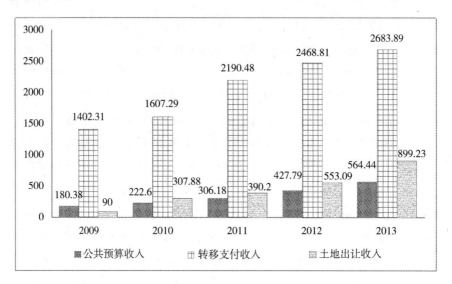

图 1   2009—2013 年 Y 县财政收入构成（单位：百万元）
数据来源：Y 县财政局。

在财政高度集权、县级政府对土地收入高度依赖的条件下，乡镇政府和村委会缺乏基本的财政支持来执行农民集中居住的项目，于是，Y 县的镇村干部采取了各种办法，设法让项目能够运转起来。Y 县政府在文件中承诺，按照每亩地 4 万元的标准下拨资金，不过，乡镇干部反映，县级政府几乎没有兑现承诺;即便县级政府划拨一些专项资金,对于集中居住的建设项目而言也是杯水车薪。实际上,县级政府拨付给乡镇的资金很大一部分来自于上级政府提供的农村建设专项资金,例如,土地综合整治、安全饮水、农村文化广场、体育设施建设、农村绿化、村村通交通等总共将近 30 多个项目。县政府要求乡镇将这些种类繁多的项目资金用于集中居住区的公共设施建设。但是,这些资金的总量很有限,根本无法支撑项目的开支需求。

既然集权之下的财政关系使得乡政府缺少支配财政的自主权,既然创造出来的土地指标乡政府也无权支配,那么,乡政府以及村委会的干部在执行农民集中居住项目上,动力来自何处呢?调查中发现,一方面,政治升迁仍然是一种上级动员下级的有力机制[1],执行得好或许会提升干部的政治竞争力。事实上,Y 县的乡镇干部就把农民集中居住项目当作一个提高经济绩效的一个机会,因为这种项目至少能够转换成 GDP 的数字。当年终考核开始的时候,乡镇干部会将企业在这些项目上的投资金额上报到县政府,当作招商引资的成绩。另一方面,基层干部也从项目当中获得其他好处。最常见的是,承包项目的建筑商会给予当地干部一定的经济好处,以便激励干部帮助他们销售房屋、工程付款、压低农民的房屋补偿款,等等。[2]

由于经济富裕或者为了给予发达地区更加有利的发展经济的自主权,像东部其他地区一样,C 市维持了"联邦式的"财税分权关系。[3] 县乡政府彼此之间是相对独立的预决算单位,同时实行预算的软性约束,相当部分的财政收入来自于税收之外的政府基金项目,如土地等。由于乡镇政府拥有较大的财政自主权,财政实行独立核算,财政经费的使用不需要通过

① ManionMelanie, "The Cadre Management System, Post - Mao: The Appointment, Promotion, Transfer and Removal of Party and State Leaders", *The China Quarterly*, Vol. 102, No. 2, 1985, pp. 203—233; Whiting, Susan H, Power and Wealth in Rural China, Cambridge: Cambridge University Press, 2001; Edin, Maria., "State Capacity and Local Agent Control in China: CCP Cadre Management from a Township Perspective", *The China Quarterly*, Vol. 173, No. 1, 2003, pp. 35—52.

② 2014 年 9 月和 2015 年 7 月对当地建筑商、干部和农民的访谈。

③ Montinola, Gabriella, Yingyi Qian, and Barry. R. Weingast, "Federalism, Chinese Style: The Political Basis for Economic Success in China", *World Politics*, Vol. 48, No. 1, 1995, pp. 50—81.

县级财政部门的批准；同时，辖区内的公共开支也由乡镇政府承担，县级政府在一般情况下不再承担它们的公共开支。人员经费、行政办公费用等一般性支出，都依靠乡镇自身创造的税收以及其他预算外收入。图2显示的是 C 市政府的财政收入情况。在财政构成中，没有像 Y 县那样大量地依靠上级转移支付，主要财政来源是工商业创造的税收收入以及土地出让收入。

在 2007 年至 2013 年期间，C 市的公共财政预算持续增长，从 2007 年的 60 多亿元增加到 2013 年的近 140 亿元。相对于公共财政收入的持续增长，土地销售收入则波动较大：2007 年，市级政府的土地收入高达 90 多亿元，而 2012 年缩减到只有 33 亿元。仅从上述数据来看，C 市的财政对于土地收入的依赖度也是相当高的，尽管土地销售收入在年度之间存在波动。在 2007 年至 2013 年期间，土地收入的总量达到公共财政预算收入总量的 52.7%，成为当地财政收入的一个重要来源。但是，相对于 Y 县来说，C 市政府在土地财政上的政绩冲动明显小于 Y 县。

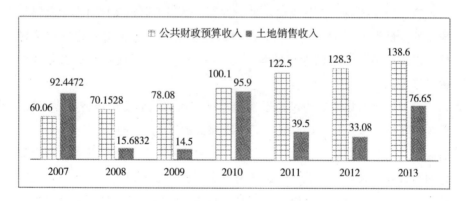

图 2　2007—2013 年 C 市公共财政预算收入、土地销售收入对比（单位：亿元）
数据来源：C 市财政局。

在 C 市，县乡财政分权不仅仅促进了县级政府的财政增长，也为乡镇政府的财政增长创造了机会。表 6 显示，从 2007 年至 2013 年，乡镇政府预算总收入持续增长，接近市级财政的一般公共预算收入；乡镇财政当中的一部分收入来自于土地出让金。乡镇在土地使用方面同样获得了相当大的自主权，经过市级政府的统一规划，每个乡镇在自己的辖区内按年度安排工业与商业用地，土地出让金全部由所在乡镇财政支配，不需要上缴给市级政府。在乡镇范围内,相对于商业和住宅项目,乡镇政府获得的工业用地指标要多得多。从 2007 年至 2013 年,C 市乡镇总共成交了 30383.831 亩工业用地,成交金额 63.2767 亿元,而商业用地只成交了 6790.62 亩,仅仅是前者的 22.35%。① 工业用地与商业用地的比例落差表明,C 市在整个辖区内执行工业优先发展的政策,因为当地领导相信,工业项目的回报更稳定、更持久,对财政、就业等贡献更加突出。②

表—6　　　　　2007—2013 年 C 市乡镇政府公共预算
收入与土地出让收入对比　　　　　单位:亿元

	2007	2008	2009	2010	2011	2012	2013
预算收入	52.2	56.5	62.9	80.3	95.6	103.4	116.3
土地收入	15.1	6.1	3.8	17.5	15.6	7.8	14.3

数据来源:C 市国土资源管理局。

按照 C 市政府的设想,用于农民集中居住的财政支出由宅基地置换而来的土地指标来承担,通过销售置换而来的建设用地指标,支出与收入之间完全能够实现平衡。市政府甚至认为,由宅基地置换而来的建设用地销售收入不仅能够承担项目支出,而且能够实现盈利。③ 虽然政府的文件要求乡镇政府从农民宅基地上创造出来的土地指标,40% 上缴,自己留存 60%,但是,在实际执行过程中,市政府将全部指标留给了乡镇。④ 截至 2013 年底,通过整治宅基地,C 市在两年时间里总共创造出 2800 亩建设用地指标。为了推进该项目的尽快实施、减轻乡镇的经济负担,市政府还为每个乡镇提供了平均 1 亿元的启动资金,另外,允许各个乡镇通过镇级融资平台募集建设资金。⑤

五　简单的讨论

前文所叙述的"双案例"展示了两种完全不同的"农民上楼"方式:

---

① C 市的工业和商业用地出让金的数据全部由市级国土资源管理局提供。

② 访谈 C 市的一位国土资源管理局的官员,2015 年 4 月。

③ 访谈 C 市的一位乡镇干部,2014 年 7 月。

④ 访谈 C 市财政局和国土局的干部,2016 年 1 月。

⑤ 访谈 C 市国土局的一位副局长,2015 年 9 月。

在东部发达地区，乡镇政府以非常诱人的条件引导农民自觉自愿地用原有的房屋和宅基地换取城市"商品房"；相反，在中部经济落后的地区，遵照上级政府的安排，乡镇政府执行同样的城镇化政策，不过，政策执行的方式完全不同于前者，被集中居住的农民不得不将房屋和宅基地在几乎没有任何补偿的情况下交给政府，被迫自费购买政府建造的存在权利瑕疵的住宅楼。

文章从财政的角度尝试解释，为什么会出现两种"农民上楼"的不同模式。作者认为，县乡财政关系以及县级政府对土地财政的依赖度，极大地影响到了基层政府的行为模式，在不同地区之间表现各异。在极端情况下，分权式的县乡财政关系以及县级政府对土地财政的较低依赖度，更有可能塑造包容式的乡镇政府行为；反之，集权式的县乡财政关系以及县级政府对土地财政的较高依赖度，更有可能塑造"汲取式"的乡镇政府行为。简言之，财政关系与财政能力的不同结构与水平至少在"农民上楼"这个政策执行过程当中，是影响基层政府行为的关键因素。

从财政视角来解释"农民上楼"的两种不同模式，反映了中国基层治理当中的一个老问题，那就是，基层干部在竞争性政绩激励机制的刺激下，追求不切实际的政策目标：在落后地区，即使基层政府的财政行为受到财政体制的有效约束，但是，政绩激励仍然驱使它们试图突破制度的约束，通过将经济负担转嫁给农民的方式尽可能地实现良好的政策业绩；在经济发达地区，同样的激励机制鼓励基层政府运用财政自主权，创造政策神话，结果，"形象工程"给政府带来庞大的债务负担。对于国家而言，在财政体制短期内难以改变的情况下，遏制与降低基层政府非理性行为的一个暂时性替代办法，可以考虑调整政绩激励机制的结构与相关指标。竞争性激励机制是必要的，但上级政府应当保持灵活性，避免下级政府的绩效冲动。

从政治的角度观之，在农村实行集中居住是必要的，因为中国长期以来存在的城乡二元格局在城市居民与农民之间制造了大量的社会不平等。"让农民分享改革的成果"反映了中央在政治上的上述考量。不过，集中居住之所以在两个案例当中都引起了农民不同程度的不满，是因为此项政策在执行过程中至少存在着三个方面的欠缺：一是，政府在单方面地推行该政策，较少考虑到农民的利益，对他们的居住选择权没有表现出应有的尊重；二是，集中居住给部分农民都来了经济上的负担，在经济落后地区尤其如此；三是，地方政府扭曲了城镇化的目标，将农民集中居住看作是增加土地财政收入的一个机会，这种经济逻辑即使在经济发达地区也不例外。提高农民的满意度、缓解农民与政府之间的紧张关系，要把重点放在如何保护农民的经济权利与社会权利，通过制度化的方式为他们提供有效的政策参与机会，在农民与政府之间建立起有效的信息沟通、集体协商机制。

街头官僚的身份困境与乡村治理中的政策执行变异

——基于 H 县火化政策的个案考察

韩万渠[*]

韩万渠[*]

摘要： 乡村治理的复杂性造就了基层政府公共政策过程的独特场域。H 县火化政策执行经历了政府运动式治理、村民消极软抵抗到政策隐性终结公开化的变异过程。这一过程演绎着府际关系、政府与社会关系、街头官僚与乡村共同体关系相互影响的复杂场景。乡村治理中的政策执行需要适合于乡村特质的政策细化，成为乡村治理中政策执行变异的决定因素，否则将引致政策执行主体——街头官僚的身份困境。协商民主的议事规则有助于通过增进公民参与，将乡村文化习俗融入政策细化，促成正式制度与非正式规则、习俗的互恰，为乡村治理中的政策执行奠定基础。

关键词： 街头官僚；身份困境；乡村治理；政策执行变异

政策过程理论侧重于从中观层次考察政治过程的运行。在此语境下，现代国家治理可以阐释为以公共政策为主线的治理模式。乡村治理是国家治理体系中的基础环节。乡村治理过程中的政策过程主要体现为基层政府的政策执行。不同的政策执行情景引致乡村治理中基层政府和乡村社会互动的差异化，使乡村治理中的政策执行表现出不同的样态。

---

* 作者简介：韩万渠，河南师范大学政治与公共管理学院讲师，南开大学周恩来政府管理学院博士生。研究方向：公共政策、乡村治理。

一　政府与社会关系:政策执行研究路径的拓展

政策执行难和政策失灵（政策失败）成为中国公共政策研究中的一个热点。众多研究关注到政策质量、政策执行者素质、政策执行所需的资源等原因引致的政策失灵或政策执行阻滞。① 但是，上述研究存在的问题是将政策执行与政策制定相对分离，从相对静态的政策过程经典模型出发考察政策执行问题，隶属于第一代政策执行研究的自上而下路径。② 第二代政策执行研究路径试图突破这一难题，考察诸如街头官僚③、基层政府在政策执行中的权宜调整。笔者将第三代政策执行研究路径视为前两代研究路径的结合，可以概括为政府间关系视角下的政策执行研究路径。周雪光有关中国官僚制与国家治理逻辑的研究，从组织社会学和组织间关系的视角，考察了政府间"共谋"④、政府间谈判⑤对政策执行的影响机理，展现了中国公共政策执行场域的复杂性。杨宏山构建起"路径—激励"的政策执行研究的分析框架，以住房保障政策为例，从中央政府对地方政府的激励程度和政策执行路径的清晰程度两个维度，概括出政策执行的四种模式：行政性执行、变通性执行、试验性执行、象征性执行。⑥

事实上，自上而下的研究路径将较高层级政府作为的政策制定或政策设计设计主体，考察政策制定过程中因信息不对称、部门利益等原因引起的政策方案质量问题；相反，自下而上的研究路径强调基层政府在政策执行中的自由裁量，将街头官僚最终落实于政策对象的政策称为"真实的

① 丁煌：《我国现阶段政策执行阻滞及其防治对策的制度分析》，《政治学研究》2002 年第1 期。

② Wegrich K，"Implementing Public Policy. Governance in Theory and Practice. (Book Review)"，*West European Politics*，2004.

③ LipskyMichael，"Street – Level Bureaucracy：Dilemmas of the Individual in Public Services"，New York：Russell Sage Foundation，1980.

④ 周雪光：《基层政府间的"共谋现象"——一个政府行为的制度逻辑》，《开放时代》2009 年第 12 期。

⑤ 周雪光、练宏：《政府内部上下级部门间谈判的一个分析模型——以环境政策实施为例》，《中国社会科学》2011 年第 5 期。

⑥ 杨宏山：《政策执行的路径—激励分析框架：以住房保障政策为例》，《政治学研究》2014 年第 1 期。

政策"或"最终的政策",由此也产生出同一政策文本在不同区域执行的效果差异,也引起公共政策研究对传统政策过程理论的反思。两种研究路径的结合点在于政府间关系的引入,通过展现政府间关系因体制原因、历史文化、利益共享等引致的政策执行乱象。

但是,上述研究的研究单元主要局限于政府内部。公共政策作为政府对全社会资源和价值作出的权威性配置①,在其制定、执行中不容忽视的是政策相关利益主体。政策相关利益主体简单地划分为决策者、执行者和政策执行对象。自上而下政策执行研究路径中涉及到政策执行对象的配合问题,但其对此的分析,建立在"政策本身不存在质量问题"的假定之上。基于这一假定,上述研究并未切实考察政策执行对象在政策过程中的真正作用。现实政策实践仅仅将政策执行对象纳入到一些诸如公众参与、意见征集、听证会的程序性环节来处理。关键的是这些程序性设计在中国政策过程中的真实作用屡遭质疑。政府间关系的研究路径尽管解释了政策执行阻滞、政策执行难等政策执行问题,但是其视角仍然限于政府行政体系内部,并未足够重视政策执行过程中政府与社会的关系。现有研究中关于街头官僚的研究,揭示了基层政府政策执行变异的主体,但是并未系统分析何种机制影响街头官僚运用自由裁量权,以至于引起政策执行变异。对此机制的分析主要从理性选择的维度进行分析,并不能完全解释基层政府治理中街头官僚政策执行的行为选择。因此,把握政府与社会关系对政策执行的影响,需要明辨"政策执行主体和政策执行对象间的互动及其对政策执行的影响",尤其是"政策执行主体同时也是政策执行对象或潜在的政策执行对象时,其身份重叠引起的价值冲突困境,会以何机理对政策执行产生何种影响"。

对这些问题的回答,需要将政策执行研究的分析框架,从政府某一层级拓展至政府间以及政府与社会、政府与公务员这一更广泛的政策执行主体间关系。本文通过对乡村治理中火化政策执行过程的个案考察,试图回答上述问题。中国的乡村治理中的政策执行全景式地展现了"不同层级政府—基层政府—公务员(街头官僚)—乡村社会"这些交织在一起的关系运行场域。上述各主体对推行火化政策持有不同的动机、认知和理

---

① 〔美〕戴维·伊斯顿:《政治生活的系统分析》,王浦劬译,华夏出版社1999年版。

解，也表现出不同阶段对火化政策的不同的支持程度。政策执行过程中主体间的互动，体现了乡村治理中公共政策执行的差异性和复杂性。通过对此过程的深描，有助于透析中国乡村治理中政策执行存在的一般性规律，为乡村治理的"善治"提供有益参考。

二　以街头官僚为关键环节：乡村治理中政策执行变异的分析框架

（一）政策细化：府际关系视角下的中国政策执行

乡村治理的参与主体之一"基层政府"处于中国行政体制中的最末端，是政府间关系视角下考察政策执行的基本研究单元；乡村治理的参与主体之二"村落中的宗族组织或其他农业合作社、老人会、村庙理事会等社会组织"①，是乡村社会运行中重要权威，是政府与社会关系视角下考察政策执行的重要主体；乡村治理的参与主体之三，也就是传统政策执行理论中的政策执行对象——村民，可以细分为普通村民和特殊村民。特殊村民既包括宗族组织中的"长老级"村民，也包括直系亲属中担任基层政府街头官僚的村民，这两类村民往往表现为一定程度的身份重叠，对其他普通村民的行为选择具有重要影响，是考察乡村治理中政策执行的重要主体。上述三组关系分别对应于政府间关系、政府与社会关系和社会自治组织中的主体间关系。

从政府间关系的视角考察中国政策执行中出现的问题，首要的是厘清中国政策执行的政治情景。孔繁斌、贺东航将其界定为"以党领政"、党和国家相互"嵌入"，强调了中国共产党在中国政策过程中的"高位推动"作用，并以此为基础分析政策的层级性和多属性特征，提出政策细化、政策再规划的概念，作为政策执行的中国经验——兼顾中央统一性和地方多样性。② 在此语境下，中央政府主要负责倡导或出台宏观指导性政策；地方政府则负责制定符合本地实际的细则指导性政策；基层政府则需

---

① 阮云星、张婧：《村民自治的内源性组织资源何以可能？——浙东"刘老会"个案的政治人类学研究》，《社会学研究》2009 年第 3 期。

② 贺东航、孔繁斌：《公共政策执行的中国经验》，《中国社会科学》2011 年第 5 期。

要根据地方政府的细则指导性政策，制定更为细化的在本地可执行的政策。因此，政策细化成为考察中国政策过程须加重视的环节。

（二）街头官僚的身份困境：政府与社会关系视角下政策执行变异的关键

循着这一思路，基层政府的街头官僚成为政策细化后的政策执行的主要落实方。街头官僚指处于基层直接面对政府管理、服务对象的一批官员和公务员。中国行政体系中街头官僚主要指城市街道办事处、社区干部和乡村治理中乡镇、村一级的干部。既有关于街头官僚的研究主要集中于街头官僚政策执行中的自由裁量权①，这一研究路径属于前述的自下而上研究路径。这批街头官僚实质上表现为双重身份的属性。作为基层政府的公务人员，其工作职责和职务行为代表着国家的权力在乡村的行使。但这些官员和公务员绝大多数属于本土成长、提拔，往往居住于乡镇政府或者村中，在本地拥有盘根错节的亲戚朋友、老师同学等社会关系。而这批街头官僚的亲朋好友往往成为村民自治组织中的村干部，或者成为村中宗族、村庙、老人会等连带团体②中有影响力的主事者。这一现象的形成是费孝通提出的"差序格局"在当下基层政治生态中的延伸，也可以说是基层政治向乡村社会"差序格局"的嵌入。

因此，街头官僚及其亲属成为乡村社会中的特殊村民，也可以说是嫁接乡村社会非正式权力下自组织治理和基层政府正式权力施治的中介。这些特殊村民通过村民自治组织和连带团体的组织载体，运用乡村社会独特的传播渠道和传播形式，对普通村民对政策的认知、理解和支持产生重要影响。这一影响既可能是积极的引导，动员普通村民支持特定政策的执行；也可能是默许、遮掩、串联、隐性支持普通村民对特定政策进行软抵抗，甚至公开的抵抗。街头官僚实质上承担了公共政策在乡村执行的政策动员功能，其选择何种行为的关键在于其获得的利益和声望。如果政策执行会给其本人或亲属带来实际的利益或声望，其往往选择支持的政策动员

---

① Lipsky Michael, Street – Level Bureaucracy: Dilemmas of the Individual in Public Services, New York: Russell Sage Foundation, 1980.

② Tsai, L. L, Accountability without Democracy: Solidary Groups and Public Goods Provision in Rural China, Cambridge: Cambridge University Press, 2007.

行为；相反则会选择消极软抵抗的政策动员行为。本文将其街头官僚的双重身份及其所处的基层政府与乡村社会的交界视为政策变异的边界。这一边界的临界值即为上述的实际利益和权威声望是否符合其预期。

（三）政策细化中的乡村文化缺失：街头官僚身份困境的决定性因素

乡村文化、民俗民约方面的研究主要集中于人类学、民族志的研究中，过度关注乡村文化、民俗民约的细节这类描述性分析。事实上，乡村社会流传下的这些习俗承担着维持乡村社会运行秩序的重要功能。相对于渗透至乡村社会的正式制度，其承担着非正式制度或规约的功能，甚至在某些时期的特定领域发挥着超越正式制度效力的社会约束力。帕特南有关社会资本与民主制度运行绩效的研究，逐渐将学界的视野从人类学的研究范式引领至乡村文化习俗的非政治功能这一领域。[①] 这一研究视角与诺斯的制度经济学、奥斯特罗姆夫妇社会自组织和奥尔森的集体行动的逻辑等研究一脉相承，开拓出正式制度与非正式制度的关系，这一富有吸引力的理论疆域。蔡晓莉的研究论证了连带团体的开放性和可嵌入性，对基层政府官员有动力提供公共品产生了"非正式问责"的功能，以区别于西方民主制度下的正式问责机制。[②] 伴随这一研究的传播，姚洋、徐轶清的研究进一步的分析了非正式制度在中国农村公共品供给中的影响。[③] 由此可见，文化因素、乡村文化、民间组织、乡村社会自组织能力正逐渐进入学界视野，并表现为对正式制度失效的反思及和正式制度间的互补关系。

本文个案中的连带团体并未发挥出前述的非正式问责功能，而是表现为乡村社会文化习俗的伦理约束功能。这些乡村文化习俗在中国广大农村地区极具影响力。吴军民对江西农村低保的实证研究考察了地方性知识与

---

① 参见［美］罗伯特·D. 帕特南《使民主运转起来：现代意大利的公民传统》，王列、赖海丰富译，江西人民出版社 2001 年版。

② Tsai, L, Olidary Groups, Informal Accountability, and Local Public Goods Provision in Rural China, *American Political Science Review*, Vol. 101, No. 2, 2007.

③ Xu Y, Yao Y, Informal Institutions, Collective Action, and Public Investment in Rural China. *American Political Science Review*, Vol. 109, No. 2, 2015.

规则内容弹性和形式内容弹性的关系。① 谢庆奎则重点分析了非正式约束下的政策参与研究，强调地方性知识（包括文化习俗、民族习惯等）对特定区域公众政策参与模式的影响，并对参与模式的不同进行分类。② 如前所述，街头官僚深深地嵌入在乡村社会的"差序格局"的关系网络之中，受到诸如人情面子、文化习俗等不可忽视且难以转变的影响。

政策细化中对乡村文化的漠视，也就是说作为政策细化主体的地方政府在推行某一政策时，其动机往往来自于上级压力或者某个重要地方政府主官的一时的注意力聚焦。政策细化方案的设计并未做到"结合本地实际，出台可行性的细则"这一宏观指导性的上级政府政策要求。而这个"本地实际"所包含的内容非常丰富，也表现出中国乡村社会政治、经济、文化、自然地理资源等方面的差异性。这些差异中最重要的部分恰恰是乡村文化，这些乡村文化之所以经历朝代更迭而仍保持其生命力，因为其实质上有重要的政治功能和社会功能。

而政策细化中对乡村文化的漠视，又以运动式治理的模式仓促地将一些不成熟的政策文本，依靠行政权威和指令指标化地向下传递。如此就使街头官僚群体既面临严格执行上级政策的行政压力，否则就会在运动式治理中因执行不力而遭到免职、降级、处分，或者落下"执行不力"的形象退出晋升序列；又要面临来自政策执行对象存在的乡村社会共同体的文化习俗压力，否则就会在乡村社会的社会关系网络中遭到乡亲甚至是父母、兄弟的指责、嘲笑。当面临乡村社会的"项目下乡"类的政策优惠时，乡村社会共同体给予街头官僚的压力是必须将这些项目优惠拿到本村；而面临乡村社会移风易俗、改革陋习、缴纳税费等有关乡村社会惯习改变的政策执行时，乡村社会共同体需要街头官僚对其违规甚至违法行为提供庇护，否则就会视为"忘本"而遭到指责。

综合以上分析，本文将街头官僚的身份困境作为乡村社会治理中政策变异的关键变量。而政策细化中的乡村文化缺失是引致街头官僚身份困境的决定性因素，由此形成本文 L 村火化政策执行变异的分析框架（见图 1 所示）。

---

① 吴军民：《规则社会化与规则弹性——一项关于政府救助的实证分析》，《公共管理学报》2009 年第 4 期。

② 谢庆奎、王懂棋：《非正式约束下的政策参与研究》，《云南行政学院学报》2010 年第 3 期。

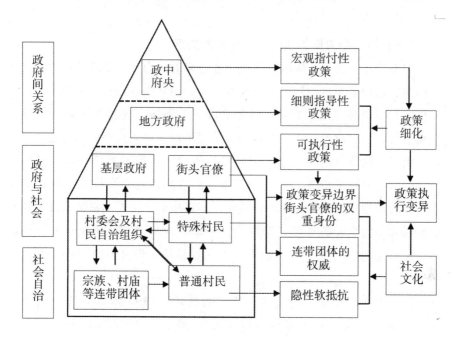

图 1   乡村治理中政策执行变异分析框架示意图

三 政策回流：L 村火化政策执行中 的政策执行变异过程分析

本文以 H 县以火化政策执行为个案，运用质性研究的田野调查和半结构化访谈法，考察 H 县一个村庄"L 村"的火化政策执行情况。L 村的火化政策执行经历了初期运动式治理高压下的服从、乡村共同体的软抵抗、政策"风口"转变后逐渐恢复到原有土葬殡葬习俗的政策过程。本文将此过程界定为"政策回流"，指特定政策在未实现政策目标且没有经过政策终结程序而呈现出的政策隐形终结现象。与"政策执行阻滞"不同，政策回流过程的初期往往以运动式治理开场，并不存在执行阻滞现象；中期表现为政策执行者和政策执行对象间的信念联盟形成及其对政策执行对象"消极软抵抗"的默许和隐性支持；后期表现为默许持续下政策回流机会窗口打开下的政策隐形终结的快速公开化。

（一）压力型府际关系与运动式政策执行

如前所述，迫于上级政府逐级传递过来的压力，运动式政策执行成为中国国家治理诸领域的典型治理模式。这一治理模式相伴生于中国的压力型体制和中国典型的"官员型政策企业家"现象。经由地方政府主官的政策倡导，基层政府往往选择运动式治理予以应对。这一选择可能属于应对上级压力的权宜之计，也可能是基层政府为了紧跟上级倡导、身先士卒，以引起上级决策者的关注和首肯。前者的逻辑是积极应对保证不出事；后者的逻辑是积极应对彰显政绩。消极应对、拖延和抵抗是政策执行阻滞研究中的主要表现形式和原因；运动式治理则是政策执行变异的起点，尤其是基层政府"心知肚明"而无法推动，但又不得不推动的政策领域。

L村的火化政策执行就属于这样的领域。1997年国务院以国务院令的形式，发布《国家殡葬管理办法》，修订了1986年国务院发布的《国家殡葬管理暂行规定》。河南省1999年据此出台《河南省殡葬管理办法》。这些规定主要通过划定火葬区和土葬区的方式推进。当时文件中将火葬区划定为"市辖区、县级市、建有火葬场的县和省人民政府划定实行火葬的县和未建火葬场的县人民政府所在地的镇"。这一模式符合管理办法中提到的有步骤地推进火葬，并要求火葬区火化后不能将骨灰装棺土葬。但是具体到H县，真正推行火化政策，按照管理办法要求，2004年H县开始建立殡仪馆，并按照区域分布，在主要片区的乡镇修建了殡仪馆和焚化炉。政府兴建殡仪馆和火葬场的动机，除了基于招商引资的任务，还关系到县级政府绩效评价和民政部门绩效评价的重要指标——火化率。地方政府为了追求火化率，给各乡镇至村逐级下发指标，甚至还出现了"不同价位火化服务"和"以罚代火"的乱象。

但值得回味的是殡仪馆项目是招商引资过来的项目。这种模式的推行符合当时社会建设领域推行的民间资本以BOT模式介入此类社会服务项目的总体趋势。伴随这个项目的建成，H县政府开始推行火化政策，并且将火葬区的范围设定为全县全覆盖，同时下发关于党员干部带头落实执行火化管理办法的通知。H县民政局作为牵头组织单位，要求各乡镇抽调人力进行火葬政策的宣传、动员和监督检查工作，施行火葬举报政策，对于未火化者埋葬者要求强制火化，并处罚金 2000 元，将其中的 1000 元作为举报者的奖励。

H 县火化政策自 2004 年开始以这种典型运动式治理的模式推行至 2005 年，的确取得了一定的成效。但这一成效仅仅体现在火化率的数字上和殡仪馆的运营收入上。各个乡镇的确存在未火化偷埋的村民，被巡查组发现或者被其他村民举报的事例，而作为"公家人"的县、乡、村级的干部和"吃财政饭"的教师、医生等群体的确严格按照通知要求进行火化。但是这一政策执行潜伏着逐渐发生变化的蠢动。① 按照管理办法火化后的骨灰禁止二次装棺土葬，但现实执行中，本来对此政策就有抵触的老百姓，并未理会这一明令禁止的要求。甚至这一强制性政策引致了不可预测的结果，即火化让逝者家属们增加了对亲人的愧疚感，转而通过已相对于之前更甚的大操大办来弥补对火化老人的愧疚。

由此可见，H 县推行火化政策运动式治理和"雷声"行动伴随的政策细化缺陷，远远没有考虑到政策执行的可能后果及其规避措施。提升火化率的背后让村民不可避免地产生招商引资的政商关系遐想，结果是政府推行火化政策时一方面可能只关心完成招商引资任务，服务投资企业收回成本转向盈利；另一方面可能是忽视了火化政策与移风易俗、保护耕地的殡葬改革政策间的关系，以至于只强调火化忽视其他政策目标，最荒诞的做法是殡仪馆推出不同价位的火化服务，高价位可以尸骨完整，甚至接受贿赂直接开具火化证明。而有了火化证明就可以视为符合管理办法，免遭检查，也自然可以堵住举报者的质疑。H 县火化政策执行初期的做法和随之出现的现象，属于典型的运动式治理"并发症"。其典型症状可以概括为：1. 从动议到推行，未经过充分论证迅速发文进行政策执行阶段；2. 要求党员干部带头形成示范；3. 加强监督检查，鼓励民间举报；4. 相互妥协，难掩政策目标偏离。

---

① 访谈中的老百姓的怨言。

（二）街头官僚：L 镇火化政策执行变异的关键角色

H 县火化政策初期运动式执行的强力推进，取得了一定的成效。但这仅仅是政府内部对政策执行效果的自我评价，运动式治理后的政绩包装掩盖不了悄然发生的政策执行变异。

1. 公开议论和开"小会"：理性计算的结果

如前所述，村民火化后依然采取传统土葬的方式举办葬礼，甚至以大操大办弥补火化对先人的愧疚感。这一文化习俗的确存在非理性的因素，但其影响力的持久性和深入性，无法用理性的规范约束和改造；相反，社会自组织下的适应性反改造正在进行之中。以笔者所在的村庄 L 村为例，"先火化再土葬"的殡葬模式，从成本算计的角度，明显不符合村民的最优选择。相对于传统土葬，新政策增加了火化费①和骨灰盒的费用，有些地区还要增加尸体运送费，甚至殡仪馆的工作人员以拖延焚化的方式向家属索要"红包"。由此，整个丧葬的费用大大提高，还有经受从村庄到殡仪馆的奔波之苦。村中民中较为有威望的吕某、韩某、段某首先在村中不同场合表示出"这有啥意思，净是给火葬场送钱呢！咱们一个村说好，谁也不准举报"。这一倡议并未得到所有村民的响应，因为对于普通村民而言，对抗乡镇政府政策的违规成本，他们承担不起。而积极响应的反而是那些在外经商、为官等乡村中的能人群体。这个群体中的大部分村民属于本文强调的街头官僚及其家属们，也就是图 1 中标示的"特殊村民"。这个群体中的 L 某在其他几个家族同样有影响力。春节探亲期间，L 某组织几大家族中的"特殊村民"开会，议题只有一个"抵制火化"。

2. "祠堂 + 公墓"模式：选址的政策困境

会议并不顺利。考虑到土葬对家中出去的街头官僚的负面影响，有些街头官僚的家属较为谨慎，明确表示不敢像你这么公开和国家政策作对。会议陷入僵局时，H 某的一个方案引起了大家的关注。作为退休教师的 H 某，已经在县城买了房子定居。但其本人在村中还保留有一片宅基地。H 某对殡葬改革方面的政策较为了解，提议在村中选址建公墓，并在公墓前建祠堂。这一模式的优势在于以公墓的标准设立小坟头安置骨灰盒，通过

---

① 注：直到 2012 年河南省才在"十二五"规划中提出免费火化的目标。

祠堂定期集体祭祀祖先，提升宗族凝聚力。这一模式实质上很好地将火化政策和传统土葬结合了起来，并通过重建祠堂凝聚乡村社会的"原子化"状态。但是，这一提议引起的反对出乎 H 某的意外。事后 H 某唉声叹气地表达了他的失望之情："咱村算是不中了，这点事都做不了，我宅基地都不要了，用于建祠堂都不行！"

　　H 某的遗憾一方面来自部分村民的反对，因为其宅基地原来属于人民公社时期的"麦场"，后来作为宅基地分配给村民。H 某到县城后，其宅基地周边已经有村民陆续建房并居住。这批村民认为挨着祠堂居住"阴气太重，不吉利"。另一方面，更大的阻力和现实约束是 H 县属于平原地带的易于耕种农业大县，村中并没有丘陵、山地等适合地方建公墓。尽管距 H 某宅基地不足百米就是耕地，可以划一部分建设公墓。但是管理办法中由民政局牵头，国土局配合规划公墓的政策设想，并没有落到实处。国土局本身对火葬政策的态度暧昧，这种暧昧的背后是国土局领导干部本人及其家属，和其他村民一样并不真正支持火化政策。至今 H 县全县除了烈士陵园开发一部分原陵园空地作为公墓出售外，全县并没有在推动火化政策执行之际展开公墓建设。H 某理想化的"祠堂＋公墓"的方案遭遇到来自社会习俗和政府管理的双重政策困境而无法实现。

　　3. 消极软抵抗的策略：共识达成及街头官僚的默许

　　会议没有形成共识。但是，春节过后 D 某的母亲病危。D 某的儿子在 L 镇水利所工作，弟弟在镇粮管所工作，父亲早逝的 D 某兄弟四人由母亲拉扯大。因此，D 某对母亲一直非常孝顺。D 某母亲的遗愿就是坚决不火化，要留全尸与丈夫合葬。这一诉求几乎代表了当地老人，尤其是夫妻一方已经去世的老人对火化政策的态度。当地丧葬习俗中夫妻合葬的意义深远。D 某在母亲病危期间，重新召集各大家族开会。D 某明确表示遵从母亲愿望不火化，哪怕儿子、弟弟丢了工作。大家对此都表示理解。但 D 某声明自己的立场"丢工作都不怕，谁举报有办法知道，我与他没完"。这种带有半威胁味道的声明只是强调其决心，另一个 L 某的家庭情况和 D 某相似，父母高龄多病，哥哥在市里做官。L 某从 D 某的坚决中看到希望，因为他本人一直承受着来自父母的压力。但 L 某相对谨慎，表示"还是别硬来，真是追究起来了，还真不好办，想想办法"。H 某说："听说邻村有些胆大的偷埋，只要没人举报，县里不检查，就咱们镇上的民政所那几个人好办，他家也有老人，睁一只眼闭一只眼也就过去了。"L 某说："偷埋可以，把坟头弄小点，半夜埋，尽量别弄出动静，办事是其次，老人的愿望重要。"D 某的口气转弱说："回去给每个姓的人说说，别因为平常家长里短的屁事，影响老人这点念想，我还是那句话，谁如果举报，不管是我家，还是我们姓 D 的，我都跟他没完。"①

自此默契达成，L 村之后去世者的家人统统选择凌晨 2—3 点偷埋，仅仅同姓的少数人参与偷埋，甚至鞭炮都不放，就连之前的习惯上比谁声大的"哭丧"也省去了。这一默契的达成来自街头官僚及其亲属迫于家庭老人对传统丧葬习俗的坚持。离世亲人的遗愿产生了远远高于运动式治理自上而下的压力。而这一模式迅速在 L 村、周边村及整个乡镇扩散开。这一过程中，乡镇政府的街头官僚们采取了默许、隐性支持的态度和立场，一方面是自己家里老人的愿望和支持；另一方面是运动式治理的"风头"已经逐渐过去，上级政府的注意力已经转移到另外的运动式治理中。老百姓的议论颇有意味："一个领导一阵风，过去就好了"。② 偷埋的丧葬模式持续了相当长时间，没有了火化费、骨灰盒费，少了大操大办，少了礼尚往来。虽然村民们调侃少吃了几碗办丧事时的大锅饭，但普通村民更多地受益于减少一大笔丧葬开支的成本算计。反观之前的丧葬习俗，真正大操大办的往往是街头官僚群体和在外经商群体这类村中的特殊村民。

以上三个阶段，街头官僚及其附带的特殊村民对火化政策的态度和认知决定了 L 村村民的行为选择。尤其是特殊村民 D 某直接受到火化政策影响时，其态度、立场的转变及其展现出的"宁可玉碎"的博弈态度，发挥了对其他特殊村民及普通村民的动员作用，最终达成消极软抵抗的形式，选择偷埋的策略应对火化政策。这一模式的迅速扩散体现了 H 县运动式火化政策执行本身存在的政策细化考虑不周的弊病。尤其是从 H 某的"祠堂＋公墓"理想化模式搁浅中可以发现：运动式执行的火化政策明显缺乏配套方案的支持。从 H 县的个案中甚至可以推断，运动式执行

---

① H 某是笔者的伯伯，以上信息来自于其口述。

② 访谈中老百姓的俗语。

的动因很大程度上是为了兑现招商引资时的承诺。而招商引资的压力明显来自于"晋升锦标赛"的 GDP 竞争。

（三）政策回流的"拐点"与反思

1. 政策回流的"拐点"：周口平坟事件的滑铁卢

以 L 村为个案，消极软抵抗的偷埋策略成了公开的秘密，但是，无论是特殊村民还是普通村民，都维持着这种火化政策与偷埋土政策之间的平衡。仅有部分特殊村民选择在亲属去世三周年办一次公开的纪念活动。直到 2012 年，事情发生转机。2011 年底河南省周口市开始推行以平坟为主题的殡葬改革，同样是典型的运动式治理，同样建议村中建设公墓，同样的要求党员干部带头。周口市甚至为此投入大量资金用于监督检查、强制平坟和公墓的围墙建设。村民们同样狡黠地选择消极软抵抗，将坟头削掉部分设立标记应对检查而并未进行实质性迁坟至政府围墙式的简易公墓。周口平坟运动在全国掀起热议，正当南阳市意欲学习周口模式之际，一方面周口市面临着全国的舆论压力；另一方面南阳市政协委员的公开质疑，将周口市的平坟运动和南阳市的动议陷入更大范围的舆论漩涡。

而清明节到来时，传统的祭祀逝者的习俗，使得周口一下子面临着坟头"春风吹又生"尴尬境地。是选择重新强制整治，还是选择默许，前功尽弃，迫于舆论压力，周口市选择了后者。在舆论的风口浪尖，民政部和河南省民政厅统一的口径是"并未强制性要求平坟，但要循序渐进地推进殡葬改革"。至此，周口市平坟运动以这样的结局收场。一些迁坟至公墓的部分留守，还算是周口市平坟运动增加耕地的成果。但大多数坟头重新恢复。河南省民政厅对平坟、火化政策的态度在其答记者问中，已经被敏感的民众捕捉到。而在舆论中部分将传统丧葬习俗视为文化遗产的学者，通过媒体传播强化了民众对土葬习俗的坚定信心。火化政策执行中出现的价格问题、殡仪馆服务质量问题等越来越多地引起民愤，殡仪馆周边的老百姓甚至发起小规模的"邻避运动"。这些事件综合起来，构成 H 县火化政策回流的"拐点"，H 县应对火化政策的偷埋消极软抵抗转向公开化，土葬的习俗逐渐恢复，大操大办重新抬头。尽管直到 2015 年 5 月，A 县刚刚推出本县殡葬改革管理办法，依然强调推行火化。但是这些政策如同 1999 年河南省的殡葬管理办法一样，实质上在农村地区处于隐性终结状态。

2. 政策细化中的乡村社会文化：非理性的理性之辩

对于 H 县火化政策回流这类政策执行变异的发生，本文将其归结为街头官僚承受双重压力下的自然选择，而这一选择中显见的是乡村文化给予其的非正式权威压力，大于来自政府行政体制内的压力。之所以出现这种局面的关键原因是政策细化中对乡村社会文化的漠视。理性选择制度主义往往将行动者的理性算计作为其行为选择的关键变量。事实上，现实生活中的理性和非理性的关系远远没有理论界定中那么泾渭分明。而村民选择社会文化导向下的消极软抵抗，其本身也是理性计算的结果（丧葬成本）。D 某 "以孝为名" 的博弈策略，尽管属于非理性的选择，并且其选择难以用金钱、数字衡量其决策的收益值，但这一选择明显使之处于占优状态，"合乎情理" 这一中国典型的表达中，事实上反映出中国人传承下来的对情和理的优先排序。乡村文化习俗中的非理性因素对信奉于此的村民来说却是其最合乎理性的选择。这一关系可以类比于信奉科学精神的人对理性的遵从是其最合乎理性的选择。将这一关系拓展至非正式规则和正式制度的关系，同样可以从中窥见现代社会诸领域理论中遍布的二元对立关系，实质上在社会现实运行中表现为制衡并非对立、互补更非对立的关系。政策的理性设计和细化应从心态上逐渐扭转对乡村文化的 "非理性" 判断的归因谬误，而应建立起哈贝马斯所谓的 "沟通理性" 及其相附带的 "换位思考" 的心智模式。街头官僚的双重身份的优势在于其作为沟通中介的可能性和换位思考的便捷性。因此，政策设计中应重视街头官僚的参与度。

3. 政策细化中的协商议事：地方性知识融入政策细化的可能性

本文将基层政府结合本地实际情况在上级政策框架内进行的政策设计视为政策细化。L 镇火化政策回流的发生，折射出 H 县火化政策推行中运动式的政策执行惯性，本质上隶属于行政导向的治理模式，忽视了乡村治理中的多元主体及其受社会文化、非正式权威的影响。这种忽视可以归结为政策细化中的地方性知识缺失，由此引致街头官僚的身份困境，进而决定了乡村治理中政策执行的走向。如何将地方性知识融入政策细化就成了达成乡村治理善治的关键。乡村治理的社会自组织存在着多种形式的协商议事案例，不管是围绕集体产权土地在村、队、组内的使用权调整（动地），还是围绕村中小学修建、道路硬化、村庙重建等乡村公共事务，乡村社会在其自组织供给此类农村公共产品或准公共产品时，积累了丰富的协商议事经验。上述案例中 L 村抵制火化的"小会"就带有协商议事的基本形态。

　　作为火化政策细化的主体，H 县政府受行政命令式政策过程的惯性影响，并未就火化政策执行进行充分的调研、论证也没有召开座谈会、听证会。事实上，不仅仅是 H 县，大多数的县级政府的公共政策能力处于较为薄弱的状态。从上级政府获取会议精神、接收文件后的政策细化或者沿袭旧习惯的思维定式，或者从其他地区搜集类似政策进行模仿、复制，较少会按照现代政府运行的政策过程一般程序进行政策细化设计。笔者在调研中获取到很多村民对火化政策的看法，这些看法和建议中并不全是批评和诋毁，而存在着相当数量的建设性意见，实质上为火化政策的执行提供了很好的思路。比如案例中 H 某的提议以及村民们对坟头大小的妥协、对抵制大操大办的共识。经过协商议事，批评诋毁者对上述建设性意见明显表现出不同程度的认同，一个村民的话语中就表露出这种倾向："早点这么搞，也不会是现在这个样"。① 因此，如果 H 县火化政策细化过程中，能够通过协商议事、座谈会、听证会等程序和方式，将村民对火化政策的意见和建议整合进来，执行中将大大降低政策执行的难度，而关键显然在于街头官僚及特殊村民群体。政策细化中地方性知识的运用体现为政策设计中的理性因素和地方性知识中的非理性因素的互嵌磨合。而互嵌和磨合最好的方式不是经历社会运动或群体性事件，而是协商议事规则的形成及协商中的共识达成。

四　结　语

　　本文选择 L 村火化政策执行异化过程中的街头官僚群体为关键点进行分析，源于其一方面向上关联政策执行的不同层级，自然会受到行政层级逐级压力的影响；另一方面向下关联政策执行场域——乡村社会的关系网络和文化习俗之中，也必然难以完全隔离于乡村非正式权威和规则习俗

　· ①　来自村民访谈。

的影响。这一双重影响引致的街头官僚身份困境，成为乡村治理中政策执行的决定性因素。H县火化政策的推行受招商引资的GDP政绩激励影响，采取运动式政策执行的方式强制性推行火化政策，并未进行以决策科学化、民主化、法制化为导向的政策细化设计，尤其是并未切合H县实际将民众对火化政策的意见建议纳入政策执行方案之中，由此引发的L村火化政策执行在不同的阶段演绎出不同的变异特征。事实上，类似的乡村治理中的政策执行变异案例比比皆是，而且共性的是县级政府往往基于直接（基于上级行政命令的惩戒式压力）或间接（基于GDP等诱导式压力）的自上而下压力，以行政命令的惯性行政模式推行，表现出运动式治理的典型特征。以至于在访谈中经常听到的一句话就是"现在的政府干事，都跟一阵风一样，今天弄这，明天弄那"①。这种方式显然缺乏长远的、细致的政策设计，给街头官僚默许、隐性支持下的政策变异留出了空间。

　　本文关注街头官僚的身份困境，无意对街头官僚的默许和隐性支持行为作出违规、违法或违背情理的判断，而是将政策执行变异的研究视角延伸至政府与社会关系的视角，由此不可回避地涉及这个关键群体的身份问题。有别于街头官僚对火化政策执行变异采取的默许、隐性支持，笔者有关"公共活动、社会资本与乡村治理中的社会动员"的研究中涉及的街头官僚及特殊村民群体，承担起了发起、组织公共活动，形塑社会资本，为国家惠民政策执行提供社会动员的功能。但共性的两个案例都表现出这个群体在乡村治理中不可忽视的主导地位。处于政府与社会边界的街头官僚，既可能存在身份困境问题，也可能成为有效对接政府正式制度权威和社会非正式规则权威的中介。因此，如何通过政策设计调动街头官僚及特殊村民群体的积极性，成为乡村治理中诸多政策领域必须直面的问题。

---

① 来自村民访谈。

专题二：地方治理体系

建构还是生成:中国地方民主发展路径分析

——以中国地方政府创新奖(2001—2014)获奖案例为例

汪仲启[*]

摘要: 我国地方存在发展民主政治的现实需求,但民主政治的实际发展却存在显著的地区不平衡,体现出明显的"东高西低"、"两极分化"特点。党和政府是推动民主创新的绝对主体,而作为典型的民主平台的人大和政协并非推动民主发展的主要力量。市以下基层政府特别是区县政府,是推动民主创新的绝对主力;省级政府推动实施的较高层级的民主项目为数甚少。有关选举的民主创新"高开低走",有关公开和自治的民主创新偶尔出现,总体不强;而有关议事和问责的民主创新则始终是中心和重点。中国地方民主发展所走的是一条"中国共产党主导和推动下的多层次、多形式有序民主"之路。这种民主发展方式一方面有利于分散民主转型风险,另一方面不利于人民主体性成长,也不利于民主创新制度化。

关键词: 民主;现代化;地方政府创新

在中国,人们对于"应当发展民主"已有共识,但对于"怎样发展民主"、"发展怎样的民主"尚存争议。在一些西方民主理论研究者和观察家看来,中国并没有在全球第三波民主化高潮中完成转型。[①] 然而,这一民主化浪潮对中国政治的影响却是不可低估的,"越来越多的人开始体

---

[*] 汪仲启:男,上海市委党校(上海行政学院)公共管理教研部讲师,政治学博士;研究方向为中国政府与政治、民主政治、地方治理。

[①] 比如2014年自由之家 freedom house 把中国和俄罗斯评为7分,即最不自由的国家。

会到，民主不仅仅是一种价值观念，更重要的还是一种政治实践；只有通过民主政治实践，才能了解中国社会可能发展出什么样的民主政治，以及如何进一步改进已有的民主政治实践。"①

一　假设与定义

本文以"中国地方政府创新奖"获奖案例中的民主创新案例为分析对象，研究民主政治在中国地方的实践形态。

（一）基本假设

本文的研究基于如下假设：（1）要了解作为制度和方法的民主政治在中国的实际运行和发展状况，必须通过中国自身的民主实践而非民主理论去进行总结、归纳；（2）中国地方民主发展特点可以反映中国民主政治发展的总体面貌；（3）中国民主政治发展的方向与方法，无法直接从民主理论中找到现成的答案，而必须从中国自身的主体性实践中"生长"出来。在此基础上，本文的论述方有起点和一贯性。

（二）民主定义

要对地方民主的发展状况进行介绍和评价，首先会遇到民主的定义问题。如果没有对民主定义的共识作为大前提，那么最容易发生的争议就会是："你所论述的民主，在我看来是非民主的"。

质言之，民主作为一种政治权力，其最基本的实现方式无外乎"治事"和"选人"。前者是这样一种政治安排，即公民通过直接管理公共事务，而不假手他人，以实现对公共事务的管理权；后者则是指公民通过委托他人代为管理公共事务，本人则通过一定的政治技术对选人过程和管理结果进行监督和控制。因此，在本质上，直接民主可以被视为一种"治事"的民主，代议制民主则是一种"选人"的民主。而后现代参与民主理论的根本目的就在于，使公民除了能够"选举"和"监督"统治者，也能够有正常的、制度化的机会在统治过程中"表达"自己的声音甚至真正成为"统治者"。

---

① 郑永年：《地方民主、国家建设与中国政治发展模式——对中国政治民主化的现实估计》，《当代中国研究》1997 年第 2 期。

基于此，本文采用如下民主定义：民主是人民通过选举并监督代理人，或者亲自参加公共决策过程，管理公共事务的权利，实现这种民主权利的主要方式包括自治、选举、议事、公开、问责等维度。以上述方式之全部或一部为主要特征的案例，本文就认为其是关于民主创新的案例，始得作为本文的分析对象。鉴于人们对民主定义长期以来存有巨大争议，本文所选择的分析对象亦难免为人诟病为"非民主的"。但如果认同本文对民主的定义，本文的分析将是有意义的。①

（三）分析对象的选择

本文选择由中共中央编译局比较政治与经济研究中心、中共中央党校世界政党比较研究中心、北京大学中国政府创新研究中心联合组织的"中国地方政府创新奖"获奖案例作为分析对象。该奖项原则上每两年在全国范围内通过自主申报、专家评审的方式选出 20 个左右的"中国地方政府创新"入围项目，再在其中选出 10 个左右的优胜项目。迄今，该评选活动已经举行了七届，第八届项目征集尚在进行中。

申报案例必须符合以下条件：一是组织性，申请项目必须是由地方党政机关或其他合法的群众组织、社会团体有组织地从事的创新活动；二是自愿性，申请项目必须是自愿参加的，同时创新也是自愿发起的，而不是上级机关强迫的；三是创新性，申请项目必须具有创新性，而不是刻板地执行上级机关统一规定或安排的活动，也不是简单模仿社会上其他机关或组织已经或正在从事的公共活动；四是效益性，申请项目必须被事实证明具有明显的社会效益，并且得到了活动对象和社会的充分认可；五是时效性，申请项目必须在申请期限之前已执行 1 年以上，并产生效果。② 这些申报条件决定：（1）能够入围创新奖的案例，一般是"自下而上"地发生于基层，针对基层实际，反映基层群众和政府真实的改革需求；（2）这些

---

① 需要说明的是，很多项目都将自己描述为民主性的创新，也有一部分项目确实具有一定的民主色彩。比如第四届优胜奖项目，深圳南山区：和谐社区建设"双向互动"制度创新，主要是党的领导方式创新，但也有人大代表履职方式创新，"将体制外民间政治参与的诉求纳入到体制内来有序释放"。但本文根据定义，从比较严格、典型的角度进行选择，将这部分不完全符合本文民主定义标准的案例排除在分析对象之外。

② 见中国政府创新网（http：//www. chinainnovations. org/index. php?m = content&c = index&a = show&catid = 6&id = 2993）。

入围案例应当具有一定的创新性，而不是对上级要求的刻板执行和对其他地方的简单模仿；（3）这些创新举措已经经历了一段时间，产生了较为明显的实际效果，其组织化、制度化程度相对较高。因此，总体而言这些案例比较具有考察的价值。本文挑选其中以"民主创新"为主要内容的案例作为分析对象。

本文之所以选择这些案例作为分析对象，一是因为该评选活动历时比较长，具有延续性，从而具有较强的代表性。二是因为获奖案例本身具有广泛的地域和部门代表性，能够比较全面地说明中国地方民主创新的实际状况。三是因为该评选活动以"创新"为核心要素，符合本文考察民主发展的要求。第四是因为该评奖是由地方提出申报，由专家组匿名评审，程序非常严格公正。第五是因为该评选活动已经形成比较完善的数据库，信息获取相对比较方便。

二　中国的基层民主发展特点分析

（一）　总体分析

2001 年到 2014 年间，中国地方政府创新奖共举办了 7 届。每一届均选出"优胜奖"10 个，共 70 个；"入围奖"第二届为 9 个，第三届为 14 个，第七届为 15 个，第六届为 20 个，其余每届均为 10 个，共 88 个。在所有 158 个获奖案例中，按照前文民主定义中"自治、选举、议事、公开、问责"5 个维度进行筛选，符合其中一项以上者即被认为是"民主创新案例"。依此标准，共有 39 个案例属于"民主创新案例"，占所有获奖案例的 24.68%。88 个"入围奖"中共有 26 个"民主创新案例"，占比为 29.55%；70 个"优胜奖"中共有"民主创新案例"13 个，占比为18.57%。获得"入围奖"的"民主创新案例"同获得"优胜奖"的"民主创新案例"，总体比例约为 26∶13。可见，有更多的民主创新案例能够入围，但真正能够获得优胜奖的民主创新案例较少。

进一步的细分表明，"民主创新案例"呈逐年递减趋势，从第一届最高点 9 个，到第七届最低点只有 1 个，占比从最高点 45% 下降到最低点5%。特别是其中的"优胜奖"项目越来越少。除第一届外，其余六届都是"民主创新案例"中的"优胜奖"项目明显少于"入围奖"项目。其

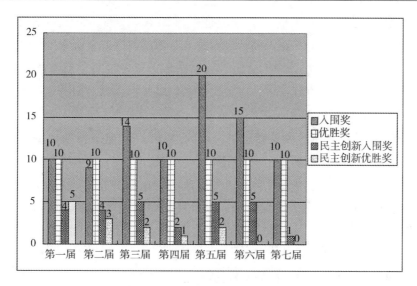

表1　总体比较

中，第六届、第七届中均没有"民主创新案例"获得"优胜奖"。

　　从地区分布来看①，呈现出明显的"东多西少，两极突出"局面。东部11省市共有21个民主创新案例，占到总数的53.85%；中西部20个省区市总共只有18个民主创新案例，其中，西部12省区市共有12个，而中部8省区总共只有6个。从省域分布来看，浙江和四川明显是基层民主创新的"两极"，分别有8个和7个民主创新案例，遥遥领先于其他各省区市。东部地区，包括浙江、北京、河北、辽宁、江苏、福建、山东、广东等地均有案例出现，可谓呈现"遍地开花"之势。中部各省区，除山西、黑龙江和江西外，其余5省区均有案例，覆盖面积超过62.5%，可以说数量虽然少，但分布较为均匀。而西部地区，除去四川省的7个案

━━━━━━━━━━

　　①　本文根据全国人大六届四次会议通过的"七五"计划所列：东部地区包括北京、天津、河北、辽宁、上海、江苏、浙江、福建、山东、广东和海南等11个省（市）；中部地区包括山西、内蒙古、吉林、黑龙江、安徽、江西、河南、湖北、湖南、广西等10个省（区）；西部地区包括四川、贵州、云南、西藏、陕西、甘肃、青海、宁夏、新疆等9个省（区）。1997年全国人大八届五次会议决定设立重庆市为直辖市，并划入西部地区；2000年内蒙古和广西开始享受西部大开发优惠政策。目前，西部地区包括的省级行政区共12个，分别是四川、重庆、贵州、云南、西藏、陕西、甘肃、青海、宁夏、新疆、广西、内蒙古；中部地区有8个省级行政区，分别是山西、吉林、黑龙江、安徽、江西、河南、湖北、湖南；东部地区包括的11个省级行政区不变。

例，其余各省总共只有 5 个，分别是贵州 2 个，陕西、宁夏和新疆各 1 个，没有案例出现的省域占到将近六成，总体呈现"零星分布"之势。①

总体分析可以表明：（1）民主创新是地方政府治理创新中的重要一环，在所有地方政府创新中，有关民主的创新举措占到约四分之一；（2）有关民主创新的案例，入围相对容易，而要获得"优胜奖"难度更高；（3）有关民主创新的案例呈现逐年减少的趋势；（4）地方民主创新的总体分布不均匀，呈现出典型的"东多西少，两极突出"的局面，省际差别巨大；（5）从均态分布来看，东部发达地区"遍地开花"，中部地区数量不高但分布相对均匀，而西部地区"两极分化"极为严重，总体呈零星分布态势。

（二）推动和承载主体的类别分析

本文将有关民主创新案例的主体分为"推动主体"和"承载主体"，前者是主导、设计和推动民主创新的主体，也是地方政府创新奖的申报主体；后者是具体承载并实践创新举措的主体，二者并不完全重合。

从民主创新案例的推动主体来看，共有 6 种情况，分别为党委、人大、政府、政协、群众组织、多主体联合推动等。数据表明，在所有 39 个民主创新案例中，由党委单独推动的共有 12 项；由政府单独推动的项目有 7 个；由人大推动的项目有 5 个；由群众组织推动的项目有 5 个；由多主体联合推动的项目有 9 个；而由政协推动的项目只有 1 个，为河南省安阳市政协的创新项目——思辨堂（第六届）。

数据表明，不仅由党委单独推动的项目占比最高，达到 30.77%，在所有由多主体联合推动的 9 个项目中，也都有当地党委直接参与。因此，在 39 个案例中，有党委直接参与的项目就达到 21 个，占比 53.85%。考虑到，由其他主体推动的创新案例一般也都需要得到党委的同意和间接支持，可以看出，党委是推动地方民主创新的绝对主要力量。

值得注意的是，党的文件已经将协商民主作为中国民主发展的重中之

---

① 考虑到选拔案例时不可避免的地区平衡策略，东部地区实际上正在进行的民主创新探索肯定还要远高于获奖案例所反映的水平。参见韩福国：《地方政府创新与区域经济增长的关联性——基于中国区域间地方政府创新差异的跨案例分析》，《浙江大学学报》（人文社会科学版）2012 年第 2 期。

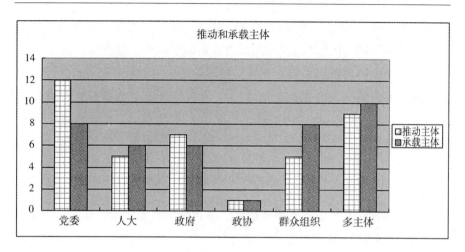

表 2　推动和承载主体

重，而人民政协又是实践协商民主最重要的载体，但是在目前举国大力发展协商民主的背景下，由政协推动的民主创新案例却仅仅只有一个。① 另一个体现选举民主最重要的平台——人大，直接推动的民主创新也不多，仅仅和群众组织持平。可见，目前中国推动地方民主创新的主体力量是党委和政府，有二者直接参与的民主创新案例达到 28 个，占比为 71.79%。而由通常意义上的民主载体——人大和政协，推动的民主创新总共只有 6 项，占比为 15.38%。

　　从承载主体来看，绝大部分项目由推动者自己承载，有 34 个。推动者与承载者不一致的项目有 5 个。推动主体和承载主体不一致的项目，全部是由党委和政府作为推动主体的项目；其中，政府减少 1 项，党委减少4 项。人大、群众组织和多主体共同承载的项目增加，其中，人大和多主体承载项目各增加 1 项，群众组织增加了 3 项，数量最多（增加了60%）。涉及政协的一个民主创新案例推动者和承载者重合。可以看出：(1)大部分项目是由推动者亲自承载的（占比为 87.18%）；(2)相当一部

---

　　①　党的十八届三中全会《决定》，涉及民主政治建设的部分，用了四个自然段讨论协商民主问题（人大民主 2 段，基层民主 1 段）。其中，有两段涉及到政协作为协商民主平台的作用：一是发挥统一战线在协商民主中的重要作用。完善中国共产党同各民主党派的政治协商，认真听取各民主党派和无党派人士意见。二是发挥人民政协作为协商民主重要渠道作用。重点推进政治协商、民主监督、参政议政制度化、规范化、程序化。当然，不排除未来由政协推动的民主创新越来越多。

分（三分之一）由党委推动的创新项目，实际上由人大、群众组织或联合主体承载；（3）由上级推动，而由群众组织承载的项目占比最高。

从推动主体的级别来看，省级层面推动的民主创新案例只有 2 个，村和社区推动的民主创新案例只有 1 个，绝大部分民主创新都发生在县市级，呈现出非常明显的"两头低，中间高"的特点。其中，区县一级推动的民主创新案例达到 25 个，占比为 64.10%；地市一级推动的民主创新案也有 11 个，占比 28.20%；二者加起来共占比 92.30%。而直接由乡镇推动的民主创新案例数为 0。当然，不排除实际情况下，有些创新举措首先在乡镇发起，后通过县市来推动，但这样依然无法动摇县市作为推动地方民主创新"绝对主力"的地位。

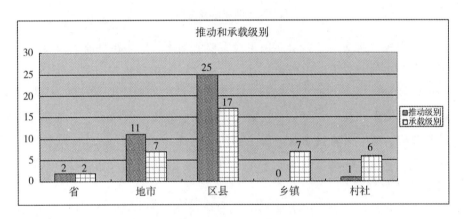

表 3　推动和承载级别

从承载主体的级别来看，省级推动的两个创新案例都由省级部门直接推行。由地市级和县区级直接推动的民主创新数量有明显减少，分别从 11 个减少到 7 个，25 个减少到 17 个，降幅达到三分之一。地市和区县推动而不承载的案例共有 12 个，全部由乡镇和村级承载。所以，民主创新的具体承载级别相比于推动级别进一步"下沉"，区县以下的达到 30 个，占比为 76.92%；如果再加上地市级的案例，则这一比例高达 94.87%。而在省级层面开展的民主创新，比例只有 5.13%。省级政府开展的民主创新分别为：四川省人大常委会预算工作委员会："在线监督"预算执行（第四届）和辽宁省纪委、省政府监察厅、省政府纠风办：民心网（第六届）。

可以看出：（1）推动主体的级别呈现出明显的"两头低，中间高"特点，区县是推动民主创新的主力军，省级政府和乡镇政府推动的民主创新案例很少；（2）地市和区县是我国民主政治建设的"中转轴"；（3）承载主体的级别则明显表现为"一头重，一头轻"的特点，高级别的民主创新较少，区县以下的基层创新较多。

（三）民主的实践方式分析

从基层民主的具体实践方式出现的次数来看，由多到少依次是选举、议事、问责、公开和自治。其中，有关"选举"的民主创新实践达到 12 次之多，占比为 30.77%，超过了"议事"25.64% 的比例。这恐怕和人们一般的印象有出入。因为，在印象中，中国民主建设似乎重协商而轻选举，但实际上，数据却表明中国基层开展了大量的选举民主实验。不过，进一步分析发现，12 个民主选举案例均发生在前四届（2008 年之前），特别是第一届（2001—2002）和第二届（2003—2004）分别有 4 个和 5 个有关选举的创新案例获奖；而自第五届（2010）以来，没有民主选举方面的创新案例入围。而 10 个有关议事（即协商民主）的案例中，70% 出现在 2008 年以后。此消彼长之间，反映出地方对民主政治建设的方向和举措的取舍发生了变化。

有关基层群众自治的案例总共只有 3 个，分别是第三届（2005—2006）两个，第五届（2009—2010）一个。基层群众自治制度是我国非常重要的民主创举，20 世纪 50 年代萌发于城市社区，1982 年村民自治和居民自治写入《宪法》，2007 年中共十七大将"基层群众自治制度"首次写入党代会报告。照道理，基层群众自治是同群众最具切身关系的民主制度，是普通公民看得见、摸得着，可以直接参与的民主实践，对于培养和训练群众的公民意识和主人翁精神，养成公民积极参与公共事务的习惯和技巧，具有最直接和最有效的功能。一定程度上可以说，基层自治是最能体现群众民主素养，最能反映社会民主程度的"晴雨表"。然而，地方在民主创新中，对于积极探索发展基层群众自治的热情似乎并不高。

我国的协商民主表现为"自治"和"咨询"两个层面，相比于以"咨询"为主要方式的"议事"民主发展，以公民直接决策为主要方式的"自治"民主并非我国发展协商民主的主要方式。也就是说，我国协商民主建设侧重于发展其"咨询"功能，而较少关注开发其"自治"功能。

与此同时，有关"公开"的民主创新有5个，但全部集中在2006年以前。此后，虽然有关"透明政府"和政府信息公开的呼声越来越强，但公开似乎并不是民主建设的重点。我国建设"透明政府"的进程，始于2001年加入世贸组织以后，"透明度原则"是世贸组织的三大基本原则。故在第一届（2001—2002）获奖案例中，共有4个关于"公开"的民主创新。此后，除第三届（2005—2006）有一个公开案例之外，其余再无这方面的案例出现，即使2007年《政府信息公开条例》颁布，依然未能促使这方面的创新案例产生。

而关于问责的民主改革共有9个，而且每一届均有这方面的获奖案例。可见，对于官员的监督问责始终是我国民主创新所关注的重点和难点问题。

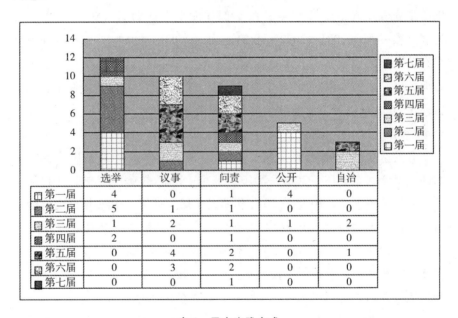

	选举	议事	问责	公开	自治
第一届	4	0	1	4	0
第二届	5	1	1	0	0
第三届	1	2	1	1	2
第四届	2	0	1	0	0
第五届	0	4	2	0	1
第六届	0	3	2	0	0
第七届	0	0	1	0	0

表4　民主实践方式

地方对民主创新实践方式的选择无疑具有一定的随机性，但综合来看又能体现一定的规律。从几种民主实践方式的比重变化来看，出现了选举民主下降、协商民主上升的明显趋势，不过协商民主中又特重咨询而轻自治；而对公开和自治的重视不够；议事和问责的出现频率则是最高的。所以，要对中国地方民主创新举措进行排序的话，其重要性程度由高到低依次是：问责、议事、选举、公开、自治。这个序列同西方国家以"选举"和"自治"为代议制民主基本实现方式的民主模式体现出较大的差别。因此，虽然中西方对于民主基本含义的理解是相通的，但对于民主政治的具体实现方式的选择却有重大区别。

值得注意的是，选举和自治都是以公民为主体的民主形式，公开也是为了便于公民监督权力主体；而议事和问责都是以权力部门为主体的民主形式。因此，对后者的特别重视，可以让党和政府牢牢掌握民主政治建设的主动权；而对前者的相对忽视则使得我国公民的民主主体地位难以提高。

（四）小结

根据以上分析，本文认为中国地方民主发展所走的是一条"中国共产党主导和推动下的多层次、多形式有序民主"之路。这条民主发展道路有以下主要特点：

第一，地方存在发展民主政治的现实需求，但民主政治的实际发展却存在显著的地区不平衡，体现出明显的"东高西低"、"两极分化"特点。一般情况是，经济发达的东部地区，民主创新如雨后春笋般涌现，而经济落后的中西部地区对民主创新的热情显然要低许多；特殊情况是，浙江和四川两省民主创新案例双峰耸立，遥遥领先其他省区。

第二，在地方民主创新总体繁荣的背景下，有关民主的创新案例却呈现出日益减少的趋势。出现这种情形，显然不是因为我国的民主转型已经完成，是地方政府的民主创新积极性下降，还是地方的民主创新受到限制？其背后的原因目前并不清晰。

第三，党和政府是推动民主创新的绝对主体，而作为典型的民主平台的人大和政协并非推动民主发展的主要力量。

第四，推动和承载民主创新的政府层级，以市县以下基层政府为主；特别是区县政府，是推动民主创新的绝对主力；省级政府对很多创新项目或明或暗地支持，但以省级政府为主体推动实施的较高层级的民主项目为数甚少。

第五，我国地方民主实践的形式多种多样，但不同民主形式之间的轻重区别也较为明显。总体上来看，有关选举的民主创新"高开低走"，最近几年已经没有相关案例出现；有关公开和自治的民主创新也是偶尔出现，总体不强；而有关议事和问责的民主创新则始终是中心和重点。

三　中国民主创新路径的原因和利弊分析

地方民主创新的上述特征，有些符合人们对中国民主发展状况的一般印象，但也有一些出人意料之外。中国地方民主发展因何呈现出上述特征，需要我们加以解释；我们还需要对这种民主发展的路径和策略进行利弊衡量。

（一）原因分析

本文认为，中国民主发展之所以呈现出此种秩序和特征，一方面是由于中国官方对民主政治有着自己的理解，另一方面是由于中国民主政治发展有着特殊的驱动力来源。

1. 中国官方对民主的理解。西方民主理论经过了"直接民主"到"代议制民主"再到"参与式民主"的螺旋式发展，目前形成了一种"以代议制民主为基础，参与式民主为补充"的制度结构。中国作为后发国家，无疑要受到西方民主理论的影响，但中国官方对民主的理解，主要不是根据西方民主理论的规定性，而是基于自己的历史文化传统，包括自古以来的"民本"传统和建党以来的马列主义"人民民主"传统。西方更加注重民主程序，中国更加注重民主结果，就像萧公权先生所说，所有民主类型对于"民有"——主权在民，并无争议，但对于"民治"和"民享"的取舍却大异其趣。一般而言，自由主义民主侧重"民治"而忽视"民享"，共产主义民主反之。① 而人民在未充分行使"民治"权利的情况下，要能够享受到民主的果实，则必须要以存在创造民主果实的主体为前提。在中国，这个主体就是中国共产党。所以，中国民主观特别突出"人民主权"和"党的领导"，党领导人民"创造"民主果实，人民主权则保证其果实为人民所享有。

---

① 萧公权：《宪政与民主》，清华大学出版社2006年版，第166—167页。

中国自古即有"民为邦本"的政治理念，但并无保障人民根本地位的政治制度，于是人民的"邦本"地位常有赖于君主的自觉和儒家的道德约束。而新中国民主理念中，纳入了马列主义的因素。针对民主形式，马克思在《法兰西内战》中说："人民自己实现的人民管理制。"① 列宁也指出，充分发扬民主，"也就是提供全体居民群众真正平等地、真正普遍地参与一切国家事务。"② 这种民主理念反映到了官方政治文件中。党的十八届三中全会《决定》提出，"发展社会主义民主政治，必须以保证人民当家作主为根本……健全民主制度、丰富民主形式，从各层次各领域扩大公民有序政治参与"。可见，通过马列主义"人民民主"的补充，中国传统的"民本"思想有了具体的制度依托，那就是各种形式的政治参与。西方民主理论特别强调的"选举"，在中国民主观中并不突出。

这种参与不限于代议制民主制下的间接参与，更加强调人民群众的直接参与；但直接参与的方式主要不是自治，而是通过党和政府的群众路线，以双方"互动"、"协商"（主要是咨询）的形式参与到政治议程中。所以，我国民主体现出如下突出特点：（1）党的领导；（2）人民民主；（3）群众路线；（4）政治协商。这种特殊的民主观念，影响到我国地方民主实践方式上，就体现出对"问责"和"议事"的特别重视，而相对忽视"选举"和"自治"。

2. 现代化背景下的民主发展。自从李普塞特提出社会结构与社会变革、经济发展与民主化之间相关关系的一般公式以来，关于经济发展会引发或推动民主进程的观点成为论述民主转型动力的基本视角之一。他提出，孤立地研究国家和其他政治机构毫无意义，国家只是多种政治机构中的一种，而政治机构也只是多种社会机构群中的一种；机构与机构群之间的关系，政治机构与其他机构之间的关系是政治社会学研究的对象。③ 而民主，作为现代国家的基本特征，正是许多社会制度的形式之一。正是在这个基础上，引出了民主转型的社会条件论，用作者的话说就是研究

---

① 王沪宁主编：《政治的逻辑》，上海人民出版社2004年版，第181页。

② 《列宁全集》第23卷，人民出版社1958年版，第14页。

③ ［美］西摩·马丁·李普塞特：《政治人——政治的社会基础》，张绍宗译，上海人民出版社1997年版，第3页。

"民主政治的社会必要性"问题。① 通过大范围的比较研究，李普塞特得出的最一般结论是：民主与经济发展存在相关性，其作用机制在于，经济发展会带来财富增长、工业化和城市化进程，以及教育进步，而这些因素将最终推动民主发展。也就是说，用马克思"经济基础决定上层建筑"的经典论述来看，民主政治是现代经济发展所导致的"上层建筑"。亨廷顿也提出，政治参与扩大是政治现代化的标志。发展中国家政治参与的扩大，更多的是作为社会—经济现代化的副产品，而不是个人、群体或精英有意识地事先选中的结果。②

中国地方民主创新的地域分布一定程度上支持了上述结论。无论从比例还是绝对数量来看，经济发达的东部地区，民主创新的积极性都远高于中西部。这说明经济社会发展对于激发民主诉求，提高公民民主意识和能力确有作用。但其中也有无法解释的部分，比如东部地区，浙江省民主创新案例数量最多，但同属发达地区的京津沪，甚至江苏、广东、山东等民主创新积极性就要低很多，与地处内陆欠发达地区的贵州、湖北等地相比并不具有明显优势。也就是说，经济社会发展没有"均衡"地刺激民主发展。而且，现代化理论特别无法解释的是，地处西部的四川省，民主创新的数量同浙江省并驾齐驱，构成国内的"两极"。这说明在中国，经济社会不发达地区同样可能存在大量民主创新。上述"例外"情况背后，必然有其他作用机制存在。

与上述主张现代化"导致"民主化的论点不同，达龙·阿塞莫格鲁等人认为，民主化之所以会发生，只是因为被剥夺了选举权的民主能够对权贵造成威胁，迫使他们做出让步。为了阻止罢工、示威游行、暴动甚至革命等极端政治形式，权贵会做出让步，比如制定有利于民众的财富分配政策来收买民众，用镇压阻止社会动乱和革命；或者让渡其政治权力，实

---

① ［美］西摩·马丁·李普塞特：《政治人——政治的社会基础》，张绍宗译，上海人民出版社1997年版，第17页。当然，李普塞特袭了熊彼特和马克斯·韦伯的方式，将民主定义为一种政治系统，该系统为定期更换政府官员提供合乎宪法的机会；也可以定义为一种社会机制，该机制允许尽可能多的人通过在政治职位竞争者中作出选择，以影响重大决策。见《政治人》第24页。这属于经典的代议制民主定义，同中国官方对民主的理解有一定差异，后文将会提及。

② 参见［美］塞缪尔·亨廷顿、琼·纳尔逊：《难以抉择——发展中国家的民主参与》，江晓寿、吴志华、项继权译，华夏出版社1989年版，第46—56页。

行民主化，来做到这一点。① 柯丹青（Daniel Kelliher）等人通过研究中国的实例似乎也证明了这一点，他提出并不是经济发展直接导致民主参与的扩大，而是由于经济改革导致了原有的统治能力和统治合法性的双重危机，使得领导人不得不寻求新的政治构架，以重建合法性、维持统治。"在中国，是成功的农村经济改革，从根本上改变了中共在乡村的统治基础，不得不改变原先的统治方法，从而被动地导致了民主化发展。"② 不过，目前尚无数据证明，来自底层的政治运动压力直接导致了地方政府民主创新。

　　3. 中国共产党的民主承诺和主动追求。小彼得·J. 穆迪在分析东亚民主化特点时曾提出，"在东亚地区，与政治最密切相关的结构是'自主国家'（autonomous state）"。这不是指国家独立于社会压力而运作的，而是指在东亚地区，往往是国家"自主"地塑造着社会秩序。③ 这与上述"现代化→民主化"的政治社会学分析路径完全不同，政治并非经济社会环境的简单对应物，在东亚毋宁说政治具有先于甚至高于经济社会的地位和功能。至少从中国基层民主政治发展的特点来看，这一观察是正确的。从中国地方政府创新奖的申报材料来看，几乎所有创新案例都声称是对中央和上级政府精神和政策的贯彻。可见，中国基层民主发展的动力，绝不仅仅来自于民间社会的民主诉求，而是国家建设主动追求的结果。就像穆迪所说："那里（指东亚）有着对民主的社会需求，但民主来自上层的推动。"④

　　政治上层主动推动民主发展，其意识形态根源在于中国共产党对于发展民主政治的承诺。在西方政治学理论中，所谓"政治承诺"并不是一个重要的分析对象，而对理解中国政治逻辑而言，这却是一个非常重要的视角。中国共产党在成立初期，就确定了自己的民主革命目标。

---

　　① ［美］达龙·阿塞莫格鲁等：《政治发展的经济分析：专制和民主的经济起源》，马春文等译，上海财经大学出版社 2008 年版，第 25—26 页。

　　② Daniel Kelliher, "The Chinese Debate Over Village Self – Government", *The China Journal*, No. 37, January 1997.

　　③ 霍华德·威亚尔达主编：《民主与民主化比较研究，第五章"东亚：自上而下的民主"》，小彼得·J. 穆迪著，榕远译，北京大学出版社 2004 年版，第 87 页。

　　④ 同上书，第 93 页。

中国共产党第二次全国代表大会做出的各项决议中，就有一项关于"民主的联合战线"的议决案，民主已经作为基本的革命方针提出来。国共第一次开展合作，也是以中国共产党服膺"三民主义"（其中的民权即主要是民主权利），中国国民党承诺"联俄、联共、扶助农工"的三大政策为基础的。虽然国共两党对于"民主"的内涵理解不同，但对于追求民主目标是有共识的。历届党的领导人也反复强调党的民主目标。毛泽东曾在 20 世纪 30 年代就指出："历史给予我们的革命任务，中心的本质的东西是争取民主。"① 邓小平提出，没有民主就没有社会主义。② 江泽民说，发展社会主义民主政治，是我们始终不渝的奋斗目标。③ 胡锦涛在十七大报告中指出，人民民主是社会主义的生命。习近平说，民主不是装饰品，不是用来做摆设的，而是要用来解决人民要解决的问题的。④ 这种对发展民主政治的反复申说，一方面构成对中国共产党的政治约束，如违背这一承诺，党将面临重大的合法性风险；另一方面也是对地方干部的政治引导，这意味着地方政府的民主创新是"政治正确"的。

　　故在中国，追求民主并不是建国后经济社会发展起来，为了应对来自底层的社会压力而出现的，而是中国共产党在立党之初就确定的主要宗旨和目标之一。否则，我们很难理解中国共产党为什么会在 1949 年到 1954 年间，不遗余力地在全国进行选举和宪法知识普及。因为那时候的中国基层，不可能有源于现代化发展的民主诉求。中国共产党在那时候推动民主政治建设，完全是为了履行其政治承诺。在我国的政治构架下，政府的总体诺言要由构成体系的各级机构来完成，各级政府人员必须身体力行，实践诺言。所以，有学者认为："政治承诺是一个值得开发的概念，可能是建立中国政治哲学的逻辑起点。"⑤

　　4. 政绩驱动下的地方政治精英推动。丹尼斯·A. 荣迪内利（Dennis

---

① 《毛泽东选集》第 1 卷，人民出版社 1991 年版，第 274 页。

② 《邓小平文选》第 2 卷，人民出版社 1983 年版，第 168 页。

③ 《在接受美国〈纽约时报〉董事长兼发行人苏兹伯格、执行总编莱利维尔德等一行采访时的谈话》（2001 年 8 月 8 日），《人民日报》2001 年 8 月 14 日。

④ 习近平在庆祝中国人民政治协商会议成立 65 周年大会上的讲话。

⑤ 王沪宁：《政治的人生》，上海人民出版社 1995 年版，第 62 页。

A. Rondinelli）在总结西方政府创新的经验时归纳了创新的两个动因[①]：（1）源于绩效落差（Performance Gaps），即公众的期望与政治组织的绩效之间存在差距；（2）源于政治领袖和政府外精英的"战略构想"，即政治精英分子作为行动主体能为政治发展设置进程，从而带来创新。这种观点看到了政治角色特别是政治精英的主体性行动，精英分子在政绩驱动下会主动寻求民主创新，以迎合上级或民众的需求。创新的进路应该包括：权威的合理化，即在法治基础上限制权力和监督权力；行政结构区分化，即面对日趋多元的社会发展，政府必须做出职能调整；参与的扩大化，即把新的社会力量纳入体制并使政治参与制度化。[②] 以第五届获奖案例"杭州市开放式决策"为例，徐东涛、郎友兴等人的研究表明，杭州市之所以开启民主改革，重视"社会复合主体"参与开放式决策，与杭州的政治精英有着密切的关系。"确切地说，是政治精英（治理精英）发动的，这是最直接和基本的因素。"[③] 不论他们的出发点是什么，地方政治精英的"主动谋划"是基层民主创新的重要内驱力。

从逻辑上说，地方推动民主发展的动力和动机，或者来源于外部压力，或者来源于内部驱动，二者必居其一。人们对外部压力驱动民主发展的机制，研究已经非常深入，概而言之包括经济发展、社会结构变化、政治意识改变、国际压力和示范效应等几方面。即人们通常将民主发展当作经济社会变迁的"因变量"，后者是前者在政治上层建筑中的投射和被动反映。相比之下，民主发展的内部驱动机制则较少受到研究者重视。不同于很多民主国家，先有了现代化的社会结构，然后发展现代化的民主政治；中国的民主政治秩序，不是在市民社会充分发展的基础上自发形成的，而是经过革命和战争的洗礼，在落后的社会基础上由党领导人民自主建构的。因此，中国当前的民主发展，固然受到经济社会变迁的重大影响，但内驱动力可能是更重要的作用机制。

陈雪莲等人的实证研究也证明了本文的上述判断。其通过对参与地方

---

① ［美］丹尼斯·A. 荣迪内利：《人民服务的政府：民主治理中公共行政角色的转变》，贾亚娟译，《经济社会体制比较》2008 年第 2 期，第 115—123 页。

② 周庆智：《从地方政府创新看国家与社会关系的变化》，《政治学研究》2014 年第 2 期。

③ 徐东涛、郎友兴：《地方治理精英与制度创新的关联性分析：以杭州为例》，《浙江社会科学》2012 年 12 月。

创新的人员进行大范围问卷调查发现，中国地方政府创新的发起形式通常有三种：主动创新、上级选择该地作为改革试点、学习其他地区的创新经验。落实到具体的发起方式上，由"某位有见识的领导率先提出"占到58%，"学习其他部门先进经验"占到13%，"上级部门选择本地试点占到"7%，而由本部门、下级部门、学术界和其他方式发起的，总共只有20%左右。① 这充分说明，中国民主政治启动的逻辑机制，同西方既有理论存在较大差异。而最根本的差异就是，中国民主创新很大程度上并非对经济社会现代化的被动应对，而是执政党和地方政治精英的主动追求。这种驱动力的特殊性，使得上文分析的我国民主创新路径的特点变得不难理解。

（二）利弊分析

中国这种主要由党委和政府推动、偏重于议事和问责、主要在区县以下基层政府落实的民主发展路径，利弊都是非常突出的。

1. 民主化进程是可控的。经验表明，许多处于现代化过程中的亚非拉国家，都已经并正在经历政治动荡之苦。其背后非常重要的原因就在于"政治参与的平等提高过快，其速度远远超过了'处理相互关系的艺术'的发展速度。"② 中国正处于现代化发展的关键阶段，社会动员和政治参与的扩大日新月异，如果政治上的组织化和制度化跟不上参与扩大的脚步，就容易出现合法性危机和政治动乱。中国的民主发展，属于典型的亨廷顿所说的"变动社会的政治秩序"，要破解的核心矛盾是决策权垄断而人民参与不足的问题，但面临的主要困境却是政治制度化与有序转型的张力。要在政治参与和政治制度化之间取得平衡，或者提升制度化水平，或者抑制参与扩大的速度。弗朗西斯·福山近十年来也在其多项研究中反复强调，国家构建是很多社会政治发展的重要维度，有效的国家构建往往是一个国家完成民主转型的前提条件。③ 社会转型带来的参与·"爆炸"必须

---

① 陈雪莲、杨雪冬：《地方政府创新的驱动模式》，《公共管理学报》2009年7月第6卷。

② ［美］亨廷顿：《变化社会中的政治秩序》，王冠华、刘为等译，上海人民出版社2008年版，第4页。

③ Francis Fukuyama, "The Imperative of State – Building", Journal of Democracy, Vol. 15, No. 2, Apr. 2004, pp. 17—31.

在强国家能力的主导下被有序吸收，才能避免托克维尔所说的"改革松动之处，正是革命爆发之时"的危险。所以，目前由党委政府主导的民主改革能在提供政治秩序、保证政治安全的基础上，有序扩大参与程度和范围。参与方式上，有意控制选举和自治的发展节奏，通过议事和问责等温和方式扩大政治参与，也便于国家把握主动权。

2. 民主改革试验的风险是分散的。民主改革的风险来自两个方面，一是上文提到的民主政治制度化滞后于参与扩大的风险；二是民主改革试验失败的风险。单纯通过抑制参与扩大的速度并不足以应对第一个风险。其一，抑制参与扩大的成本很高，如果扩大参与成为普遍性的强烈诉求，则这种成本甚至会高至政府难以承担；其二，抑制参与扩大会遭遇反弹，特别是当释放参与需求的速度大大低于人们的预期，这种反弹有可能以社会运动等极端形式出现，从而酿成严重的政治后果。而民主制度化改革失败的风险则是控制参与扩大速度所完全无法起作用的，即便政府对控制参与扩大的节奏把握得非常好，民主转型也有可能因为制度化改革试验失败而遭遇"滑铁卢"。而且改革失败的风险是难以预料并一直存在的。

而有一种方式对于降低上述两类风险都有作用，那就是将风险分散。投资学中有一条基本原则——不要把所有鸡蛋放在一个篮子里，就是为了防止因一次失误而导致全军覆没的风险。这一原则，同样可以适用于政治改革。曹正汉曾用"烧锅炉"的比喻，形象地说明了将政治改革风险分而化之的策略。[1] 中国的民主政治改革就好比要烧开 1000 吨水，其风险和难度都非常大。不仅这口锅的体量巨大，而且没有人有烧开如此一大锅水的经验，如果由国家一次性去烧开这口大锅，成则成矣，一旦失败，就必然引发爆炸性的不可逆的严重后果。而目前中国的民主创新模式则是典型的"分而治之"。数据表明，我国 95% 左右的民主创新都是在地市以下的层级进行的，由省级政府推动的民主改革非常少。这相当于将 1000 吨水分成 1000 口锅来烧，区县以下的地方政府则八仙过海，分头寻找合适的烧水方式，即便有的地方试验失败了，其影响也是地方性的、可控的。

---

① 曹正汉：《"分散烧锅炉"——中国官民分治政治体制的稳定机制探索》，《领导科学》2010 年 8 月下。

更重要的是，一旦有的地方获得成功，其经验便可以很快得到推广和复制。而中央则可以在不需要承担改革风险的同时，收获改革成功所带来的合法性提升。

3. 人民在民主政治中的主体性不足，主动性不强。以党和政府为主要推动者，以议事和问责为主要实践方式的民主发展进路最大的优点是进程和风险可控。但是，这种发展路径的局限性也非常明显，最主要的不足就是极易导致一种人民主体性和主动性不足的民主模式。前文分析已经显示，中国民主观念本身就短于制度建设，虽有"民本"理念，但"民治"途径不多。而以党委政府作为民主建设主体，人民在民主政治中就很难有主动权，通常只是民主结果的"受众"。这种模式的民主性很容易受到怀疑，其民主成果也不容易巩固。

民主作为一种政治理念和政治技巧，必须要在生活经验中反复演练方能确立。如果人民在民主政治中的参与仅仅体现为"听取意见的对象"、"享受民主结果的对象"等，则其主体性将始终难以建立。且人民少有办法真正保护自己的民主权益，很多时候毋宁说端赖党和政府的民主"供给"。而这种"供给制民主"演变成"政治作秀"或腐化为"为民做主"的政治庇护，风险是比较大的。

4. 民主创新存在制度化的困难。前文提到，中国共产党的民主承诺和民主追求是中国民主发展的内生动力之一。然而，如果不发展出一种政治结构，使这种政治承诺得以制度化，就会使其落空并反过来伤害执政党的合法性。而在目前的政治结构框架和政治角色行动逻辑当中，要实现民主创新的制度化又面临种种困难。其一，相比于中央政治改革的巨大风险，地方民主创新确实有"船小好掉头"的优势。然而，地方官员依然面临着"创新"与"守成"的艰难抉择。如果国家没有宽裕的创新空间、积极的政治支持和明确的政策指导，与其冒险创新不如安稳守成将是大部分地方官员的合理选择。因此，民主创新的平台固然在地方，但民主创新的支持必须来自中央，没有来自中央的"顶层设计"和政治支持，地方民主创新将始终难以成气候，更不要说大规模的制度化。其二，地方政府之间确实有强烈的相互学习的动力，中央政府也经常性有意树立"可推广，可复制"的地方创新经验，但地方政府间的竞争关系决定"如果单纯的复制和学习，可能是替别人宣传'政绩'而对自己不利，这造成了许多有效的制度无法在同一区域内顺利复制。"① 其三，目前大量民主创新，是在缺乏基本的社会结构发展所带来的"自下而上"的内生动力的情况下，由党和政府"自上而下"地主动建构起来的。高新军的分析表明，地方政府创新的不可持续的主要原因是创新的动力来自因"政绩的冲动"而形成的"自上而下"的改革。"这在改革还没有变为广大基层干部群众的广泛要求时，容易让人们产生对改革的质疑。这在经济欠发达地区人们的权利意识相对落后的情况下更是如此。"② 这又进一步使得民主创新不可避免带上强烈的偶然性：领导重视就有机会发展，更换领导或领导更换观念，民主创新就有可能半途而废。俞可平也认为，很多创新没有及时制度化而沦为形象工程，"一把手工程"是主要阻力之一，如果主要领导不感兴趣，就很难推进，从而使创新的持续性成疑。③

地方政府创新要实现制度性转换，需要来自政治、经济、社会各方面的支持。市场化的快速发展能够增强制度供给能力；地方政府的政治空间、竞争性绩效考核制度、公众政治需求能够提高将创新试验进行制度化转变的可能；利益结构的转变、公民社会的成长则产生制度化需求。④ 所以，一项地方民主创新要真正形成制度，上述条件缺一不可。

四　问题与展望

不要说与老牌民主国家相比，就是与典型的由现代化驱动而发生民主转型的国家相比，中国的民主政治建设难度也要大许多。这既是由于中国民主政治传统比较薄弱，可资借用的传统资源非常有限；更重要的是因为，中国的民主政治建设是在现代性社会基础尚不具备的条件下，主要由执政党设计和推动，并在短期内发展起来的。相比于传统民主国家长达百年的民主转型历程，中国的民主建设紧迫性不知要强几何。相比于由社会现代化导致的民主转型，中国在进行民主建设的同时，还要依靠集中的权

---

① 韩福国：《地方政府创新：困境与抉择》，《人民论坛》2013 年第 3 期。
② 高新军：《地方政府创新不可持续性的案例分析》，《南风窗》2011 年第 9 期。
③ 俞可平：《中美两国"政府创新"之比较》，《学术月刊》2012 年第 3 期。
④ 计宁、魏淑艳：《地方政府创新可持续性内涵及其影响因素》，《行政论坛》2014 年第 2 期。

力去推行社会现代化。所以，中国的政治现代化和社会现代化是同时推进的。在这个过程中必须协调的一个根本矛盾是：没有党和国家权力的集中和强力推进，在薄弱的社会基础上根本不可能建立起现代性的民主体制；而现代性的民主体制，最根本的特征是扩大参与，要求将经济社会发展中涌现的新兴阶层吸收进政治体制，而这个过程又必然对党和国家集中起来的权力提出要求——分享政治权力。改革的启动和推进要求权力集中，而改革的结果和目标却导致权力分散和约束。这个过程，不仅需要"壮士断腕"的勇气，更需要"如烹小鲜"的智慧和技巧，其难度可想而知。

　　本文所分析的许多案例最终并没能成功制度化，相当一部分甚至延续性都成问题①，其原因主要也就蕴于上述矛盾之中。美国政治学家裴敏欣甚至断言："毛泽东之后的政治改革，从最坏的意义上说就是一种语法的矛盾修饰，从最好的方面来讲仅仅是一系列尝试性的、不完善的和无关痛痒的措施，其中大部分将因为它们无法挑战、制约和削弱共产党的政治垄断而可能失败。因此，在中国共产党的统治下的民主转型似乎只是一个遥远的，或者甚至是不现实的预期。"②

　　然而，完全基于西方民主化经验所形成的判断，未必适用于中国。实践表明，中国不仅正在发展起来不同于典型的西方式的民主模式，中国也正在探索一条后发国家依靠执政党领导和推动的经济社会现代化和民主政治建设齐头并进的新路子。国际民主和选举援助研究所（IDEA）经过对数十个老牌和新兴民主国家的民主质量进行评估后，得出了关于民主发展和民主测评的几个基本结论：（1）民主化是一个过程，需要时间和耐心；（2）民主无法仅仅通过选举实现；（3）民主实践可以进行比较但无法被规定；（4）民主应在一定的社会之内发展起来；（5）民主无法被输入或输出，但是可以被支持。IDEA进而指出了所有时候、所有地方的民主制度都应该为之奋斗的三个目标：（1）使公众对公共决策的控制更加有效、更具包容性；（2）消除精英对政策制定及政策利益的垄断；（3）克服平等享受公

---

　　①　对案例的跟踪研究表明，"基层政府的许多制度创新几乎都面临着严重的制度困境。就是那些曾经获得了中国地方政府创新奖的项目，也有差不多三分之一名存实亡了。"见高新军：《地方政府创新缘何难持续》，《中国改革》2008年第5期。

　　②　Minxin Pei, China's Trapped Transition：The Limits of Developmental Autocracy, Harvard University Press, 2006, p. 7.

民权方面的障碍，比如性别、种族、宗教信仰、语言、阶级和财富方面的差别等。① 本文认为，上述总结确实是各种类型的民主化路径最具"通约性"的经验原则。民主的最根本宗旨乃是实现更加平等、更具包容性的政治生活。在这个根本宗旨之下，民主发展不止一个模式，民主建设也不可能一蹴而就，但民主进步始终体现人的主观能动性。正如郭定平认为，当代中国的民主政治发展道路和模式的本质特征是一种"发展型民主"②，这种民主发展类型反对照搬欧美民主模式，主张发展适合本国国情的民主，但它的核心是坚持发展。中国不可能单纯为了民主的价值，而牺牲了发展与秩序等其他价值，毋宁是必须要在发展中建设民主，以民主促进和巩固发展，并最终让发展的成果为人民所共同享有。

① Assessing the Quality of Democracy: An Overview of the International IDEA Framework, Todd Landman Editor, Sweden. We can find this report on the IDEA's website（http://www.idea.int/publications/aqd/upload/AssessingOverviewWeb.pdf）.

② 郭定平：《制度积累与渐进替代：中国民主政治发展机制解析》，《学习与实践》2008 年第 11 期。

先富参政与民主恳谈的治理逻辑：
乡村治理的结构与绩效研究

王国勤[*]

摘要： 本文就近年来在浙江乡村治理创新实践中最为学界关注的两个治理模式，即"先富参政"和"民主恳谈"，试图从经验的角度阐明它们之间的内在逻辑关联，提出一个涵盖这两种现象的、阐明乡村社会治理结构与治理绩效之间"因果式"关系的经验性命题，即"乡村治理结构越具有包容性或开放性，乡村治理的绩效就越高；而乡村治理结构越具有排他性或封闭性，乡村治理的绩效就越低。"最后以此为基础，探讨了乡村社会治理制度改革的路径选择问题。

关键词： 先富参政；民主恳谈；乡村治理结构；乡村治理绩效

改革开放 30 年来，尤其是近些年，在浙江乡村社会治理改革实践中，创新性的治理模式不断涌现。其中，"先富参政"现象以其普遍性和显著的社会影响以及"民主恳谈"现象以其变革深刻性和广泛的社会反响，使它们成为学界关注最多的治理变革模式。

既有的研究，对"先富参政"现象的研究主要是基于经验的视角，即从社区整合、经济绩效、权力结构以及和谐社会的构建等角度去描述或讨论该治理模式在提供公共产品和维持社会秩序等维度上的运行机制或绩效。而对"民主恳谈"现象主要是基于规范的视角，即从协商民主、参与式民主、行政民主和基层民主政治建设等角度来评估其对中国政治、社会转型所具有的价值或意义。但本文关注的是一个重要但还几乎是研究空

---

* 作者简介：王国勤，中共浙江省委党校、浙江行政学院政治学（科社）教研部教授。

白的议题，即在经验的层面上"先富参政"和"民主恳谈"这两种引人注目的治理模式之间具有怎样的内在逻辑关联？其涵盖的问题如，对乡村治理结构而言，它们作为一种制度变迁，意义分别体现在哪里？对于乡村治理的绩效而言，它们又分别作出哪些贡献？如何去比较或解释这些意义和贡献？而且在经验中，"先富参政"和"民主恳谈"的被推广的程度是大不相同的，前者广泛推行，后者推广有限，如何解释这种现象？等等问题。

　　本文试图从经验的角度阐明"先富参政"和"民主恳谈"治理模式之间的内在逻辑关联，这种努力表现为提出一个涵盖这两种治理模式的、阐明乡村社会治理结构与治理绩效之间"因果式"关系的经验性命题。

一　相关概念说明

（一）"治理"与"乡村治理"

　　当前，中国学者大体上在经验和规范两个层面上使用"治理"的概念。在经验层面上，具有代表性的是，俞可平把"治理"界定为"公共权威为实现公共利益而进行的管理活动和管理过程"。并在这个意义上，认为"治理"与"统治"既有相通之处，也有实质性的区别。[①]由此，治理可以视作是对统治的一个补充，不同程度地存在于不同的社会形态中，而非现代社会所独有。如基思·福克斯（Keith Faulks）所称："人类治理的问题就是维持社会秩序和分配稀缺资源的需要，它永远是一个现实的问题。"[②]学者们在探讨传统中国乡村治理时，多是采用这种治理意涵，如李怀印称，他宁愿使用"治理"而不是"统治"一词来描述在传统乡村社会里，有效维护着社会秩序稳定的非正式制度的实际运作。[③]本文即采用

---

　　① 具体而言，"两者的实质性区别之一在于，统治的主体只能是政府权力机关，而治理的主体可以是政府组织，也可以是非政府的其他组织，或政府与民间的联合组织。统治的着眼点是政府自身，而治理的着眼点则是整个社会。"俞可平：《中国治理变迁30年（1978—2008）》，《吉林大学社会科学学报》2008年第3期。

　　② ［英］基思·福克斯：《政治社会学》，陈崎、耿喜梅、肖咏梅译，华夏出版社2008年版，第3页。

　　③ ［美］李怀印：《华北村治——晚清和民国时期的国家与乡村》，中华书局2008年版，第2页。

"治理"的经验意涵，也不忽视"治理"规范性内涵中所蕴含的各项指标会随着政治和社会的进步而逐渐转化为经验的东西。

"乡村治理"又被称为"农村治理"，可以被简洁地定义为"在农村（主要是指行政村）范围内，运用村庄公共权威维持村庄秩序，以增进广大村民的公共利益。因此，农村治理的根本目的在于维持村庄秩序，增进广大村民的公共利益。"① 当然，中国乡村的治理主体已经多元化了，但是这些主体之间也具有某种权力等级关系，其中，乡村各级党委和政府组织（含村委这样的"准政府组织"）占据主导的地位。②

（二）"乡村治理结构"与其包容性

"乡村治理结构"主要有两个维度，即"权威组织的构成"和"决策或商议参与者的范围"。如上所述，在乡村治理的多元主体中，乡村各级党委和政府组织占据主导的地位，本文把这个占主导地位的"治理主体"称为"权威组织"。乡村治理结构，首先就是指这个权威组织的构成问题。权威组织在多大程度上吸纳权威组织外的主体参与是分析乡村治理结构的重要维度。其次是指"决策或商议参与者的范围"，即以公共事业为核心议题的决策或商议活动，也主要是由权威组织来控制或主导进行的，但是能在多大程度上吸纳体制外精英和普通大众的参与则构成考察乡村治理结构的另一重要维度。

为了更好地说明这个问题，本文把"精英"和"大众"作为主要的概念工具。本文适用"精英"概念时，强调了精英的中国"乡土性"特征，这同西方政治精英研究的城市社区取向以及精英行动理论建构的宪政化背景区别开来。③当前乡村治理的研究文献，对乡村精英的分类，大致有以下两个大类。第一，根据精英的功能进行分类，主要有三种精英，（1）政治精英：县以下地方（镇、村）的政治领导；（2）经济精英：大企业或成功的私人企业的经理；（3）知识精英：大家族的首领和新的知识分

---

① 周红云：《社会资本与中国农村治理改革》，中央编译出版社 2007 年版，第 6 页。

② 俞可平：《中国治理变迁 30 年（1978—2008）》，《吉林大学社会科学学报》2008 年第 3 期。

③ 参阅萧楼、程煜《村庄精英行动的场域、组织、话语与记忆——东南沿海栖村案例研究》，《中共浙江省委党校学报》2004 年第 2 期。

子（乡村社会里的宗族精英或者宗教精英，归于此类）。①就本文所研究的浙江乡村治理而言，知识精英在乡村的分布还很不均衡，而且同前两种精英相比，总体上还比较弱势，所以暂不讨论；第二，精英人物和政治的关联度，又可划分为体制内精英和体制外精英，其中，体制内精英即通常所说的村干部，体制外精英指村庄中的宗族精英、帮派势力、宗教精英和经济精英等。②同乡村社会各种精英相对应的是"普通大众"，即一般村民。这些村民，在乡村社会里，是一个占据多数的群体。

乡村社会治理权威组织的构成主要是指"体制内精英"的来源问题，在理论上可以概括为三个类型：第一，权威组织由单一的政治精英所垄断。第二，权威组织由政治精英所把持，但吸纳了经济精英或其他精英的加入，使他们也成为政治精英的一员；第三，权威组织通过某种技术手段，把部分普通大众也吸纳进来。与之相对应，针对村庄公共事务所进行的决策或商议活动，也有三种理想类型：第一，这些活动被权威组织所垄断；第二，体制外精英参与进来，有协商或决策的机会或权利；第三，普通大众也有机会参与协商或决策。

"乡村治理结构"的包容性是一个描述特定组织或事务参与者的范围的概念，同样，这种包容性也体现在两个维度上，即"权威组织的构成"和"决策或商议参与者的范围"。在上述它们各自的三个理想类型中，第一个类型，无疑是包容性最差的，可以视作是衡量包容性问题的零起点。从第二个类型开始，包容性开始增强；而到了最三个类型，包容性最强。当然，每一种类型里面，也存在着包容性的程度差异问题。需要注意的是，乡村治理结构的这两个维度之间并不具是高度相关的关系，其中一个维度上的变化并不必然引发另一个维度上的变化，而且这两种变化可以独立发展的。

（三）乡村治理的绩效

在治理的定义中，能说明"绩效"的核心内涵是"公共利益"的实

---

① 刘宁宁：《中国新的社会分层和新的地方精英的崛起》，《国外理论动态》2007 年第 10 期。

② 仝志辉、贺雪峰：《村庄权力结构的三层分析》，《中国社会科学》2002 年第 1 期；叶本乾：《村庄精英：村庄权力结构的中介地位》，《中国农村观察》2005 年第 1 期。

现。如果"善治就是使公共利益最大化的公共管理过程",那么乡村治理的绩效所指向的目标就是"善治"。但是"善治"还只是描述良好的治理状态大致应该是怎样的过程。例如,俞可平在 2001 年认为"善治"至少具有如下五个基本要素,即"合法性"、"法治"、"透明性"、"责任性"、"回应性"。①何增科随后在这个基础上又增加了五个基本要素,即"参与"、"有效性"、"稳定"、"廉洁"、"公正性"。②在本文看来,这十大要素之间很多并不是平行的关系,而是某种因果链的关系,见图 1。在该图中,"国家主导"与"多元参与"构成了当前中国乡村治理的主要制度特征,而且这两者之间也是相互促进的作用。它们共同促进了治理的"合法性"、"法治"、"透明性"、"责任性"、"回应性"和"廉洁"等善治基本要素的积累,而且这些要素之间也具有高度的正相关性。最后,目标指向实现"有效性"、"稳定性"、"公正性"等公共利益的最大化。

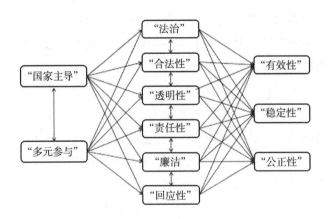

图 1　善治基本要素相互关联示意图

由此,本文认为乡村治理的绩效主要体现在"有效性"、"稳定性"、"公正性"等公共利益的实现程度上。"有效性"主要是指乡村治理的效率,其中,村民的经济利益得到维护或实现的效率是关键的衡量标准。"稳定性"主要是乡村社会稳定有序,治安良好,社会群体之间和谐相处,村民们安居乐业。"公正性"也是一个比较复杂的概念,本文认为,

---

① 俞可平:《治理和善治:一种新的政治分析框架》,《南京社会科学》2001 年第 9 期。
② 何增科:《治理、善治与中国政治发展》,《中共福建省委党校学报》2002 年第 3 期。

作为治理绩效的"公正性"主要体现在"公共性"在现代治理结构中占主导地位。因为，"公共性"是保证"公正性"的最基本的制度或观念上的保证，缺乏"公共性"，在乡村治理中，就难以保证充分的"公正性"。其具体表现，首先在于权威的公共性，即作为政权机关是中立的、公共的，不是服务于某个特定的阶层；其次是身份的公共性，即个人在社会关系网络中都是以普通的、享有平等权利并履行相应义务的个体（即公民身份）而存在的；再次是关系的公共性，即人人都是一样的个体，必须按照公共规则一视同仁；最后是规则的公共性，即规则无涉于个别、专门的利益的中立性质。

（四）"乡村治理结构"的变迁："先富参政"与"民主恳谈"

首先，很长的时间内，占据村干部职位的是传统的政治精英，指以传统的基层干部选拔模式提拔上来的村干部。很长的一段时间，这个权威组织是相对封闭的。但是随着村民自治制度的开展和压力型政体模式在新形势下的强化，乡村治理权威组织的封闭性也难以为继了。其中，不少的经济精英开始通过村庄选举等制度当上村干部，从而广泛地被吸纳到这个权威组织里来，这就是"先富参政"所带来的权威组织构成方面的变化。这意味着乡村治理结构在权威组织的构成维度上打破了封闭性而走向开放性或包容性。具体而言，"先富参政"所概括的现象主要是指，乡村里的"先富能人"，即率先富裕起来的农村私营企业主、个体工商户以及种植业大户、养殖业大户主动或被动员参与村级自治选举活动、竞选"村官"或作为村干部进行的乡村治理活动，简而言之，即"作为主体的'先富能人'的'政治参与'活动。"[①] "先富参政"在近几年来，在浙江各地已经逐渐成了一个相当普遍的现象。[②]

针对村庄公共事务所进行的决策或商议活动，向来是被权威组织或权威人物所垄断的。这个圈子对普通大众而言基本上是封闭的。这样状况

---

① 黄俊尧：《先富能人参政背景下的村庄政治生活——从选举与治理的维度》，《云南行政学院学报》2007年第4期。

② 具体情况参见肖菁、岳海智《先富群体竞选村官调查报告 浙江富人治村占30%》，《都市快报》2003年9月20日；《金华1500多名年收入超过10万农民当选村委会主任》，浙江民政网：（www.zjmz.com）2005年5月26日等。

下，决策者或商议者并不需要听取公共事务所涉及的大多数利益相关者的意见，而普通大众往往是被动地接受权威组织在"密室"里进行的利益安排。这种状况也同权威组织的构成一样，随着时代的进步而发生变迁。最典型的变迁模式，就是体制外精英或一般的普通大众通过"民主恳谈"的制度安排而有机会部分地成为"决策或商议活动的参与者"。

"先富参政"所带来的权威组织的开放性变化，仍然是有限度的，即没有把普通大众（一般村民）吸纳到权威组织里面来。与之不同的是，"民主恳谈"制度变迁使得乡村治理结构另一个维度"决策或商议参与者的范围"的扩大，不仅体现在把经济精英吸纳到体制内，而且也把普通大众吸纳进来。同"先富参政"现象在全省的广泛性存在相比，"民主恳谈"的制度并没有在全省普遍得到开展，而主要还是集中于它的发祥地——温岭市，而且，在这块土地上，目前"民主恳谈"的发展已经达到相当成熟的程度，它已经深入到乡镇、村、社区、企业、机关各个基层组织，并形成了包括镇、村、部门、企业的民主恳谈会、镇民主听证制度、村民主议事制度和镇村两级的民情通道活动等多种形式的制度体系。

二　命题阐释

本文试图阐明的中心问题是乡村治理结构的包容性同乡村治理绩效之间的关系命题，需要强调是，对这些命题的分析与证明是以浙江近些年来的乡村治理经验为基础的。

　　　　核心命题：乡村治理结构越具有包容性或开放性，乡村治理的绩效就越高；而乡村治理结构越具有排他性或封闭性，乡村治理的绩效就越低。

鉴于乡村治理结构的两个重要维度，即权威组织的构成和决策或商议参与者的范围，其包容性的衡量指标也相应地沿着这两个维度展开。因此，这个核心命题又可以分解为以下两个命题。

　　　　命题一：乡村治理结构中，在其他条件不变情况下，权威组织的构成越具有包容性或开放性，乡村治理的绩效越高；而权威组织的构成越具有排他性或封闭性，乡村治理的绩效就越低。

命题二：乡村治理结构中，在其他条件不变情况下，决策或商议参与者的范围越具有包容性或开放性，乡村治理的绩效越高；而决策或商议参与者的范围越具有排他性或封闭性，乡村治理的绩效就越低。

这两个子命题在乡村治理的经验中，分别对应着"先富参政"和"民主恳谈"这两种治理新模式。

（一）"先富参政"与"命题一"

对于权威组织构成的包容性指标的描述或衡量，如前所述，大致可以分为三个类型：第一，权威组织由单一的政治精英所垄断。第二，权威组织由政治精英所把持，但吸纳了经济精英或其他精英的加入，使他们也成为政治精英的一员。第三，权威组织通过某种技术手段，把部分普通大众也吸纳进来，这个维度的包容性是沿着这三个类型依次增加的。而乡村治理的绩效大体上也是随着包容性的增加趋势而增加的，相反的方向，则是随着包容性的递减趋势而递减的。这个命题所描述的变量关系在图 2 中可以得到更为直观的表达。

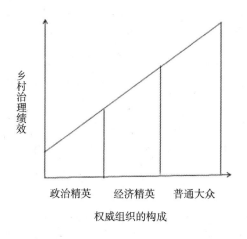

图 2　权威组织的包容性与治理绩效的关系示意图

　　"先富参政"现象表明的是乡村社会里的一些经济精英开始被吸纳到这个权威组织里来，同原来的政治精英一起或者说在这个过程中自身也兼有了政治精英的身份来参与乡村治理活动。乡村治理结构在权威组织的构成维度上超越了原来的封闭性，具有了一定的开放性或包容性，属于权威组织构成包容性的第二种类型。"先富参政"制度框架下的这种相对开放的权威组织带来乡村治理绩效的提高。

　　第一，从乡村治理的"有效性"这个指数来看，"先富参政"的制度安排，在总体上，无论是在心理预期上，还是实际运作上，都表现出良好的维护或实现村民经济利益以及其他公共利益的效率。

　　首先，在心理预期上，一份抽样调查显示，表示"乐意"选先富能人当村官的村民占了近半比例，加上不反对的则达到 86.1%，而且"在愿意选先富能人当村干部的原因中，村民看重的主要就是他们带动村经济发展的能力以及因其自身较强经济实力而引致的对村集体可能更强的资源付出能力。"① 类似的抽样调查有得出同样的结论，即对于"为什么要选富人当村官"的问题，"51.1% 的村民认为这些人是经济能人，能带动村经济发展；14.2% 的人认为这些人会捐款帮助村里搞好基础设施。"②

　　其次，在实际运作中，由于"先富能人"具有资源和能力上的优势，担任村干部的过程中，他们的"能人效应"会使村庄工作更有效率。③具体而言，"先富群体参政形成了农村公共产品供给的一种新机制：以民间的方式部分地替代了应当由政府完成的公共产品的供给职能。"④再看看村民们对"先富参政"的治理效率的评价，董明在一项调查中发现，村民对先富村官的履职感觉"很满意"和"比较满意"的有效比率达到了70.1%，显然，先富能人的治村绩效已基本上得到了群众的认可。⑤

---

　　① 董明：《对先富参政价值及其限度的省思》，《中共浙江省委党校学报》2008 年第 6 期。

　　② 黄俊尧：《先富能人参政背景下的村庄政治生活——从选举与治理的维度》，《云南行政学院学报》2007 年第 4 期。

　　③ 万慧进：《"先富能人"担任村书记的绩效、存在问题及其对策——以多省市的乡村调查为例》，《中州学刊》2007 年第 3 期。

　　④ 曹荣庆、王芳：《先富群体参政的效应分析》，《温州大学学报》（社会科学版）2007 年第 5 期。类似讨论参见顾金喜、林奇凯：《发挥先富村支部书记作用的长效机制研究——以浙江台州的个案为例》，《西安电子科技大学学报》（社会科学版）2007 年第 4 期。

　　⑤ 董明：《对先富参政价值及其限度的省思》，《中共浙江省委党校学报》2008 年第 6 期。

　　第二，从乡村治理的"稳定"这个指数来看，"先富参政"的制度安排，在很大程度上解决了造成乡村社会不稳定的一些传统因素，但滋生出来了一些危害乡村社会稳定的新型因素。

　　"稳定"对于乡村社会而言，意味着稳定有序，治安良好，社会群体之间和谐相处，村民们安居乐业。而长期以来，乡村经济基础薄弱，贫富差距不断增大、利益冲突诱因增多、干群关系紧张、基础政权的权威弱化等因素，一直是影响乡村社会稳定的主要原因。"先富参政"的制度安排，在很大程度上解决了一些危害乡村社会稳定的因素。首先，先富参政在很大程度上提高了村民们的经济收入，夯实了乡村经济基础，并不断缩小了贫富差距。一份调查显示，很多先富群体当了村干部后，"贡献自己的财力、物力，兴办村公益事业，协助解决农村面临的问题，维护农村的稳定和谐，依据党章的规定，无疑就成了责任。"[1]其次，过度"行政嵌入"而内生性不足的乡村秩序，长期以来伴随着干群关系紧张、基层政权权威弱化的现象。而作为体制外精英的先富能人通过村民选举等合法性的方式成为体制内精英，在很大程度上使乡村社会秩序两大来源（"行政嵌入"和"秩序内生"）趋于均衡。先富能人所拥有的丰富的社会资本使他们有能力成为缓和干群关系的纽带以及树立基层政权权威的重要力量。

　　但是，"先富参政"在显示出良好治理绩效的同时，也滋生出一些影响乡村社会稳定的因素。首先，体现在由于民主管理与监督机制的缺失，部分"先富能人"利用控制乡村土地等各种资源的权力违法乱纪，造成广大村民们的强烈不满，而且这种状况也是激发农村群体性事件的主要原因之一。[2]例如胡序杭发现，"在杭州市的一些地方，有的先富能人村官在村务管理、决策中存在明显的故意过错行为，滥用权力，私自超低价买卖土地，从而导致农村矛盾日趋尖锐化。"[3]而且有数据显示，2003 年至2007 年，浙江省各级检察机关立案查处涉农职务犯罪案件 1238 件中，涉案金额 10 万元以上的案件为 587 件，占案件总数的 47%；5 万元至不满

---

　　① 顾金喜、林奇凯：《发挥先富村支部书记作用的长效机制研究——以浙江台州的个案为例》，《西安电子科技大学学报》（社会科学版）2007 年第 4 期。

　　② 于建嵘：《我国现阶段农村群体性事件的主要原因》，《中国农村经济》2003 年第 6 期。

　　③ 胡序杭：《"先富能人治村"对农村基层党组织建设的影响》，《四川行政学院学报》2007 年第 1 期。

10 万元的为 341 件，占 27%，上述两类大案共占案件总数的 74% 以上。涉案金额上百万元的案件也屡有发生，5 年中共查办 58 件，占案件总数的 4.7%。① 当然，不能全部把涉农犯罪人员看成是先富参政的那些村干部，但这组数据至少可以部分地反映"先富参政"给乡村社会稳定带来的不良影响的状况。

　　其次，先富参政的制度安排在很大程度上影响了乡村权力结构的稳定性。影响村级权力结构稳定性的机制主要是这些先富能人大多形成了派系（所谓派系指人们以特定的关系为纽带联结起来的、具有共同利益和现实功能的非正式组织），而派系竞争则主要源自这些村庄精英以自我为中心的利益驱动机制，并活跃在村党组织和村委会选举、村"两委会"工作、村民代表会议等诸多场域。② 在国家主导的、以"村民自治"为标志的基层政治变革的背景下，派系竞争固然在建构新的利益博弈和治理规则方面有所建树，但其过度的利益竞争状况威胁到了乡村权力结构的稳定、进而威胁到整个乡村社会的稳定，例如"通过制造群体性事件等方式，影响公共舆论，威胁村庄社会稳定。"③

　　第三，从乡村治理的"公正性"这个指数来看，"先富参政"的制度安排，对于确立"公共性"在现代治理结构中的主导地位这一任务而言，所起到的作用并不乐观。

　　"先富参政"，主要是建立在村民选举村干部等一系列村民自治制度的基础上。其中，直接选举的制度安排，首先为乡村社会里的各种社会精英，尤其是先富能人（经济精英），提供了一种获得乡村治理政治权力的相对开放的、平等的机会，这在很大程度上增加了这些参政的先富能人对自身的公共身份、公共权威以及公共规则的认同。同时，广大村民们也获得了可以相对自由地选择领导者的平等机会，这在很大程度上激发了村民们对公共权威、公共规则的政治认同意识。这个过程也被描述成："在相当大程度上改变着原先村庄场域的治理结构，其中最重要的就体现在较大

---

　　① 黄深钢：《村官"犯罪严重危害农村社会稳定　浙江严查》，新华网 2008 年 11 月 27 日（http://news.xinhuanet.com/legal/2008—11/27/content_10420591.htm）。

　　② 胡序杭：《先富能人争当村官与村级权力结构的稳定性》，《中共福建省委党校学报》2007 年第 3 期。

　　③ 卢福营等：《当代浙江乡村治理研究》，科学出版社 2009 年版，第 129 页。

程度上落实了对村民的公民赋权的制度机制，从而真正开始了将纸上的公民权利变成行动的公民权利的民主化进程。"①

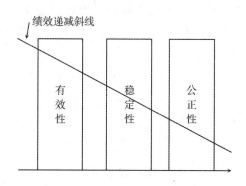

绩效递减斜线

有效性　　稳定性　　公正性

图3　"先富参政"的治理绩效示意图

　　但现实中也发现，大部分的先富能人在利用公共规则、公共身份这样的话语或机会获得公共权力后，并没有在治理的过程中继续保留着对其公共身份以及应遵循的公共规则的政治认同，乡村治理所需要的"公共权威"并没有因此而形成。先富能人参政的基本目标，如张静所描述的那样："仍然是掌握重要资源的分配权力，而不是建立新型的公共服务机构，也不是扩展权威和村民的新型关系，村民的权利没有增加。"②而且他们在竞选过程中，虽然动员了广泛的社会参与，但是在建构公共权威和公共规则方面，建设性作用甚微。胡序杭在对杭州市郊区农村"先富参政"现象进行调查研究中发现，先富能人担任村官，使乡镇对村的调控能力有不同程度的弱化；在选拔先富能人担任村官的过程中，一些地方忽视了对村干部后备力量的培养，忽视了村党组织的整体建设；"先富能人治村"在目前还处于一个新旧规范交替的过程中，法律、法规和一些制度尚不完善，在某些方面还是空白，以致有些动机不良者去钻法律和制度的空子。③这种状况并不限于杭州郊区乡村社会，在浙江的乡村社会也广泛地存在。在总体上，可以说，担任村干部的先富能人在总体上遵循的还是

①　董明：《对先富参政价值及其限度的省思》，《中共浙江省委党校学报》2008年第6期。

②　张静：《现代公共规则与乡村社会》，上海书店出版社2006年版，第69页。

③　胡序杭：《"先富能人治村"对农村基层党组织建设的影响》，《四川行政学院学报》2007年第1期。

"权力支配规则"，编织着以个人关系为核心的庇护关系网络规则，而"现代的公共规则"的基本原则（即规则需具有无涉于个别、专门的利益的中立性质）被置之脑后。他们的自我身份认同主要还是指向乡村的共同体单位，而不是指向国家体制，他们在巩固村民的共同体归属，而不是巩固村（公）民的国家归属。在一般意义上，"虽然公共权威通过利益竞争过程产生，但由于它的独特位置和角色的规范作用，使其超越专门或独特利益，成为公共利益的保护者。"①但我们还没有看到有多少迹象表明"先富参政"在很大程度上实现着乡村社会的地方性权威向公共权威的转变。

　　综上所述，"先富参政"的治理绩效，在"有效性"、"稳定性"、"公正性"这三个主要方面并不是均衡分布的。"先富参政"的制度安排，在"有效性"，即乡村经济和一般物质性的公共产品的供给或提升方面，无疑取得的绩效比较明显，而且学者们也热衷讨论这方面的绩效。在"稳定"方面，只能说有一定的绩效，但远没有在第一个方面取得的绩效那么明显。而在"公正性"方面，则乏善可陈，学者们关注的也是最少。如图3，斜线切割矩形图所形成的下面的梯形面积呈递减的趋势，这能较直观地反映以上所描述的"先富参政"的治理绩效在三个维度上的不均衡分布状况。"先富参政"的制度安排，使得乡村治理结构在"权威组织的构成"维度上具有初步开放的包容性，从而在"有效性"、"稳定性"、"公正性"三个方面实现了程度不等的绩效。至此，对于"命题一"而言，可以说也获得了一种有力的经验证明。

（二）"民主恳谈"与"命题二"

　　如前所述，针对村庄公共事务所进行的决策或商议活动，其参与者的范围主要有以下三种类型：第一，这些活动被权威组织所垄断；第二，体制外精英参与进来，有协商或决策的机会或权利；第三，普通大众也有机会参与协商或决策。同样，乡村治理结构在这个维度的包容性也是沿着这三个类型依次增加的。而且乡村治理的绩效大体上也随着这种包容性的增加而增加，随着包容性的递减趋势而递减，见图4。

---

① 张静：《现代公共规则与乡村社会》，上海书店出版社2006年版，第12页。

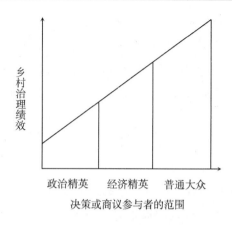

图4 决策或商议参与者范围包容性与治理绩效的关系示意图

因此，可以说，"民主恳谈"强调公民参与的重要性，即普遍公民通过"民主恳谈"的方式积极参与公共事务，以影响公共政策的制定和执行的行为。这种诉求充分反映在其具体的程序设计上。首先是议题的设定上，充分考虑民意，而且有多种渠道来设定议题。其次是参加人员的确定方面，通过自愿、制定、抽样等多种措施以保证参加人员的代表性尽量广泛。例如，"民主恳谈"在镇一级的参加者绝大部分由各村的村支书、村长、村民代表、市镇的人大代表、党代表、致富能手、企业代表和利益相关的公民组成。不仅容纳体制内外的精英，也涵盖了普通大众。最后，还设定了民主恳谈重要事项论证和决策制度、挂牌销号制度、反馈监督机制等多项制度来确保民意得到充分地体现。后来，一种中西方法结合的参与式的、重大公共事务决策的政治实验——"协商民意测验"方法也开始得到运用。①因此，可以说，"民主恳谈"的现象表明的是乡村社会里的体制外精英（以经济精英为主体）或一般的普通大众通过"民主恳谈"的制度安排而有机会部分地成为"决策或商议活动的参与者"，并以这种方式来参与乡村治理活动。如图4所示，乡村治理结构在"决策或商议参与者的范围"的维度上超越了原来的封闭性，具有了较大的开放性或包容性，属于乡村治理结构在这个维度上包容性的第三种类型。

"民主恳谈"，与"先富参政"相比，其"有效性"绩效有很多差异。

---

① ［澳］何包钢：《协商民主：理论、方法和实践》，中国社会科学出版社 2008 年版，第85—90 页。

首先，"民主恳谈"的制度的诞生就需要乡村治理有一个比较强大的民间经济基础，由此才能内生性地从官员到民众都具有较强的权利、自由、平等意识。可以说，"民主恳谈"制度的产生或实施，需要比较的门槛，首要的就是经济门槛。这也是它一直以来主要在温岭一地发展得如火如荼的缘由。①由此，"民主恳谈"与具有较高经济绩效的乡村社会有着孪生的关系，所以，其"有效性"的绩效，并不主要体现在维护或实现村民经济利益以及其他公共利益（物质性）的效率上。

其次，与"先富参政"较为明显的经济方面的绩效不同的是，"民主恳谈"在降低公共政策过程的成本、提高决策效益方面无疑具有明显的制度绩效。"民主恳谈"着力在乡村社会多元主体之间展开协商对话，让民众参与制度决策过程，即增强了政策对社会各方利益的综合考虑，又使民众也要承担一部分的责任。因此，这种由民众参与的公共决策比较容易地得到贯彻执行。李景鹏把这种绩效更细致地归纳为三个方面，一是乡镇党委政府减轻了来自上下两个方面的压力，提升了政府的公信力与执行力；二是村级自治组织办事更加公开透明，减少了许多不应有的决策失误；三是农民群众找到了抒发自己情感的平台，拓宽了他们参政议政的渠道。②也是在这个意义上，周松强提出民主恳谈会有效地化解了民主参与的"广泛性"与"有效性"之间的矛盾。③

有一组调查数据可以反映"民主恳谈"在这方面所取得的绩效。

> 对恳谈会的评价，共有 74.7% 的村民对民主恳谈的形式表示满意或较为满意，只有 4.5% 的村民表示不满意，但也有 20.8% 的人表示不清楚；69.1% 的村民对民主恳谈所做出的决策满意或较为满意，7.2% 的人不满意，选择'不清楚'的人仍有 23.6% 的较高比例。④

---

① 参见周松强《乡村社会治理变迁与多中心民主协作治理制度的创新——以浙江省温岭市村级"民主恳谈会"为例》，《理论与改革》2005 年第 5 期。

② 李景鹏：《建立民主恳谈和民主决策的新机制》，《浙江社会科学》2003 年第 1 期。

③ 周松强：《乡村社会治理变迁与多中心民主协作治理制度的创新——以浙江省温岭市村级"民主恳谈会"为例》，《理论与改革》2005 年第 5 期。

④ 黄俊尧：《协商民主与基层实践：对"民主恳谈"模式的再思考》，《湖北社会科学》2007 年第 10 期。

如调查者所发现的那样，群众多是抱着解决实际问题的心态参加恳谈会的，他们并不是很关心和了解协商民主、行政民主等抽象问题。从这个角度来看，"民主恳谈"的制度安排的"有效性"绩效还是比较明显的。但是，当我们把这个"有效性"绩效主要采用经济绩效这个指数来衡量时，则不是很明显了。

从乡村治理的"稳定"这个指数来看，"民主恳谈"，通过广大村民参与乡村治理的制度化方式大大增强了乡村社会的稳定性。

当前中国社会是一个不同利益要求表达，而且在一定程度上存在利益冲突的社会。①在乡村社会里，也是如此，由于土地征用、房屋拆迁、环境污染、企业改制和就业压力等诸多原因常常引发大量村民们的不满情绪，不同规模、不同暴力程度的群体性事件时有发生。而村民们的不满情绪或行动，在大多数情况下是起源于政府官员制定政策时，难以制定出一个让大家都满意的方案，从而带来政府与不满意政策的民众之间的矛盾。政府在处理这些矛盾时，如果采用行政或法律手段强力推行的话，代价就会很高，往往会遇到民众的抵抗；如果采用花钱的手段去息事宁人，则容易导致一些"钉子户"们漫天要价，甚至促使部分人看到实现自身利益的特殊空间而成为上访专业户。这种背景下，民主恳谈的制度安排，使得乡村社会的各级官员，同体制外精英、普通大众一起就大家关心的利益问题，进行面对面的交流、协商，尽量照顾到所有的利益涉及方的合理诉求。即使需要有人去顾全大局而牺牲自己的部分利益，由于经过充分讨论以及民主的决策程序，也会使这种牺牲转换为一种具有充分合法性的行为。可以说，这种制度安排，重新构建了干部与村民之间的信任关系，增强了政府的合法性基础，从而有助于解决或缓和乡村社会的各种矛盾，尤其干群之间的矛盾。而且，民主恳谈的制度安排，通过制约和监督乡镇、村干部等对治理权力的行使，可以有效地防止基层权力腐败的发生。有研究者欣喜地看到，"普通群众的参政议水平提高得极快，随着最初积压的

---

① 景跃进：《当代中国利益传输机制的转换：关于构建"和谐社会"政治逻辑的初步思考》，载陈明明主编《权利、责任与国家》，上海人民出版社 2006 年版，第 30—44 页。

怨气释放，当面指责官员作风的很快就少了而且变得彬彬有礼。"① 当然，我们不应高估"民主恳谈"在这个维度上的绩效。毕竟，目前它的推行和实践仍然属于一种"国家主导"模式，其制度化、规范化程度还不是很高，这在很大程度上制约了其"稳定性"绩效的提升空间。

无论是和"先富参政"相比，还是和自身治理绩效的前两项指标相比，"民主恳谈"的"公共性"绩效都是比较明显的。"民主恳谈"的制度安排，使公共决策得以在多元的利益主体和公众的广泛参与下，通过对话、协商等民主程序作出。因此，"民主恳谈"的实践本身就可以看作是社会权利或公民权利空间不断扩展的过程，是公共权力不断回归社会的过程。在这个意义上，"民主恳谈"是由公众广泛参与的制度化、规范化、程序化的民主管理和民主监督机制，它在实践中可以不断提高人民群众对基层社会事务的知情度、参与度、选择度和监督度，促进乡村社会传统的地方性权威向公共性权威转换，还在一定程度上防止和约束了权力利益化和利益特权化。

"民主恳谈"也是乡村社会的一所民主学校，在不断的民主实践中，不但村民们的民主意识和权利意识不断提高，而且基层干部的民主意识和公共身份的政治认同也不断形成。乡村社会中，公共身份的认同已经逐渐成为普遍的现象。例如，郎友兴在调查中发现"民主恳谈"中的参与者具有"身份的不受限制与明确性"，即"从温岭的经验来看，无论参与镇民主听证会，还是村民主议事会，都没有身份限制，就是说任何人只要有时间和兴趣都可以参加……另一方面，大多村庄是一个熟人社会，彼此稔熟，有充分的了解，所以参加"民主恳谈会"的身份是相当明确的。"②尽管取得了这么大的进展，但是公民的身份或身份特征在"民主恳谈"的过程中仍然发挥着很大的作用，如一份关于村民在恳谈活动中的表现的调查显示，"有48.2%的村民在恳谈会上发过言，这较能反映恳谈会的包容性和平等性。不过，调查也发现，政治面貌、文化程度、经济条件等变量与村民参加恳谈会的情况有明显的正相关关系，而且男性的参与程度也明

①　褚松燕：《"民主恳谈"：政府创新的维度与限度》，《甘肃行政学院学报》2007年第3期。

②　郎友兴：《商议式民主与中国的地方经验：浙江省温岭市的"民主恳谈会"》，《浙江社会科学》2005年第1期。

显高于女性。"[1]

在公共规则的构建上，虽然取得了很大的成果，但是，由于协商过程中的精英操纵，协商程序尚未规范化、制度化等原因，使这些成果仍然是有限的。例如，恳谈模式过度依赖于基层政治精英，致使在那些"民主恳谈"内生性不足的乡村社会，该制度的生命力与基层领导干部的观念、思路和能力有更密切的关系。而且"民主恳谈"的绩效在很大程度上受到政府行为的影响。因为政府是恳谈制度的制定者和实施者，还掌握行政资源。

综上所述，"民主恳谈"的治理绩效，在"有效性"、"稳定性"、"公正性"这三个主要方面也同样不是均衡分布的。"民主恳谈"的制度安排，在"有效性"，即乡村经济和一般物质性的公共产品的供给或提升方面，由于其本身就需要较高的经济基础，所以暂时还没有看到明显的绩效显现出来，而且学者们也不大涉及"民主恳谈"在这方面的绩效状况。在"稳定"方面，取得的绩效应该是较为明显的，虽然不应高估，但是这种绩效由于干群关系之间的信任增强，并致力于一种制度化的公共关系，而呈日益巩固的趋势。相比之下，"民主恳谈"在"公正性"方面的成就最大，也是学者们关注最多的议题，并把它视作是中国基层社会民主化的主要趋势和基本路径。如图5，斜线切割矩形图所形成的下面的梯形面积呈递增的趋势，这能较直观地反映以上所描述的"民主恳谈"的治理绩效在三个维度上的不均衡分布状况。"民主恳谈"的制度安排，使得乡村治理结构在"决策或商议参与者的范围"维度上具有比较开放的包容性，从而在"有效性"、"稳定性"、"公正性"三个方面实现了程度不等的绩效，也有效地证明了"命题二"的假设。

（三）"核心命题"："先富参政"与"民主恳谈"的治理逻辑

前面就乡村治理结构包容性与绩效关系命题的两个子命题，分别围绕"先富参政"与"民主恳谈"两个治理模式进行了阐释与验证。这两个子命题分别从"权威组织的构成"和"决策或商议参与者的范围"这两个

---

① 黄俊尧：《协商民主与基层实践：对"民主恳谈"模式的再思考》，《湖北社会科学》2007年第10期。

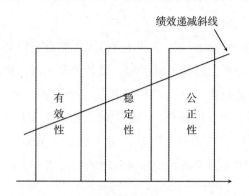

图 5　"民主恳谈"的治理绩效示意图

维度来讨论乡村治理结构的包容性与绩效的关系命题。主要结论是，无论是在哪个维度上，包容性的提升都会带来乡村治理结构在"有效性"、"稳定性"和"公正性"三个主要方面不同程度的绩效的提高。这组命题所表述的关系，可以通过图 6 来表示。

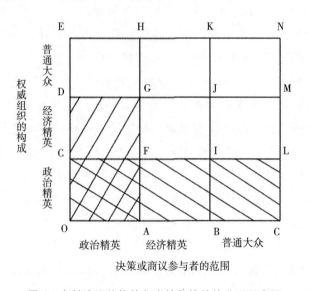

图 6　乡村治理结构的包容性与绩效的关系示意图

在图 6 中，纵轴表示"权威组织的构成"这个维度的"包容性"的变化情况，横轴表示"决策或商议参与者的范围"的变化情况。而这种变化的衡量指数，采用了乡村社会中三个主要社会群体（政治精英、经济精英、普通大众）来表示。涵盖的群体多，意味着包容性越大；反之，则小。而阴影部分表示绩效的指数。其中，阴影的面积越大，意味着绩效越大；反之，越小。根据图6可以看到，"先富参政"反映的是在纵轴上的"包容性"的变化，而除包括传统的政治精英外，还涵盖了经济精英，即先富能人，属于初步开放的乡村治理结构。其"绩效"大致可以用"OAGD"这个矩形的面积来表示。"民主恳谈"反映的是在横轴上的"包容性"的变化，而除包括传统的政治精英外，还涵盖了经济精英和普通大众，属于相对开放的乡村治理结构。其"绩效"大致可以用"OCLC"这个矩形的面积来表示。至此，可以大致称，"民主恳谈"同"先富参政"相比，由于"包容性"更大一些，所以，其"绩效"也要高一些。当然，需要警惕的是，这样的比较并不是严格的，因为毕竟是在两个不同维度之间进行的比较。

到目前为止，我们还是在分别地考察"先富参政"与"民主恳谈"。如果同一个乡村治理结构中，同时兼有这两种制度安排，意味着乡村治理结构分别在"权威组织的构成"和"决策或商议参与者的范围"这两个维度提升了"包容性"。这种整体效应在理论上会带来绩效的倍数增加，如图6，这种相对开放的"包容性"所带来的绩效可用"OCMD"这个矩形的面积来表示。

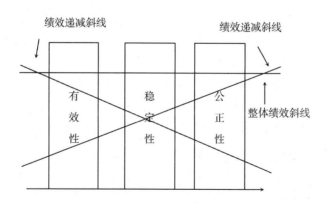

图7　"先富参政"和"民主恳谈"的治理绩效示意图

至此，还只是在笼统地比较"先富参政"与"民主恳谈"的绩效，而前文已经揭示了它们对乡村治理绩效的三个主要方面的贡献是不一样的，而且各自所偏重的维度不一样。如果这两项制度结合起来，其最大的贡献点之间正好可以互相弥补，如图7所示。"先富参政"可以弥补"民主恳谈"在"有效性"这方面绩效的不足，而"民主恳谈"可以弥补"先富参政"在"公正性"方面绩效的不足，并共同提升"稳定性"方面的绩效。这样，原来两条相反的"绩效递减斜线"可以为一条"整体绩效斜线"所代替，这意味着乡村治理绩效的整体提升，也再次证明了乡村治理结构"包容性"与"绩效"关系的核心命题，即"乡村治理结构越具有包容性或开放性，乡村治理的绩效就越高；而乡村治理结构越具有排他性或封闭性，乡村治理的绩效就越低。"

三　小　结

关于乡村治理结构包容性与绩效关系一组命题的论证，至此已经初步完成。在这部分将就该命题的适用范围、"先富参政"广为推行而"民主恳谈"有限推广的原因、该命题对于推进乡村社会治理制度改革的参考价值等做一个初步的归纳。

（一）该命题所适用的范围

这项研究主要是基于浙江省近些年乡村社会治理变迁的一些地方性经验。这些地方性经验，既有中国乡村治理发展进程的一般特征，又有浙江乡村社会治理的区域性特点。一方面，如同全国绝大多数乡村社会一样，浙江乡村社会治理过程里，各级党委和政府组织（含村委这样的"准政府组织"）占据主导的地位。其乡村治理的制度供给者，也因此主要是各级的党政机关，而且从宏观上可以分为国家、地方和村级三个层次。[①]从这个意义上讲，浙江乡村治理的制度变迁没有摆脱政治精英主导型的模式，或者说是一种压力型体制的产物。这种状况使得乡村治理的变迁在制度化、规范化方面存在天然的缺陷同时，也由于政治精英的异质性导致多元的乡村治理制度的供给或变迁。另一方面，浙江作为一个经济比较发达的省份，经济和社会等诸多方面的变迁都比较快，因而产生出来的一些独特的因素，作为环境变量，深深地影响着浙江乡村社会的治理变迁。例如，改革开放后，浙江"持续发展的民营经济、有限理性的各级政府、

---

① 卢福营等：《当代浙江乡村治理研究》，科学出版社 2009 年版，第 19 页。

充满活力的民间力量、分层分派的社会成员、工商皆本的事功文化和进出并存的农民流动"等构成了特色明显的区域治理环境。[①]同时，浙江省内地区在经济、社会、文化等方面的差异也使得各地乡村社会治理的变迁各具特色，相映成辉。本文所考察的"先富参政"和"民主恳谈"，就是扎根在这个土地上的乡村社会治理变迁的经典案例，其中，前者以其普遍性和显著的社会影响，而后者以其变革深刻性和广泛的社会反响吸引着学者们的广泛关注。而根据这些治理变革的活生生的经验而提炼出来的，关于乡村治理结构包容性与绩效关系的一组命题也是扎根于这片土地，其适用范围首先在于此，在别的地区的适用性问题则需要进一步的调查和研究。

（二）"先富参政"广为推行而"民主恳谈"有限推广的原因

在浙江省内，为什么"先富参政"能在广大乡村得到如此广泛的推广，而"民主恳谈"虽然代表着治理变迁的最进步的方向，其推广却如此有限？

"先富参政"的制度安排在"权威组织的构成"这个维度上实现了乡村治理结构包容性的初步开放，也即把体制外的经济精英吸纳到乡村社会治理的权威组织中来。这种吸纳精英的做法符合中国乡村社会"精英治理"的传统，很容易得到社会各阶层的认同。首先，上级政府官员们从追求乡村治理绩效的目标出发，倡导乡村权威组织吸纳体制外精英。其次，普通村民也希望拥有更多资源的乡村精英来主导乡村社会的治理，从而能够给他们提供更多的公共产品或带来更多的好处。最后，在一些较发达的乡村，社会精英尤其是经济精英拥有较多的社会资源，并且有着比较强烈的动机进入基层权威组织。

当前中国基层社会仍然是一个压力型体制，该体制作为在现代化和市场化压力下出现的、以赶超为目标的中国计划经济中动员体制的延伸，主要依靠各级行政组织从上到下规定各种指标任务，并靠各级行政组织从上到下根据这些规定的指标任务来考核和选拔干部。作为县级或镇级的官员，长期生活在以发展经济为主要考核指标的这种压力型体制下，自然首先考虑的是如何在他的辖区内有效地发展经济，追求经济绩效。这也自然

---

①　卢福营等：《当代浙江乡村治理研究》，科学出版社2009年版，第67—81页。

成了乡村社会治理的主要目标或任务。也正是在这种压力下，乡村社会里的精英格局也在发生变迁，即传统的政治精英如何不能同时是经济精英的话，就要容忍新兴的经济精英加入到权威组织，或者干脆让位给他们。正因为这些原因，可以看到很多地区，除了浙江省，全国有很多地方都出现了地方政府下发文件以倡导先富能人来当村干部，领导村民致富。①总之，主要是"先富参政"的经济绩效（"有效性"）迎合了压力型体制的要求，才得到如此广泛的推广。但同时需要明确的是，这种治理模式在"公正性"方面的乏善可陈并没有为大多数的官员们所认识到。所以，当缺乏能够促进"公正性"绩效提升的配套制度时，"先富参政"往往会走向制度设计初衷的反面。

"民主恳谈"的制度安排在"决策或商议参与者的范围"这个维度上实现了乡村治理结构包容性的相对开放，也即有效吸纳了体制外的经济精英和普通大众，使他们成为乡村社会治理的决策或商议参与者。首先，在决策阶段，广泛吸纳普通民众的做法对向来有精英治理传统的乡村社会而言，不是大家所熟悉或热衷的，这在心理认知上就造成其推广的某种程度上的障碍。其次，前文已述，"民主恳谈"制度的产生或实施，需要比较高的门槛，即要有较好的民间经济基础，而且从官员到民众大多要具有相对较高的权利、自由、平等意识。其中，"民主恳谈"的经济基础问题，实际上也反映了"民主恳谈"过程中的协商成本比较高，例如在人力、物力、财力等方面的费用都比较大。在经验中，可以看到完成一次协商恳谈会的费用少则几千，多则上万。如果是在贫困地区推行这项制度，难免会为当地人民添加一些甚至是较重的经济负担。因此，对那些乡村社会的经济基础不是很好、权利和民主意识不是很强的地区而言，要推行"民主恳谈"制度，则需要付出较高的经济成本以及社会成本。所以，可以说是制度成本限制了"民主恳谈"在各地区间的广泛推行。

同样，在压力型体制下，鉴于"民主恳谈"的"有效性"绩效，在维护或实现村民经济利益以及其他公共利益（物质性）的效率上并不明显，所以对于仍然以追求 GDP 增长、主导治理制度变迁的地方官员们而

---

① 参见胡序杭《"先富能人治村"：农村基层党组织建设面临的新问题及其对策》，《四川行政学院学报》2007 年第 1 期。

言，缺乏足够的动力去推行该制度。

（三）乡村社会治理制度改革的路径选择

关于乡村社会治理制度改革的路径选择，也是目前学界讨论比较多的一个议题。这里仅就本文的研究发现对这个问题提出一点初步的设想。本文核心命题试图揭示乡村治理结构的包容性与治理绩效之间的相关性特征，其明确的价值取向是指向涵盖"有效性"、"稳定性"和"公正性"三个基本指标的治理绩效，而所倡导的基本路径选择就是不断在"权威组织的构成"和"决策或商议参与者的范围"这两个维度上提高乡村治理结构的包容性。

首先，在"权威组织的构成"维度上，第一步是实现更加多元化精英主导的治理模式，即不仅限于通过公开、公正的选拔程序吸纳经济精英，而且要吸纳文化精英或其他精英。但这种精英主导的治理模式还仅仅是过度性的阶段，随后的第二步是实现精英与大众均等主导的治理模式。这种模式下，地方性权威才能让位于公共权威、私人依附关系才能让位于公共关系、地方共同体认同才能让位于国家认同、利益竞争规则让位于公共规则才能成为可能，也因此才能真正全面地提升乡村社会的治理绩效。就目前的"先富参政"而言，制度供给者要放宽眼界，真正实践"科学发展观"，在注重"先富参政"的经济绩效的同时，还要围绕"稳定性"和"公正性"这两个目标去推进治理制度的改革。改革的方向是，不仅先富能人能进入权威组织，普通大众也能进入权威组织。

在"决策或商议参与者的范围"维度上，基本的目标就是使体制外精英和普通民众能够广泛地、有效地参与到乡村社会治理的公共决策或商议活动中来。首先是在议题、程序、参与人员等方面实行有限的试点，并在这个过程中，不断提高议题、参与人员的广泛性和程序的合理性。目前的"民主恳谈"无疑是一个能够有效地实践这条路径的治理制度。但它毕竟还是刚刚起步，还有待更多的实践去完善。"民主恳谈"除了自身需要朝着治理绩效的目标不断改进外，还要解决一个更为重要的现实问题，即如何在其他地区进行推广。也即如何去有效解决在推广中可能会遇到的政治、经济、社会和文化等方面的不相容问题。

社会治理精细化的"宁波实践"及反思

史　斌[*]

摘要： 十八届五中全会强调要加强和创新社会治理，推进社会治理精细化，构建全民共建共享的社会治理格局。社会治理精细化，是在社会治理活动中引入精细化的理念与原则，以标准化、科学化、规范化、人性化的思路，实现社会治理理念、制度、手段和技术的精细化，实现社会治理活动的全方位覆盖、全过程监管、高效能运作。在新形势下，精细化治理是全面提升宁波社会治理水平的发展趋势和必然选择。课题总结回顾了宁波市在社会治理精细化方面的实践探索与存在问题，在此基础上，为今后宁波进一步提升社会治理精细化水平、提升社会治理的整体效能，提出了主要思路、重点内容和保障措施。

关键词： 社会治理；精细化；宁波实践；对策研究

党的十八届五中全会《公报》提出，要"加强和创新社会治理，推进社会治理精细化，构建全民共建共享的社会治理格局"。这是中央自十八届三中全会提出创新社会治理体制，坚持系统治理、依法治理、综合治理和源头治理以来，首次明确提出社会治理精细化的发展理念，也进一步明确了精细化作为社会治理今后的发展趋势和必然方向，无疑对我们做好新时期社会治理各项工作提出了新的更高的要求。宁波市自 2010 年探索"加强和创新社会管理"创新以来，实际已在"从单一社会管理向多元社会治理转变"上成功实践了不少行之有效的路径方法，例如推进城市管理行政综合执法、加强社会组织培育扶持等，这为我们在新的历史起点上

---

* 作者简介：史斌，宁波市社会科学院社会发展研究所所长，副研究员，博士（后）。

进一步"创新社会治理体制",推进"社会善治"打下了良好基础,提供了丰富的素材和鲜活的经验。针对社会治理改革新要求新任务,面对社会治理挑战越来越大、难度越来越高的现实,宁波要更好地实现社会治理效益的最大化、运行成本的最小化,着力提升社会治理的整体效能和质量水平,就必须进一步审视现状、厘清问题,积极探索更精细、更科学、更富效益的社会治理新模式。致力提升社会治理精细化水平,已成为当前和今后一个时期宁波创新社会治理体制,提高社会治理水平的必然趋势和必然选择,是一项需要我们着力研究和探索的重大课题。

一 提升社会治理精细化水平的研究背景

(一)社会治理精细化的内涵特征

"精细化管理"是源于发达国家的一种企业管理理念,主要提倡精益求精的工作态度、创新务实的工作精神和科学高效的管理理念。自20世纪50年代诞生以来,精细化管理思想经历了泰勒的科学管理、戴明的为质量而管理和丰田的精益生产方式(简称TPS)三个发展阶段,由工人现场操作管理扩大到质量管理的每一根神经末梢,再延伸到了企业的生产系统管理,发展至今已运用到公共管理领域,并向社会治理范畴深度拓展。当前,精细化管理思想已趋成熟,其在社会治理领域的应用及其研究正逐渐为人们所重视,但对于社会治理精细化的理论研究还很不充分,甚至在内涵界定上都没有全面统一的认识。当前,国内学者对精细化思想的理解和阐释大致有三种观点:第一种主要强调细节治理。第二种主要强调从手段、技术上达到精细化目的。第三种则强调了精细化治理要求动态修正、持续改善这一特性。综合来看,精细化治理既是一种理念和文化,也是一种治理技术和手段,即通过规则的系统化和细化,运用程序化、标准化、数据化和信息化手段,使组织管理各单元精确、高效、协同和持续运行。在梳理分析现有文献的基础上,我们将社会治理精细化的基本内涵界定为:在社会治理活动中引入精细化理念与原则,利用更低的成本、更专业的治理手段,实现更优质、更关注细节和更加人性化的治理效果。即按照"精益、精确、细致、严格"的原则,以标准化、科学化、规范化、人性化的思路,实现社会治理理念、制度、手段和技术的精细化,实现社会治理活动的全方位覆盖、全过程监管、高效能运作。基于以上内涵，社会治理精细化至少应有以下七个方面特征。

治理理念人性：即要体现以人为本，以便民、利民、为民为原则，以公民需求为出发点和落脚点，更自觉地关注民生、发展民利、维护民权、保障民安。

治理主体多元：即"加强党委领导，发挥政府主导作用，鼓励和支持社会各方面参与，实现政府治理和社会自我调节、居民自治良性互动"①，这本身也是现代社会治理的重要特征。

治理资源集成：即打破部门界限和条块分割，实现社会治理资源特别是执法资源的集约化配置、系统化整合，致力覆盖治理盲点和真空，杜绝治理交叉与推诿。

治理流程精密：即重视治理过程每一个环节并作出最优设计和全程监管，确保各环节各流程，无论是信息互通共享，还是资源流通运用，都能步调一致、无缝对接、统筹联动无短板。

治理手段专业：即社会治理各系统运用专业化队伍及专业化技术手段，有效遏制治理过程中的资源浪费，实现高效治理。这也是实现治理细节化与人性化的基础。

治理成本精算：即通过公共预算和财政管理精细化等降低社会治理成本，遵从"低投入、低消耗、高效率"原则，最大限度减少社会治理中所占资源，避免劳民伤财。

治理效果精益：即社会治理要体现精益求精的精神，永不满足于当前治理的效果，不断优化社会治理中的各个环节，追求更好的治理效果，形成持续改进的动态机制。

（二）社会治理精细化的战略意义

1. 社会治理精细化是经济社会发展的必然要求。全球化、信息化和市场化等现代社会的特征与趋势，都对政府社会治理和服务质量水平提出了新的更高要求。当前，我国正处于改革发展"攻坚期"和社会矛盾"凸显期"，复杂多变的经济发展形势、日益多元的群众利益诉求对社会

---

① 中共十八届三中全会审议通过的《中共中央关于全面深化改革若干重大问题的决定》。

治理提出了严峻挑战，信息网络、流动人口、"两新"组织等领域给社会治理带来了许多亟待解决的突出问题。传统的社会治理模式和手段已不适应日益复杂的社会治理形势和任务。要解决这一现实矛盾，实现社会治理的高效、优质、有序、节约，就必须在社会治理领域引入精细化管理理念和管理模式，运用精细化手段，有效应对现代社会要求，有效履行现代政府职责，使整个社会实现规范有序运行，公众能更好参与城市的定位、发展和管理。

2. 社会治理精细化是社会治理全面提升发展的必然趋势。精细化管理思想是科学管理理论的重要组成部分，在经济领域已经得到了广泛应用并取得良好效果，并逐步在各国乃至各个管理领域成为主流，这为社会治理精细化奠定了思想和实践基础。社会治理精细化的本质意义在于它是一种对社会治理战略和目标分解细化和落实的过程，是让战略规划有效贯彻到每个环节并施展作用的过程，同时也是提升社会治理整体执行能力的一个重要途径。在社会治理领域引入精细化管理的思想，有利于理顺工作机制、细化关键节点、精细工作方式、优化工作效能，重构一种更先进更高效的治理模式，全面提升社会治理的科学化水平。

3. 社会治理精细化是巩固提升宁波社会管理创新成果的必然选择。宁波于 2010 年被中央和省委确定为社会管理创新综合试点城市，作为全国社会管理创新的先行先试地区，近年来全力破难创新，取得明显成效，但总体上仍处于探索试点及经验总结阶段，距离"社会治理"的新目标、距离"社会善治"的高要求，都尚有较大差距。我们要把改革创新的成熟经验上升为制度规范，把社会管理中的成功做法综合成规范化、长效化的治理体系，就必须走精细化之路，着力塑造精益求精的治理文化、形成资源整合的治理模式，打造精密科学的治理流程、提供精心细致的公共服务，实现社会治理各领域各环节的精细化，逐步形成具有宁波特色的社会治理新体系。

二　提升社会治理精细化水平的现实基础

（一）宁波推进社会治理精细化的探索与实践

1. 大力开展标准化建设。围绕《社会管理和公共服务标准化工作

"十二五"行动纲要》和《宁波市标准化战略"十二五"规划》，逐步形成了"五个一"① 的推进模式和工作机制。先后印发《宁波市地方标准管理办法》《宁波市服务业标准化试点项目管理办法》、《宁波市服务业标准化补助经费管理办法》等政策文件，成立了 4 个与社会治理相关的市级标准化技术委员会。② 《宁波市加强和创新社会管理规划纲要（2012—2016 年）》提出的主要指标体系，也为社会治理工作评估标准提供了依据。加大相关标准规范的研究、制定和清理修订力度，目前已建立相关地方标准规范 32 项并取得明显成效。如通过实施养老机构评定等标准，加快居家养老服务机构标准化建设，切实提高了城乡居家养老服务整体水平；通过推广实施《宁波市城市道路清扫保洁质量要求和作业规范》，有效提升了中心城区城市环境。同时，按照《社会管理和公共服务综合标准化试点细则（试行）》要求，组织申报国家社会管理和公共服务标准化试点项目，目前已有 15 个试点项目，其中国家级 1 项，省级 1 项。

2. 全面推行网格化管理。持续加大社会治理资源整合力度，开展城市管理综合执法试点，建立社会矛盾联合调解中心，推广应用社会管理综合信息平台，建立综合性的基层公共安全监管体系等，全市以"综合性、一条龙、一站式"为关键词的各类创新举措取得了明显成效。特别是探索创新的"网格化管理、社会化服务"跳出了领域、行业、人群等的传统分割，在管理空间上划分若干个物理网格，给每个网格注入原本被条线分割的社会管理资源，建立网格管理服务多元团队，加强对单元网格的部件和事件巡查，推动监督与处置相对分离，初步形成了发现、立案、派遣、结案四个步骤的"封闭环"，基本实现了网格管理的敏捷、精确和高效。同时，根据网格范围大小和服务内容不同，分级分类组建互助服务、自治服务、基础服务、专业服务等团队，开展组团式、订单式、多元化服务，使这些拥有"管理到最边缘、服务到最底层"属性的网格成为基层社会治理的新单元。这项工作目前已全面推广，全市共划分网格 12000 多

---

① 即建立一个领导组织，形成一个实施意见，构建一套标准体系，成立一个标准化技术组织和推进一批标准化重点项目。

② 即宁波市安全防范工程标准化技术委员会、宁波市家政服务业标准化技术委员会、宁波市体育服务标准化技术委员会、宁波市行政审批服务专业标准化技术委员会。2012 年 3 月成立的宁波市交通与物流标准化技术委员会也将"公共交通"纳入工作范畴。

个，网格专（兼）职管理员 2.8 万名。

3. 持续加强信息化支撑。积极探索建设基层社会管理综合信息系统，该系统集信息收集、事件处理、数据分析、检索研判、情况报送和考核监督等功能于一体，有效整合了社会管理工作部门、综治成员单位等信息资源，基本满足了从省、市、县、镇（街道）到村居 5 级社会治理工作需求，也为"网格化管理、社会化服务"提供了有力的信息支撑。自 2011 年 10 月运行以来，现已覆盖全市所有乡镇（街道）和村（社区），并在全省推广。于 2010 年 9 月率先在全国启动智慧城市建设，斥资 100 多亿启动 10 大应用体系①，取得显著成效。"十二五"期间智慧城市规划建设的 87 个项目中，逾 1/3 涉及民生服务和社会领域。智慧城管中心、81890 服务平台、网络舆情导控中心、社区警务 e 超市等已成为宁波社会治理信息化的品牌。同时，持续建设和优化各类电子政务应用平台，并在全省率先开发电子行政审批和监察系统，该系统综合各种审批业务流程，初步实现了政府内部的协同作业，简化流程、降低成本、提高办事效率，提升了社会治理效能与质量。

4. 扎实推进项目化试点。按照"综合性试点、项目化管理"的总体要求，逐年梳理确定一批重点项目组织实施，紧紧抓牢关键环节，集中力量"抓点拓面"，致力推进成果转化，切实做到了试点成熟一个、面上推广一个、成效巩固一个，创新试点的示范带动效应持续显现。实践过程中，既抓经验落地又抓效果落地，既强化成功经验的推广普及，又重视现有创新平台的推广应用，各大项目建设从试点到深化，再到推广，步步紧扣，形成了一批富有宁波特色的实践成果、理论成果和制度成果，使全市社会管理创新工作走在全国全省前列。

（二）宁波推进社会治理精细化的问题与不足

提升社会治理精细化水平是一项复杂长远的系统工程，宁波的社会治理精细化有关工作虽然取得了一定的成果，但整体上仍处于研究探索的

---

① 即智慧物流体系、智慧制造体系、智慧贸易体系、智慧能源应用体系、智慧公共服务体系、智慧社会管理体系、智慧交通体系、智慧健康保障体系、智慧安居服务体系、智慧文化服务体系。

"初级阶段",还存在不少问题和差距。主要有:

1. 社会治理精细化理念存在"认知误区"。各地各部门对"精细化"到底是什么、有哪些要求、要做到什么程度,缺乏清晰正确的认识,进而导致执行实施或探索创新中或重视不够,或认识不清,或方向有误。有的是把精细化等同于细节化,认为精细化就是把事情做得特别细致,停留在丰富社会治理具体细节、完善具体方式和手段的层面上,降低了精细化管理理念的价值层次;有的把精细化混同于标准化,过多地、片面地强调标准化,不仅会导致社会治理方式僵化、治理手段生硬,灵活不足,人性化缺失,更可能会限制社会治理创新的生机与活力。我们必须清醒认识到,社会治理比企业管理、工程管理更为复杂,社会治理的精细化对规范化与人性化平衡的要求更高。

2. 社会治理制度体系尚未"健全成熟"。当前我市从法律法规到制度设置,以及各类标准规范体系等精细化建设赖以依托的制度规范还不够齐全细致,部分配套操作机制和细化标准或老化或缺位,已严重影响了社会治理的精度、准度和效能。比如两新组织管理服务、流动人口动态管理服务、虚拟社会管理、老小区物业问题等,这些新领域新问题的处理当前很难与现有法规制度适配对接,存在大量制度化、标准化的真空盲点。又比如个别地方的"网格化管理"缺失务实管用的流程标准和操作规程,导致网格管理的"流水线作业"随意性很大,问题反应欠灵敏,案件处置欠快捷,甚至个别还出现了"有网格没管理、有常态没动态"的状态。

3. 社会治理资源整合缺乏"化学反应"。突出表现在三个方面,一是整合内容不够丰富。特别是个别基层服务管理平台布局不尽合理,网格划分不太科学,功能设置或重叠繁复或功能单一,一些社会治理重点难点问题没有更全面地纳入综合性、网格化的管理范畴;二是整合层次不够高。就我市各地的实践来看,资源整合大多局限于某个或仅几个地域、领域、部门,更高层次的资源集成、统筹协调需要加大力度,多网络力量并联、多系统资源整合工作亟待深度破题;三是统筹联动不够有力。资源要素的"物理堆砌"是为了产生"化学反应",而当前各综合治理系统、各服务管理中心间存在有集成无联动、各自为战、配合不力的问题,缺乏统筹联勤联动机制,缺乏统一指挥调度力量,往往重复操作、交叉执法,造成社会治理人财物的浪费。

4. 社会治理信息共享存在"玻璃挡板"。当前我市社会治理信息资源的整合与平台系统的联通仍比较有限，共享互通存在诸多障碍。各县（市）区、各部门、各系统之间的数据信息平台大多各自采集、分散存放、互不联通，造成了数据信息资源的重复建设、重复采集、重复分析，许多信息采集任务重复下达到基层，社区工作人员也不堪重负。当前，由于各类信息系统在应用范围、构建方式、系统结构、数据标准等方面存在差异，导致了数据整合、交互、兼容的困难很大，一些现成的数据库无法相互接驳，无法大范围统筹分析或应用。比如社区警务 e 超市的数据信息，目前联通运用到"智慧城管"工作上的难度就很大，反之亦然。为避免信息资源浪费，部门间系统间被迫采用"数据交换"的粗放形式，与社会治理精细化的要求"背道而驰"。这些问题的形成，根源在于缺乏一个强有力的统筹体系和前瞻性的规划，缺乏全市社会治理各部门、各条线数据平台的整体架构设计。

5. 社会治理创新项目亟待"齐头并进"。当前我市重点项目建设进度不平衡，各部门的参与重视程度不平衡，各项目的深化、推广、试点的成效不平衡的问题仍然存在。比如在应急联动和应急平台体系建设方面，个别地方人员没到位、经费没落实，也没有纳入管理考核，影响了全市重点项目整体推进实效。实践中，还存在个别创新项目单兵突进的问题和"头痛医头、脚痛医脚"问题，从整体上统筹协调、协作配合的程度不高，很容易导致社会治理创新的"碎片化"和"过度项目化"，使创新的"盆景"难以连点成片形成"风景"。调研还发现，创新试点经验成果上升为制度架构甚至是法律法规的步伐还不够快，极个别创新项目还存在"后续乏力"的问题，往往是开个会就算推广了，缺失保障项目推广落实的强力制度设计，成为"半拉子工程"。此外，社会组织发展培育水平与公众参与社会治理程度依然是当前我市社会治理的两块"短板"。这些都不利于社会治理精细化水平的整体提升，亟待破题前行。

三　提升社会治理精细化水平的重点内容

提升精细化水平应当成为当前和今后一个时期宁波社会治理创新发展的一个重要方向和抓手。加快引入精细化管理思想，有效依托标准化、流程化、信息化等手段，将全面质量管理等科学方法运用到社会治理实践中去，实现社会治理各要素精确、高效、协同和持续运行，推动宁波加强和创新社会治理工作更上一层楼。按照党的十八届五中全会精神要求，结合当前社会治理新形势新任务，以及宁波社会治理精细化的实践与不足，我们认为，当前和今后一个时期，宁波在提升社会治理精细化水平上，至少要抓好以下七个方面的重点工作。

（一）推进社会治理多元主体协同化

总的一个目标就是加快建立以政府干预和协调为主导，基层社区自治为基础、非营利性社会组织为中介、动员公众广泛参与的社会治理多元互动新格局。

1. 政府转型步伐要提速。这个转型的方向就是由全能向有限转变，从管制向服务转变，从审批向监管转变。实践中，要精确定位政府在社会治理中的职能范畴，加快行政体制改革和政府职能转变步伐，致力解决职能错位、越位、缺位和不到位的问题。要改变政府包揽社会治理的传统方式，大幅减少管、控、压、罚等手段，向社会开放更多的公共资源和领域。凡适合社会组织承担的事务性工作和管理服务事项，公民、法人或者其他组织能自主决定的，市场竞争机制能够有效调节的，行业组织或者中介机构能够自律管理的，政府都应逐步退出，并通过委托、招标、合同外包等方式交给社会承担，从而尽快从微观社会治理中抽身出来，把更多的时间、精力和财力精确投入到立法立规、制定规划、政策引导、宏观治理、执法监管和为公众提供更多优质公共服务上来。当前，重点是要抓紧研究制定向社会组织转移职能、购买服务的具体举措和相关目录，逐步实现政府购买服务的常态化、制度化和透明化，加快构建具有宁波特色的服务型社会体系。

2. 社会组织发展要给力。要根据党的十八届三中全会精神和十二届全国人大一次会议要求，加快社会组织培育和管理体制改革。要把中央明确的四类社会组织[①]作为发展重点，在政府购买服务、财政资助、税收优惠、培育孵化等方面加强政策倾斜，加大支持力度。要尽快确立直接登记

————————

① 行业协会商会类、科技类、公益慈善类、城乡社区服务类社会组织。

和双重管理相结合的登记管理体制，按照"统一登记、各司其职、协调配合、分级负责、依法监管"的登记管理体制，厘清民政部门、综合职能部门和行业主管部门职责。要分类分步推进社会组织和党政部门脱钩，特别要保证社会组织在决策、人事、财务等方面的自主权，逐步扭转社会组织行政化倾向。要加强对社会组织的服务引导，尽快完成市和县（市）区两级"社会组织服务中心"全覆盖，配备适当人员，承担相应的管理服务责任。同时，还要扎实推进社会组织综合监管，积极构建自我监督、行政监督和社会监督良性互动的社会组织监督机制。

3. 公众参与活力要激发。要努力让"公众参与"成为一种执政文化和社会习惯，不仅要畅通公众的参与渠道，更要在体制机制甚至是政策和法律保障上下功夫。实践中，要深化完善"一委一居一中心"的新型社区服务管理体制机制，全面实行社区"党组织统一领导、居委会组织自治、服务中心承担事务"的工作格局，形成社区"三驾马车"职责明晰、分工协作的科学机制。同时，要明确部门"行政权力"与社区"自治权利"的界限，全面清理和长效规范社会创建评比等事项，制订出台和严格执行职能部门进社区的行政事务目录，对党政部门、群团组织向社区设机构、派任务、下指标实行准入报批制度，减轻社区行政事务压力、优化基层自治工作环境。要以深入开展党的群众路线教育实践活动为契机，进一步完善公众决策参与、诉求表达、利益协调、矛盾化解、志愿服务等方面体制机制，特别要大力拓宽公众参与社会治理的渠道，消除参与障碍、降低参与成本，着力打造"参与式社会治理"模式。比如要促进人民调解与行政、司法、仲裁调解的程序对接、制度衔接和效力对接，充分发挥人民调解"自我息纷止争"的基础性作用；又比如要针对各地开通的各类型、各方面的民意热线，下大力气进行整合优化，并把相应的跟踪办理、回访反馈及监督问责机制建设好，确保民意诉求不会"有来无回"。

（二）推进社会治理操作规程标准化

社会治理标准化体系建设和操作流程的规范化运作是社会治理精细化的前提和基础，也是提高社会治理精细化水平的必经之路，具有战略性的重要地位，必须加快推进。

1. 建立健全社会治理通用与分类标准体系。研究确定社会治理领域标准化建设总体方案，尽快形成与《宁波加强和创新社会管理规划纲要（2012—2016年）》相配套的标准化建设思路、目标、路径和政策措施。在此基础上成立专项课题组，全面开展社会治理标准化体系框架研究、设计和构建，建立统一、科学、符合宁波实际的市级社会治理通用标准体系。这个通用标准体系要横向覆盖社会治理各个领域，纵向细化到各类事项办理流程。同时，要有计划性、有针对性地分步推进社会治理各个领域适用标准和配套规范的制定发布、清理更新、推广应用和监督执行工作，并梳理汇总相关法规列入标准体系框架，把空缺、抽象或过于陈旧的法规、标准分类列入修订完善计划。在当前的实践中，可采取先试点后推广、示范点创建等方法，重点突破城市管理执法标准化、城市社区建设规范标准化、社会治理信息数据采集标准化、电子政务标准化和公共服务标准化等重点工作。总之，就是要力求形成涵盖社会治理与服务全过程、全细节的技术标准，使各项工作在对与错、质与量、时限与速度方面都有标准可依，真正通过扎实有效的标准化建设，使社会治理成为目标明确、责任具体、可量化考核、可责任追溯的科学过程。

2. 着力推进社会治理流程的规范与优化。要全面梳理现有社会治理各领域流程，绘制简洁直观、规范可行的流程图，并尽可能升级为时间矩阵流程、空间矩阵流程和责任矩阵流程。流程图不仅要标明工作任务的具体环节内容和先后次序，还应标出每个环节的作业时间和总的活动周期，每个环节实施的空间布局，以及每个流程环节的责任人，使社会治理各项工作的操作过程更为清晰、准确、严密、环环相扣。实践中，要对社会治理流程进行逐类逐项逐个的分析和诊断，对一个完整流程内部的各个方面和环节（流程环境、成本投入、人员、环节时序、无缝衔接、产出效率等）进行逐一清理、简化、整合或改良。以行政审批为例，要在行政许可的范围内，通过削减审批事项（要从目前自上而下单向确定放权事项的做法，向上下级政府之间以及政府与市场、社会之间双向博弈确定放权事项的做法转变）、减少审批环节（流程再造）、集中审批窗口、压缩审批时间（流程优化）来提高流程效率。要通过有效的制度机制和技术手段来固化和规范社会治理各项流程，确保治理流程的主体权责一致、执法内容和尺度准确、执法程序清晰到位、执行过程公开透明、保障程序合法合规。比如在城市管理综合执法以及"网格化管理"工作中，要制定明确的管理标准表和详细的流程操作手册并严格执行，事件"发现—立案—派单—处理—核查—结案—反馈"等一整套流程必须有执行标准、操作规范、考勤制度，有时间限制、有责任追究。

（三）推进社会治理资源统筹联动化

以社会治理精细化为标杆，以"资源集成、统筹调度、协同联动、信息共享"为核心，突出抓好"资源集成"和"统筹联动"这两个关键环节。

1. 进一步提升社会治理资源集成的科学性。借助社会治理体制改革的东风，按照上下对接、左右联通、资源通用的要求，进一步打破部门界限、体制壁垒和条块分割，稳步推进多领域、多系统社会治理网络或平台的兼容与合并，统筹开展各类社会治理资源的集约化再配置、系统化再整合。比如充分发挥社情民意调查中心作用，并整合调解委员会、和谐促进会、"小巷法官"、"老何说和"等各种资源，促进社会矛盾调处信息联网、部门联手、上下联动、条块联合，加快形成矛盾纠纷"大调解"工作机制。要针对当前的"网格化管理"现状，以"人、地、物、组织"等为主要参数，科学合理地调整网格规模、优化网格布局，并最大限度地与现有社工责任区以及党员责任区划分相对应，与社区社会服务管理中心功能相对接，与大信访、大调解、大综治工作体系相衔接，与城市管理综合执法系统相兼容，推动治理职能、治理队伍以及法规、政策、技术和人财物的充分整合、统筹调配，确保基层社会治理无缝隙、全覆盖、零距离，提高整体功效。比如就队伍整合而言，可在人员编制不增加的前提下，充分统筹公安、交巡警、工商、食药监、城管、安监等专业行政执法力量，并把市容协管、房屋协管、法治促进员、和谐促进员等综合协管力量统一整合为"网格综合治理协管员"。同时，还要持续为网格单元充实和注入新的社会治理职能和资源，比如流动人口管理服务、特殊人群服务、社区矫正、出租房屋管理等社会管理重点难点问题都应逐步纳入综合性、网格化的治理范畴。

2. 进一步增强社会治理统筹联动的执行力。社会治理资源不能为了整合而整合，要考虑各类资源的兼容性，更要考虑整合集成后能否运作有序，能否实现"1＋1＞2"的倍增效应，而统筹联动是确保各类资源在"物理整合"基础上实现"化学融合"的基本要求。实践中,首先要从制度设计入手,建立健全系统化、集成化的社会治理资源指挥调度机制。比如象山县的社会治安动态防控联勤指挥中心和社会应急联动指挥中心,能够联合调度公安各警种力量、政府相关部门和社会防控资源,取得了显著成效。就下步"网格化管理"工作而言,可在乡镇(街道)层面建立"网格综合治理指挥中心",通过划分若干个单元设立"网格综合治理工作站",并建立一套包括建设、岗位、流程、行为、办公等内容的管理运作规范,确保指挥中心处于高位独立的核心指挥地位,确保工作站在指挥中心的管理下规范操作、高效运行,确保实现"指挥是一个系统、执法是一个整体、服务是一个平台、管理是一个模式",着力形成"一体化指挥、多元化联动、实体化运作、无盲点治理"的新型社会治理综合性"大网格"模式。值得一提的是,我们在开展社会治理工作创新项目过程中,也要注重统筹联动、协调一致,避免盲目的单兵突进。比如在流动人口管理服务上,要同非公经济组织管理、社会组织培育、城市管理、社会保障等问题一起研究、协调推进,努力做到各个创新项目串点成线、联线成片。

(四) 推进社会治理信息支撑现代化

信息化建设可以倒逼业务标准化、流程合理化、操作规范化、管理系统化,是一举多得的实事工程。特别是在大数据时代背景下,必须要做好"信息科技"与"社会治理"结合文章,推进现代化信息资源在社会治理领域中的整合、交互与共享。

1. 消除"信息孤岛"现象,建设社会治理综合信息系统。加快构建以信息共享、动态跟踪、系统集成为突出特征的人口、法人、地理信息、企业征信等基础通用数据库。加强社会治理电子化设备、信息化软件和智能化应用技术、服务平台等的研发运作力度,制定并推广统一规范的基础数据信息采集和储存标准,建立社会治理数据交换交互系统,逐步消除数据直接调用的技术障碍,实现各平台、各系统间业务数据交换沟通,推进各级各类社会治理服务网络互联互通、资源共享。比如对各级社会服务管理中心、网络舆情管理平台、综合执法指挥中心、社区警务 e 超市系统以及其他各类市民服务管理中心的信息系统进行技术化接驳,实现互通共享;比如加快整合 110、119、120、122 等各社会紧急救助电话后台信息,实现"一口受理";又比如对治安、交通、城管等领域监控探头的监控信息进行统一管理、联合使用,等等。在此基础上,要加快建成一个全市统一的全面覆盖、动态更新、信息共享、功能齐全的枢纽型、一体式、集成化的社会治理综合信息系统,并积极运用大数据技术,对社会治理历史数据进行挖掘和深度加工,为社会治理科学决策提供参考依据。

2. 依托"智慧城市"建设,拓展社会治理信息技术应用。要依托电子政务和智慧城市等现代信息建设成果,持续扩大信息技术在社会治理领域的实体应用。要进一步优化电子政务顶层设计,调整和优化电子政务的核心架构,整合现有门户网站、政务微博和相关业务系统资源,实现多向联结,构造电子政务综合平台体系,增强服务功能。要依托智能手机、笔记本、平板电脑等各种移动智能终端,开发完善新型电子政务,把社会治理服务全面延展到社会末梢,使普通群众能够像使用电话那样方便地使用相关业务系统。要通过智慧城市应用系统开发,切实解决一批宁波社会治理的重点难点问题,比如通过建设"智慧交通",助力破解交通拥堵难题,通过配发手持网络移动智能终端机(PDA),实现网格执法信息的实时传输等。同时,要高度重视民生服务领域的信息化建设,充分整合教育、医疗、就业、社保、民政等社会公共资源,打造智慧医疗、智慧家政、智慧教育、智慧社保、智慧生态、智慧社区等智慧化综合民生服务平台,真正以智能化促治理增效、服务升级,以信息化促资源优化统筹、互联共享。

(五) 推进社会治理队伍建设专业化

科技是第一生产力,人才是第一资源。提升社会治理精细化水平,离不开科技的有力支撑,也离不开多样化、职业化人才队伍的强力保障。

1. 健全社会治理人才建设政策体系。通过举办专场研讨会或立项专门课题,对全市社会工作人才发展情况进行深入调查摸底,全面"把脉会诊",更准确地把握宁波社会治理专业人才的数量、结构、岗位需求、未来趋势等,为今后一个时期的社会治理人才队伍建设提供决策参考。要将社会治理专业化人才建设纳入人才强市战略总体部署,研究制订社会治理中长期人才规划,统筹制订人才培养和引进计划,出台针对性、指导性纲要文件,确立社会治理人才队伍建设的目标、任务和实施方案等。按照专业化、职业化方向，制定并试行宁波市社会工作者培养、管理、评价、使用、激励系列政策，建立健全社会组织人才引进、薪酬社保、职称评定、职业规范等制度。推广社工职业资质准入制，尽早普及社会工作职业水平考试，鼓励参加专业职称的评定，逐步把社会工作人才纳入全市专业技术职务制度统一管理。

2. 加强社会治理专业技能教育培训。加强与高校、社科机构的合作，推动高等教育社会工作专业等学科建设，努力培养专业人才，不断扩大社会治理工作人才队伍的规模。开展多层次、多门类的专业培训和继续教育，提升行政机关涉及社会治理的公务员业务水平和专业服务水平。重视订单式、应用型社会治理工作人才培养模式，根据社会治理岗位的需要，培养社会治理急需的各类人才，并把他们充实到社会治理岗位上去，加快改善当前人才结构不够合理的问题。

3. 拓展社会治理专业人才工作领域。要针对新兴的社会福利服务领域，重新设置一批社会工作岗位并为之配备专业的社会工作人员，把社会工作事业逐步扩展到教育、医疗、文化、心理等各个领域。尤其是针对各类公益类社会组织，可根据需要灵活开发和设置相应的社会工作岗位，广泛吸纳社会治理工作人才。要建立社会工作岗位设置标准和职业体系，在涉及社会治理工作的党政机关、人民团体、事业单位和公益性社会组织中，科学地设定社会工作岗位的名称、职级、等级、数量、比例及其相应的岗位要求、任务和目标。比如针对预防和减少青少年犯罪工作，我们除吸收各类社会力量广泛参与外，还可以建立一支青少年事务专职社工队伍，来提升预防和减少青少年犯罪工作的职业化水平。同时，要着力加强新建社区和农村社区工作者队伍建设，逐步推进城乡社区工作者全面专业化，不断将优秀社会治理人才充实到街道社区。

（六）推进社会治理绩效管理动态化

科学、细致、严格的绩效管理和评估，是持续优化社会治理手段方法，有效提升社会治理精细化水平的重要保证。

1. 构建绩效评估多维指标体系。建议根据当前社会治理领域改革创新的大趋势以及宁波的现实情况，坚持以"公平正义"和"以人为本"为价值取向，以建设廉政、高效、负责、透明的善治型服务政府为目标，尽快构建社会治理绩效评估多维指标体系，并充分发挥好"指挥棒"的作用。该指标体系要建立在严密数据分析基础上，体现科学、统一、完整、精细。指标设置要坚持定性与定量相结合，科学设置指标权重，逐步提升公众满意度评价权重。实践中，既要有合规性的评价指标，更要有针对效益的评价指标，特别是要注重围绕人民群众利益诉求和民生需求进行有针对性的设置。此外，还要围绕评估目的，科学配置评估办法、评估手段和评估流程，充分利用现代信息技术、数据分析等技术支撑，积极引入第三方评价，拓宽商业评估机构的参与渠道。

2. 强化绩效评估动态应用。要有效应用绩效评估的结果，并边评估边总结、边修正边完善，持续改进、不断优化社会治理的流程、手段、方式方法等。要建立"考、评、议"相结合的机制，在绩效评估中引入更多"评"和"议"的成分。要探索引入全面绩效管理，融合多维价值诉求，把阶段性评估结果体现到社会治理的预算配置、机构设置、工作计划和人员考核等方面，该奖励的要奖励，该问责的则要问责，从而不断发现问题、诊断问题和改进问题，更好地发挥绩效评估的"纠偏"功能，促进社会治理各要素不断均衡化，社会治理各部分各环节不断精细化。当前的一个重点，就是要加快健全以绩效管理为导向的财政支出管理机制，构建完善社会治理重大项目支出预算事前评审机制，大力推行预算支出绩效考评，健全覆盖各级财政的预算执行动态监控机制，持续提高预算执行的均衡性、透明度和资金使用效率。

参考文献：

[1] 汪中求：《细节决定成败》，新华出版社 2004 年版。

[2] 海莉娟：《精细社会及其理论分析框架的建构研究》，西北农林科技大学，2012 年。

[3] 李嘉美、宋世明：《"精细化"政府什么样》，《瞭望新闻周刊》2012 年第 42 期。

[4] 汪习根、钱侃侃：《网格化管理背景下的制度创新研究——以全国社会管理创新试点城市宜昌为样本》，《湖北社会科学》2013 年第 3 期。

[5] 陈家建：《项目制与基层政府动员——对社会管理项目化运作的社会学考察》，《中国社会科学》2013 年第 2 期。

[6] 陈自力、刘璇：《全面确立标准化在社会管理中的战略地位》，《质量与标准

化》2012 年第 12 期。

　　[7] 熊炎:《北京市网格化社会服务管理体系的现状、成效与未来》,《2012·学术前沿论丛——科学发展:深化改革与改善民生 (上)》2012 年第 12 期。

　　[8] 马俊达:《社会管理视阈下的标准化问题研究》,《经济体制比较》2012 年第 6 期。

　　[9] 李晓林:《从公共服务标准化实践看精细化管理趋势——以北京市公共服务标准化建设实践为例》,《中国标准化》2012 年第 3 期。

　　[10] 麻宝斌、李辉:《政府社会管理精细化初探》,《北京行政学院学报》2009 年第 1 期。

　　[11] 覃伟凤:《精细化管理——图书馆服务细节探讨》,《管理观察》2006 年第 2 期。

中国县域社会治理评价指标体系构建

樊红敏[*]

摘要： 本文以实现县域社会善治为目标，以指标体系有效性和可行性为原则，以活力、透明、参与、公平、和谐为价值导向，建立了包括过程性评估和效果性评估两类指标体系的中国县域社会治理综合性评估框架，从该评估框架出发，从治理过程、治理效果两个维度，构建了政府治理过程、社会自发治理过程、村（居）民自我治理过程、居民生活质量、社会发展质量5个三级指标；通过对专家访谈和实证检验，尝试建构出包含47个可测指标，具有系统性、科学性和可操作性的县域社会治理综合评价指标体系。下一步尚需在权重确定以及数据可获得性方面进行进一步研究和分析，建立县域社会治理综合评价指数，为推动地方社会治理科学化、精细化、现代化提供依据和支撑。

关键词： 县域；社会治理；综合性评估；指标体系

一　问题的提出

县域社会治理评价，就是根据评价内容和评价价值取向定位的要求，采集县域社会治理过程和结果的相关数据，综合反映县域治理主体发育、相关政策效能以及治理效果等社会发展和社会和谐状况，对特定县域社会治理的绩效作出全面、综合判断的标准。县在中国社会治理体系中具有非

---

* 樊红敏，郑州大学公共管理学院教授，博士生导师。

常特殊的地位，在国家转型中扮演着重要角色，能够集中体现出国家与社会的互动①，从县域社会看，县城是城市与乡村、传统与现代、中心与边缘地带的"接点"部位。② 县域社会治理评价具有反映县域社会治理过程、预测县域社会发展趋势，评价县域政府管理与服务效能、社会自我运行和治理状况等功能，构建系统科学的县域社会治理评价指标体系对于中国县域政府治理和社会治理现代化尤其具有重要价值和意义。

党的十八届三中全会提出，要创新社会治理，增强社会发展活力，提高社会治理水平。指标体系的建构是绩效评估的重要构成，受到了国内外理论界和实践界的广泛关注，一些国家和国际组织已经创立了多种治理评估指标体系，产生了较大的影响。据世界银行有关部门统计，经常使用的治理评估指标体系大约有140种，包括数千个单项指标。如世界银行的"全球治理指标"，作为最具综合性的指标体系，从表达权和问责制、政治稳定性、政府效能、监管质量、法治水平、腐败控制6个方面建立了评价指标体系③；联合国开发计划署的"治理指标项目"以民主治理为框架，依据民主治理的最基本价值将指标体系分为7个部分：参与、代表、责任、透明、回应、高效和平等④；英国国际发展部的"国家治理评估"指标体系，依据善治即政府能力、责任性和回应性建立了评估框架，创建了包含3个维度15个指标的评价体系。⑤ 美国国际开发署"民主与治理评估框架"，依据民主的理论内涵建立评估框架，从法治、民主与责任治理的制度、政治自由与竞争、公民参与和辩论四个维度构建了国家民主治理评价指标体系。⑥

---

① 杨雪冬：《市场发育、社会生长和国家构建——以县为微观分析单位》，河南人民出版社2002年版；贺东航：《当前中国政治学研究的困境与新视野》，《探索》2004年第6期；樊红敏：《县域政治：权力实践与日常秩序——河南省南河市的体验观察与阐释》，中国社会科学出版社2008年版。

② 徐勇：《"接点政治"：农村群体性事件的县域分析——一个分析框架及以若干个案为例》，《华中师范大学学报》2009年第6期。

③ ［美］克里斯蒂纳·阿尔恩特、查尔斯·欧曼：《政府治理指标》，杨永恒译，清华大学出版社2007年版。

④ 俞可平：《国家治理评估——中国与世界》，中央编译出版社2009年版，第87—105页。

⑤ 周红云：《国际治理评估指标体系研究述评》，《经济社会体制比较》2008年第6期。

⑥ 俞可平：《国家治理评估——中国与世界》，中央编译出版社2009年版，第227—242页。

国内治理评估研究已经有相对成熟的指标体系，例如全国文明城市测评体系、和谐社会评价指标体系、政府绩效评估体系等。俞可平教授构建的"中国治理评估框架"，从政党、政府、社会、公民4个层面，12个维度——公民参与、人权与公民权、党内民主、法治、合法性、社会公正、社会稳定、政务公开、行政效益、政府责任、公共服务、廉政来评价中国的治理程度[1]；由俞可平教授领导的中国社会治理评价课题组，将社会治理评估指标分为客观与主观指标、投入、过程与结果指标等，共分为人类发展、社会公平、公共服务、社会保障、公共安全和社会参与6个方面，35项具体指标[2]；胡税根构建的"治理评估通用指标"从输入、过程、输出、结果四个环节入手，考虑了治理的主体、过程和结果提出，了治理评价的十三个维度：竞争、成本、能力、透明、公平公正、时限、效率、质量、责任、创新、环保、效果、满意度[3]；包国宪提出了"中国公共治理评价指标体系"，使用主观评价法，依据善治这一公共治理的根本目标，从法治、参与、透明度、责任、效能、公平、可持续性7个维度构建了公共治理评价指标体系[4]；施雪华、方盛举构建的"省级公共治理效能评价指标体系"提出，从政策效能、体制效能、行为效能三个维度，评价省级政府的统治行为、管理行为和服务行为对实现公共治理目标的有效性和影响力[5]；倪星提出的"地方政府绩效评估指标体系"从投入—管理—产出的框架出发，分为投入、产出过程和产出及结果三个维度提出了12个领域65个指标的绩效评估指标体系[6]；人民论坛测评中心提出的"中国县市治理能力评价指标体系"从政府治理能力和社会治理能力两个维度，构建了包含基本保障能力、宏观调控能力、财政能力、基层自治能

---

① 俞可平：《中国治理评估框架》，《经济社会体制比较》2008年第6期。

② 中国社会管理评价体系课题组、俞可平：《中国社会治理指标评价体系》，《中国治理评论》2012年第2期。

③ 胡税根、陈彪：《治理评估的主要维度和通用性指标框架研究》，《治理评估的理论与实践学术研讨会论文集》，2008年。

④ 包国宪、周云飞：《中国公共治理评价的几个问题》，《中国行政管理》2009年第2期。

⑤ 施雪华、方盛举：《中国省级政府公共治理效能评价指标体系设计》，《政治学研究》2012年第2期。

⑥ 倪星：《地方政府绩效评估指标的设计与筛选》，《公共管理研究》2006年第00期。

力 4 个二级指标县市治理能力评价指标体系①；天则经济研究所创建的"地方（省会城市）公共治理指数"将结构要素纳入到治理评价指标中，其中结构指标包括政治壁垒、政府行政成本、非税收入占比、财政性投资数额占比、国有民营经济比重、行政审批数量、NGO 数量②；马得勇和张蕾提出的"中国乡镇、村级层次地方治理指标"，基于治理的价值诉求，打破了以往"政治—行政"二分法的研究取向，以透明性、合法性、参与性、有效性、回应、责任、法治、平等、领导力、安全、制度创新为原则，确立了 42 个指标③；王玉明基于政府"使命—管理—业绩"的逻辑，构建了一套包括经济发展、社会管理、公共服务、人民生活、资源环境、行政成本 6 个维度的县级政府绩效评价指标体系④，等等。

综合而言，当前国内学术界和实践界对治理评估指标体系的研究虽然相对成熟，各有侧重，有很大的参考价值和启发意义，但就县域社会治理评估而言，一是从评估对象和评估内容上来看，多以政府为评估对象，以政府治理为评估内容，对政府这一主体以外的其他主体为对象的评估较少涉及；二是从评估框架上来看，当前的评估框架多从系统性、全面性、理想性的角度出发，评估体系大而全，可操作性较差，难以作为评估标准有效引领地方社会治理现代化；三是从评估层级来看，大多公共治理评估体系以国家、省为评估对象，较少反映县域社会特色与县域差异性。基于此，本文在借鉴以上评价指标体系的基础上，着眼于地方社会治理现代化和精细化管理的要求，以治理理论为理论工具，以县域社会治理为评价对象，从过程和后果两个维度，尝试提出评估县域社会治理的评估框架和指标体系，推进地方社会治理科学化、精细化、现代化。

---

① 人民论坛测评中心：《县域治理能力究竟取决于哪些因素？对浙江省 58 个县（市）治理能力的测评及排名》，《国家治理》2014 年第 1 期。

② 天则经济研究所课题组：《中国省会城市公共治理指数报告（2015 版）》天则经济研究所，2015 年版（http://www.china-review.com/xiazai/20151130.pdf）。

③ 马得勇、张蕾：《测量治理：国外的研究及其对中国的启示》，《公共管理学报》2008 年第 4 期。

④ 王玉明：《县级政府绩效综合评价指标体系的构建——基于广东的实证分析》，《广州行政学院学报》2009 年第 5 期。

二　构建县域社会治理评价指标体系的基本依据

构建县域社会治理评估指标体系，既要反映中国社会特色社会治理体系和县域特色，有效反映当前的社会治理状态；又要着重于社会治理评价的可预测性，增强社会治理未来发展的价值导向性。既要有客观指标反映县域社会治理状态，又要有主观评价凸显县域居民福祉状况；同时也要简便易行，具有可操作性。建构中国县域社会治理评估体系需要从以下三个维度理顺逻辑思路。

（一）凸显社会治理本质，以县域社会善治为价值导向

按照全球治理委员会的界定，治理是各种公共或私人机构和个人管理其共同事务的诸多方式的总和；治理是使相互冲突的或不同的利益得以调和并且采取联合行动的持续的过程①，可见治理强调的是多元方式和合作治理以及群众福祉最大化的过程。俞可平认为治理有四个特征：治理不是一整套规则，也不是一种活动，而是一个过程；治理过程的基础不是控制，而是协调；治理既涉及公共部门，也包括私人部门；治理不是一种正式的制度，而是持续的互动。② 王思斌认为，社会治理至少有三种含义：第一，它可以被理解为对社会的治理；第二，它是对社会领域的治理；第三，它是由社会力量作为主体参与的协同共治。③ 何增科认为，社会治理强调多元主体之间的协商、协调的持续互动，倡导政府社会管理的透明化、法治化和利益相关方参与社会政策决策，倡导社会自治和参与式自治。④ 由此看来，社会治理是对社会性公共事务的规范、组织、协调、监督的过程，包括社会性公共服务的提供、社会行为的规范、社会关系的协调等，其目的是维护群众权益，实现群众利益最大化。社会治理的本质在于：一是社会治理更强调治理的社会性，社会治理主体中公民、社会组

---

① 联合国全球治理委员会：《我们的全球伙伴关系》，牛津大学出版社 1995 年版。

② 俞可平：《全球治理引论》，《马克思主义与现实》2002 年第 1 期。

③ 王思斌：《加强社会工作人才队伍建设促进社会治理》，《中国社会报》2014 年 1 月 10 日第 005 版。

④ 何增科：《做社会治理和社会善治的先行者》，《学术探索》2013 年第 12 期。

织、社会团体、政府都是平等的社会性公共事务管理的主体，在这些主体中，政府所承担的只能是社会自身无法达成的社会性公共事务；二是社会治理更强调社会性公共事务治理秩序生成的自发性以及社会自治性，根据国家与社会关系理论的逻辑，社会治理合法性的权力来源首先是社会组织、公民、社会团体等，在此基础上，关注社会组织、公民、社会团体以及政府在社会治理中的协同性，强调政府治理和社会自我调节、居民自治良性互动；三是从社会治理的价值取向上来看，社会治理更注重社会活力，社会治理的价值导向包括活力、透明、参与、公平、和谐等，县域社会善治的根本目标在于县域居民福祉的最大化。基于对社会治理内涵的理解，指标设计上要凸显县域社会善治的价值导向性。将活力、透明、参与、公平、和谐等作为指标构建原则，突出社会组织、公民在社会自主治理中的作用，将社会治理和政府治理加以区隔，把社会自发治理和公民自我治理作为其中两个维度，纳入社会治理过程，凸显治理的内涵和价值导向。

（二）体现县域特色，以指标体系有效性为宗旨

党的十八届三中全会将"创新社会治理"提升至推进国家治理体系和治理能力现代化的战略高度，要求改进社会治理方式，提出系统治理、依法治理、综合治理和源头治理相结合的改革思路；要求激发社会组织活力，强调要着眼于维护最广大人民根本利益，最大限度增加和谐因素，提高社会治理水平。习近平总书记指出：要以最广大人民利益为根本坐标，构建全民共建共享的社会治理格局，完善党委领导、政府主导、社会协同、公众参与、法治保障的中国特色社会主义社会治理体系。[1] 这为探索具有中国特色的县域社会治理评价指明了方向。"县域"是指以县城为中心包括县镇村在内的区域范围，是一个政治、经济、文化的地域性统一体，县域既是行政单元也是经济单元和文化单元。县域的特殊性体现在：一是农村治理的独特性，县域是一个包括城镇和农村区域为治理对象的具有城乡结合性的单元，[2] 县域治理包括县、乡镇、村三级治理，构成国家治理基层体系，县域治理要体现农村社会

---

[1] 中共中央宣传部：《习近平总书记系列重要讲话读本》，学习出版社、人民出版社 2016 年版。

[2] 樊红敏：《转型中的县域治理：结构、行为与变革》，中国社会科学出版社 2013 年版。

发展如农村公共服务供给、城乡社会差距等；二是基层冲突治理的独特性，我国正处于改革发展的关键时期，基层是许多社会矛盾的源头，县是社会矛盾化解和维稳的主阵地和具体责任主体，这就要求应对和处理基层日益凸显的社会矛盾时，要通过特殊群体的社会融入、利益表达和利益协调的制度化、法治化，保持社会稳定与和谐；三是县域社会治理创新的特殊性。基层是改革创新的主阵地和动力，如发挥地方文化传统在社会治理创新中的作用，地方治理方式改革创新形成的不同社会治理特色等，基层社会治理如何以治理实效取信于民，是县域社会治理创新的体现。指标体系设计要体现中国特色社会主义社会治理体系和县域社会治理特色，以实现指标体系的有效性。在县域社会治理评价中，评估指标的有效性可以理解为评估指标能够在多大程度上客观反映评估对象，即县域社会治理的真实状况。这就要求县域社会治理评价一要体现中国特色社会主义社会治理体系的特质，二要体现县域社会治理的独特性和县域特色。

（三）更具可操作性，以评估指标可行性为原则

县域社会治理涵盖面广，评估指标要尽可能地包括与社会治理相关的领域，在指标体系能够全面清晰地反映县域社会治理特征的前提下，要做到简便易行，选取的指标简单明了、重点突出，在保证评价结果的客观性、全面性的条件下，主观指标和客观指标的选取比例要均衡、适当，既要避免主观因素过多导致失真，又要注意客观指标的可获得性和可靠性。选取的指标体系要避免指标交叉重复，尽可能简化或去掉那些对评价结果影响较小的指标。同时考虑到指标量化及数据获得的难易程度和可靠性，要尽可能利用官方权威发布的统计资料，筛选可测、可比、可获得的指标。

三 县域社会治理评估框架

鉴于县域社会治理的全面性和动态发展性，在构建评价指标体系中，应建立综合性评估框架，该评估框架包括过程性评估和效果性评估两种类型。过程性评估基于社会治理的理论内涵及县域社会治理的独特性构建指标体系，既要体现党和政府与社会治理相关的重大政策和部署，又要反映县域政府社会治理水平和进展，同时也要体现县域社会以及公民自我治理

的水平和状况。过程性评估指标体系根据县域社会治理主体不同，包括三种类型的指标：政府治理过程指标、社会自发治理过程指标、村（居）民自我治理过程指标。效果性评估基于社会治理的价值导向性，要以县域居民福祉最大化为目标，要体现活力、透明、参与、公平、和谐的价值导向。效果性评估指标体系从人的福祉和社会发展两个层面，构建两种类型的指标：居民生活质量指标和社会发展质量指标（具体见图1）。

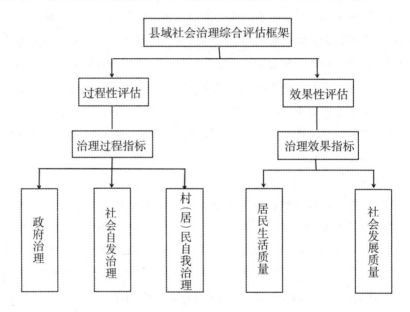

图1　中国县域社会治理综合性评估框架

（一）过程性评估指标体系

社会治理的本质特征在于社会治理是一个多主体持续互动过程，过程性评估可以有效反映县域社会治理格局和社会活力。政府治理过程指标建构以透明、法治、服务、效率为原则，以治理理论为理论框架，反映社会治理透明性、法治化、公共性以及矛盾化解的状况。政府治理过程指标从政府透明、公共服务、矛盾化解、司法公平四个维度选取。社会自发治理过程指标建构主要以活力、参与、信任为原则，以社会资本理论为框架，有效反映县域城乡社会发展和社会自主运行的状况。社会自发治理过程指标从社会规范、社会组织以及社会参与三个维度选择。村（居）民自我治理过程指标建构主要以参与、信任、和谐为原则，以村（居）民自治为框架，有效反映县域城乡社区治理状况。村（居）民自我治理过程指标从村（居）民自治、社区组织、社区参与三个维度选择。

（二）效果性评估指标体系

社会治理与社会管理的最大区别在于社会治理的价值导向性。效果性评估可以有效反映县域社会发展状况以及县域居民福祉状况。效果性评估指标体系的构建以参与、信任、权利、公平为原则，以权利理论和和谐社会理论为框架，反映城乡居民个体安全、个人合法权利的保障以及尊严实现情况。居民生活质量指标构建主要以权利、参与为原则，有效反映县域城乡居民的生活状况，其指标选择包括居民的安全保障、社会尊严两个维度。社会发展质量指标构建主要以和谐、信任、公平为原则，客观反映县域城乡社会发展和社会和谐度，社会发展质量指标从服务质量、社会信任、社会和谐、社会公平四个维度来选取。

四　指标设计与筛选

依据县域社会治理综合评估框架，从过程性评估和效果性评估两个层面建立县域社会治理综合评价指标体系，该评价体系包括主观指标和客观指标两种类型。根据过程性评估和效果性评估框架，研究者提出了县域社会治理评价指标体系的初步设想，主观和客观指标共计 60 个。在此基础上，对初拟指标进行实证筛选，一是通过专家和县政府官员的访谈和征求意见，剔除那些不符合县域社会实际、调查对象难以有效回答或者是显著性不强的指标，以增强评估指标的科学性和针对性。二是根据可操作性和可行性原则，研读了国家尤其是河南省县级相关统计年鉴以及政府统计公报，删除了那些不易获得、容易形成歧义的指标，建立了一个含有 54 个五级指标的指标体系。接着，对评估指标进行检验，选取河南省一个中等县开展问卷调查，根据问卷调查结果，对评估指标进行隶属度分析、相关分析和辨识度分析，以剔除那些隶属度较低、内容交叉及辨识度不高的指标，最终形成了有 47 个五级指标构成的中国县域社会治理评价指标体系（具体见表 1）。

表 1　　　　　　　　　　　　中国县域社会治理评价指标体系

一级指标	二级指标	三级指标	四级指标	五级指标	指标类型
县域社会治理评价	治理过程	政府治理	政府透明	财政公开	客观
				决策公开	客观
				办事公开	客观
			公共服务	人均公共服务投入	客观
				医疗卫生	客观
				教育普及	客观
				农村基础设施	客观
			矛盾化解	人民调解	客观
				仲裁	客观
				信访	主观
				矛盾化解满意度	主观
			司法公平	依法行政	客观
				权利保障	客观
				结案率	客观
		社会自发治理	社会规范	村规民约	主观
				社会道德	主观
			社会组织	社会组织数量	客观
				社会组织活力	主观
				社会组织满意度	主观
			社会参与	公共治理参与	客观
				公益活动参与	客观
		村（居）民自我治理	村（居）民自治	村（居）党组织建设	主观
				村（居）自治组织建设	客观
				村（社区）信息公开	客观
			社区组织	社区组织数量	客观
				社区组织满意度	主观

续表

一级 指标	二级指标	三级指标	四级指标	五级指标	指标 类型
县域社会治理评价	治理过程	村(居)民 自我治理	社区参与	社区公共事务参与	主观
				社区志愿参与	主观
	治理效果	居民生活 质量	安全保障	经济安全	客观
				环境安全	客观
				社会安全	客观
				居民安全感	主观
			社会尊严	权利保护	主观
				参与感	主观
				辛福感	主观
		社会发展 质量	服务质量	公共服务满意度	主观
				社区服务便捷度	主观
				社会廉洁满意度	主观
			社会信任	社会成员信任	主观
				社会组织信任	主观
				社会认同	主观
			社会和谐	社会治安	客观
				社会冲突	主观
				社会和谐满意度	主观
			社会公平	分配公平	客观
				社会保障公平	主观
				居民公平感	主观

（一）治理过程的指标设计

过程性评估指标体系通过政府治理、社会自发治理、村（居）民自我治理三种类型指标，反映县域社会以及公民自我治理的水平和状况，共选取了28个五级指标，包括18个客观指标、10个主观指标。

政府治理过程指标从政府透明、公共服务、矛盾化解、司法公平四个维度，评价社会治理透明性、法治化、公共性以及矛盾化解的状况。上述四个维度四级指标，形成了政府社会治理的四大支柱。政府透明是指县乡政府社会治理过程中的信息公开性，包括法律政策、行政主体、行政程序、办事效果的公开透明，选取了政府财务公开、决策公开、办事公开 3 个五级指标，具体主要用县级政府财务预算公开状况、当地县政府网站决策信息更新频率、行政服务大厅办事流程信息公开状况来衡量。公共服务评价反映县域政府公共服务供给的数量、质量以及公平分配情况，选取了人均公共服务投入、医疗卫生、教育普及、农村基础设施 4 个五级指标，具体主要用人均一般公共服务财政预算支出、人均医疗卫生机构床位数、居民平均受教育年限以及农村道路、饮用水、用电、广播电视基础设施状况来衡量。矛盾化解评价主要反映县一级化解社会矛盾和维稳成效的具体状况，选取了人民调解、仲裁、信访、矛盾化解满意度 4 个五级指标，具体主要用民间纠纷调解案件受理数量、劳动人事仲裁案件受理数量、居民认为上访解决反映问题的可能性、居民对当地化解基层社会矛盾的满意度来衡量。司法公平评价反映了政府社会治理的行政过程中法治化状况，选取了依法行政、权利保障和结案率 3 个五级指标，具体主要用县域行政诉讼案件受理数量、居民的房屋、土地等财产不动产登记状况、人民法院一审案件结案率来衡量。

社会自发治理过程指标从社会规范、社会组织、社会参与三个维度，评价县域城乡社会发展和社会自主运行状况。社会规范评价反映了有效规约村（居）民行为、增强村（居）民规则认同、有效达成合作行为的规则状况，选取了村规民约、社会道德 2 个五级指标，具体主要用所在村（社区）村规民约及其执行情况以及所在村（社区）居民的社会诚信状况来衡量。社会组织状况反映了一个地区社会组织化程度和社会活力状况，社会组织评价选取了县域已注册登记社会组织数量、社会组织活力、社会组织满意度 3 个五级指标，具体主要用县域万人拥有社会组织数量、县域内的志愿服务满足居民需求的程度、居民对当地民间社会组织发展状况的满意度来衡量。社会参与反映了居民介入社会公共事务有效发挥作用的状况，选取了公共治理参与和公益活动参与 2 个五级指标，具体主要用政府重大决策居民听证率、注册志愿者人数比例来衡量。

村（居）民自我治理过程通过评价县域城乡社区治理状况来衡量，

从村（居）民自治、社区组织、社区参与三个维度评价。村（居）民自治评价反映社区民主选举、民主决策、民主管理、民主监督的状况，选取了基层党组织作用、基层自治组织作用、村（社区）信息公开 3 个五级指标，具体主要用村（居）党组织健全程度和工作满意度、村（居）委会调解民间纠纷的数量、村（社区）财务公开状况来衡量。社区组织的发育状况体现了社区组织化和社区活力与凝聚力，选取了社区组织数量和社区组织满意度 2 个五级指标，具体主要用当地县社区组织数量、居民对社区兴趣组织、社区服务组织等的满意度来衡量。社区参与指村（居）民对所在社区公共事务的参与情况，选取了社区公共事务参与和社区志愿参与 2 个五级指标，具体主要用居民参与社区公共决策状况、参与社区志愿活动状况来衡量。

（二）治理效果的指标设计

效果性评估指标体系通过居民生活质量、社会发展质量两种类型指标，反映县域城乡居民物质生活、权利保障以及尊严实现的状况。社会治理的效果评价主要用居民主观满意度指标来衡量，共选取了 19 个五级指标，包括 5 个客观指标、14 个主观指标。

居民生活质量指标从村（居）民安全保障、社会尊严两个维度，评价县域城乡居民的生活状况。安全保障评价反映居民基本需求得到满足的状况，选取了经济安全、环境安全、社会安全、居民安全感 4 个五级指标，具体主要用居民人均收入、当地食品安全状况、居民就业、医疗、养老参保率以及居民安全感自我主观评价来衡量。社会尊严评价反映的是居民通过社会参与、权利实现满足自身价值追求等精神生活状况，选取了权利保护、参与感、幸福感 3 个五级指标，具体主要用居民财产权利保障状况的主观评价、居民对本地慈善或志愿活动的参与状况、居民幸福感自我主观评价来衡量。

社会发展质量指标从服务质量、社会信任、社会和谐、社会公平四个维度，评价县域城乡社会发展和社会和谐状况。服务质量评价反映了居民对由政府或社会组织提供的公共服务如基础设施、社会保障、教育服务等的满意程度，选取了公共服务满意度、社区服务便捷度、社会廉洁满意度 3 个五级指标，具体主要用居民对教育服务、医疗卫生、文化服务、养老服务等总体满意度、居民所在社区 15 分钟生活圈完善程度、居民对当地社会廉洁状况的总体评价来衡量。社会信任评价反映了社会团结与凝聚力状况，选取了社会成员信任、社会组织信任、社会认同 3 个五级指标，具体主要用居民对来自陌生人的问候如何回应、对公益组织捐款发挥效用的信任程度、居民对社会主流价值观认同程度来衡量。社会和谐评价反映了社会系统中各部分、各要素处于相互协调，达到社会稳定，形成良性社会秩序的状态，选取了社会治安、社会冲突、社会和谐满意度 3 个五级指标，具体主要用县域刑事案件总数、县域社会冲突的普遍程度、居民对当地社会和谐状况的满意度来衡量。社会公平评价反映了居民基本权益平等状况，选取了分配公平、社会保障公平、居民公平感 3 个五级指标，具体主要用城乡居民、农村居民收入差距，居民对当地低保认定、发放过程中的公平程度评价，居民社会公平程度主观评价来衡量。

五　结论与讨论

以实现县域社会善治为目标，以指标体系有效性和可行性为原则，以活力、透明、参与、公平、和谐为价值导向，建立了中国县域社会治理综合性评估框架，该评估框架包括过程性评估和效果性评估两种类型的评估指标体系，过程性评估指标体系能够有效反映社会治理的理论内涵及社会治理的中国特色和县域独特性，效果性评估指标体系可以有效反映社会治理的价值导向性，增进县域居民福祉。从中国县域社会治理综合评估框架出发，构建了政府治理过程、社会自发治理过程、村（居）民自我治理过程、居民生活质量、社会发展质量 5 个三级指标，并将各三级指标进一步细化为具体可测的指标，通过对专家访谈和实证检验，筛选出 5 组共 47 个包括主观和客观两种类型的指标，构建了具有系统性、科学性和可操作性的县域社会治理综合评价指标体系。合理的确定各级指标的权重是对县域社会治理进行合理评估的关键，各级指标的权重值直接影响县域社会治理综合评估的结果，本指标体系尚需采用专家打分法确定各级指标的权重。在数据采集方面，将通过统计年鉴数据和问卷调查数据加以采集。最终形成县域社会治理综合指数，在指标筛选、权重确定以及数据可获得性方面尚需进一步研究和分析。

专题三：地方冲突治理

邻避困境的演进逻辑与治理转型

王佃利　　王玉龙　　于棋

摘要：当前国内愈演愈烈的邻避困境背后，是地方管理者固守"邻避管控"的传统思维，将邻避看作社会发展的负面现象，采用自上而下的"灭火式"管理方式。伴随当今城市转向内涵式发展，公共设施建设引发的邻避现象将成为现代城市治理的常态问题。基于"增长联盟——社群联盟"的分析视角，本文认为，邻避现象实际上是增长联盟和社群联盟基于各自的利益诉求，从邻避设施建设、心理效应形成、利益诉求表达、决策参与到集体行动等阶段展开的互动博弈。要化解邻避困境，必须实现向"邻避治理"的转型，遵循现代治理理念，完善多元主体平等协商机制，构建公平正义的邻避问题处理机制，实现邻避设施建设中风险与收益、整体与局部的均衡协调发展。

关键词：邻避管控；邻避治理；邻避困境；增长联盟；社群联盟

　　我国城市化进程正处于关键的改革转型阶段，从增量提升的外延式发展转向存量优化的内涵式发展，其中公共设施建设和公共服务供给的增加是应有之义。可以预见，那些具有邻避效应的公共设施建设将日益普遍，邻避现象也将更加"常态化"。同时，地方政府所固守的传统"邻避管

---

　　* 基金项目：国家社会科学基金重大项目"中国基本公共服务供给侧改革与获得感提升研究"（编号：16ZDA080）。

　　作者简介：王佃利，山东大学政治学与公共管理学院教授、博士生导师；王玉龙，山东大学政治学与公共管理学院博士研究生；于棋，山东大学政治学与公共管理学院硕士研究生。

控"思维已经越来越无助于邻避问题的根本解决。当前日益频发的邻避问题，社会利益的多元化和参与意识的增强，都在呼唤一种全新的"邻避治理"理念，从而实现现代城市邻避问题治理的新突破。

一　问题缘起:"邻避管控"理念下愈演愈烈的邻避困境

21世纪以来，我国进入了一个邻避事件的高发期:邻避事件数量增加，涉及区域更加广泛，引发公众邻避情结的设施类型也更加多样，公众的抗议越来越频发地升级为社会群体性事件，成为当前城市治理的难题，给地方政府带来了严峻的治理挑战。国内诸多学者的研究指出，相较于国外邻避事件的发展和治理路径，我国邻避现象往往会演化为大规模的邻避冲突，地方政府很难跳出"决定—宣布—辩护"[1]的行政逻辑，无法摆脱"摆平—妥协"[2]的路径依赖，深陷邻避困境之中。

地方管理者的这种"邻避管控"思维仅仅看到了邻避现象的"冰山一角"，将其视作由邻避设施这一"物的建设"所引发的带来负面社会影响的"事件"，而忽视了隐藏邻避事件背后复杂的形成机制。越来越多的研究发现，邻避现象实际上是利益相关者之间复杂的博弈过程。

基于经济学视角的研究发现，邻避现象产生的原因是边际收益、边际成本在周边居民和全社会之间存在的巨大偏离，[3]这种不均等性引发了政府、邻避设施及其建设方、周边居民三者的利益博弈[4]，而在现实中，往往呈现为公众信息缺失下的博弈情境[5]。在这种博弈模式下，政府往往排斥公众参与，形成企业与政府各取所需，而贻害地方的格局，政府是利企业环境制度的供给方，企业是利企业环境制度的需求方，居民是利企业环

①　娄胜华、姜姗姗:《"邻避运动"在澳门的兴起及其治理—以美沙酮服务站选址争议为个案》，《中国行政管理》2012年第4期。

②　鄢德奎、陈德敏:《邻避运动的生成原因及治理范式重构——基于重庆市邻避运动的实证分析》，《城市问题》2016年第2期。

③　金通:《垃圾处理产业中的邻避现象探析》，《当代财经》2007年第5期。

④　张向、彭绪亚:《基于邻避效应的垃圾处理场选址博弈研究》，《统计与决策》2010年第20期。

⑤　郑谦:《"邻避冲突"的动态博弈分析:不完美信息条件下的均衡与信念——兼析PX项目建设的困境及对策》，《兰州学刊》2014年第12期。

境制度的反对方。①

　　此外，从社会心理的角度看，公众对邻避设施的风险感知往往会经历从"不怕"到"我怕"的认知重构过程，对负外部性的聚焦、对政府和专家的不信任都会推动这一认知的转变②。邻避决策实质上是对利益和风险进行分配的一种风险决策，政府封闭式的决策模式、公民利益诉求表达不畅以及专家遭遇社会信任危机是导致我国邻避困境的主要原因③。基于传播学的研究发现，新媒体的兴起改变了公民的信息权模式，实现了从传播权利向传播权力转变的技术赋权④，极大地动员了社会公众参与的能力。

　　这些研究大多聚焦于某一具体视角，解释了邻避现象中地方公众和政府管理者之间的博弈，以及这种博弈如何最终演进成一种对抗性的社会事件。然而，一方面在当前地方实践中，"邻避管控"色彩依旧浓厚，邻避困境依然突出，即使部分地方管理者已经开始在实践中尝试创新策略方式，但仍难以上升到地方经验和理论模式的高度。另一方面，目前研究倾向于在某一具体理论视角下深入分析邻避现象的形成原因，但缺少对邻避现象演进和利益相关者博弈的整体性分析框架。

　　因此，本文以"增长联盟—社群联盟"理论为分析视角，分析邻避现象的演进过程，以及在这一过程中利益相关者之间的博弈互动，并认为化解邻避困境，需要树立"邻避治理"新理念，实现从"邻避管控"向"邻避治理"的根本转变。

二　邻避事件中的增长联盟与社群联盟

　　"增长联盟"理论本身是由学者洛根和莫洛奇提出，他们将城市视为"追求财富增长的机器"，并识别出了这一过程中"增长联盟"与"反增

　　①　赵志勇、朱礼华：《环境邻避的经济学分析》，《社会科学》2013 年第 10 期。

　　②　何艳玲、陈晓运：《从"不怕"到"我怕"："一般人群"在邻避冲突中如何形成抗争动机》，《学术研究》2012 年第 5 期。

　　③　王佃利、王庆歌：《风险社会邻避困境的化解：以共识会议实现公民有效参与》，《理论探讨》2015 年第 5 期。

　　④　李良荣：《透视人类社会第四次传播革命》，《新闻记者》2012 年第 11 期。

长联盟"展开的博弈。① 随后杨宏山基于中国实践，将"反增长联盟"进一步阐述为城市发展中的社群联盟。这一理论框架本用以分析由土地开发和房地产建设推动的城市发展中，地方政府和企业基于经济利益结成的"增长联盟"和重视土地使用价值的地方居民为主的"社群联盟"之间的博弈。而同时这一理论也为分析邻避现象中利益相关者的博弈过程提供了富有价值的解释视角：首先，这一理论有助于识别和分析邻避设施建设中的利益相关者；其次，考察邻避现象中不同的博弈阶段及其阶段变化，以及在各阶段利益相关者之间差异化的博弈立场；最后，这一理论还有助于解释在传统"邻避管控"思维下，利益博弈如何演化成对抗性的邻避事件。

杨宏山认为，从公共服务的视角看，城市就是优质公共服务资源高度集聚的地理空间，城市的本质在于提供优质公共服务，城市发展有赖于优质公共服务的大量集聚。② 赵燕菁认为，任何不动产都可以分为建筑和土地两部分。建筑部分一经建成，就开始折旧，其价值非但不会上升，反而会随着时间不断被侵蚀。因此，不动产升值主要来自于土地，而土地的价值则来源于所处区位被覆盖的公共服务，在传统基于土地开发的城市增长过程中，冲突的实质是附加公共服务升值后的土地利益在政府、开发商、原住民间的分配比例问题。③

邻避设施在区域范围内具有的正外部性能够推动城市空间地域的增值，在这一增值过程中，各城市主体在理论上均从中获益。对城市政府而言，一方面是增值后的土地价值利益；另一方面是城市竞争力的提升和政府官员政绩考核的亮色。对邻避设施的建设运营者而言则可以区分两类，一是对于公共服务设施的运营商而言，获得了基本的存在空间；二是对于具有企业色彩的运营方而言，通过项目的建设获得了运营与获利的空间。对于城市范围内的公众而言，也有助于其享有的公共服务数量和质量的提升。

因此，在邻避设施建设中，地方政府与邻避设施的建设方、运营方构

---

① ［美］约翰·R. 洛根、哈维·L. 莫洛奇：《都市财富空间的政治经济学》，格致出版社、上海人民出版社 2016 年版。

② 杨宏山：《澄清城乡治理的认知误区——基于公共服务的视角》，《探索与争鸣》2016 年第 6 期。

③ 赵燕菁：《农地改革与城市化》，《北京规划建设》2013 年第 5 期。

成了邻避事件中增长联盟的主体,往往以区域整体效益的提升、区域经济发展、国家战略要求等为驱动,致力于推进邻避设施的建设。同时,地方公众,尤其是邻避设施周边居民,构成了邻避事件中社群联盟的主体,往往以邻避设施在周边范围内产生的环境污染、健康威胁和人们的心理不适为理由,抵制邻避设施建设,反对以生存居住代价换取的区域效益提升。

三 利益联盟的互动博弈:邻避现象的演进逻辑

在邻避设施建设的过程中,增长联盟和社群联盟基于各自利益诉求,展开了复杂的互动博弈。这一博弈过程包含"邻避设施""邻避效应""邻避诉求""邻避决策""邻避冲突"五个阶段。增长联盟和社群联盟面对邻避设施所具有的客观属性,在不同话语之下形成了对邻避效应的不同认识,并进一步外化为差异化的利益诉求,双方均试图将自己的诉求嵌入到邻避决策之中。当社群联盟的邻避诉求无法得到满足,便容易采取群体行动的策略施加外部压力,从而导致邻避冲突(如图1所示)。

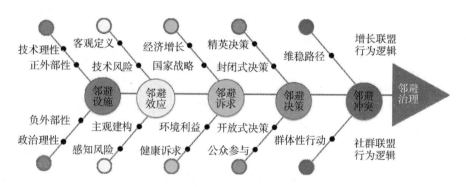

图1 邻避现象中联盟互动博弈的演进

资料来源:本研究自制。

1. 对邻避设施的不同解读

对于建设后对设施周边居民日常生活和健康已经造成或可能负面影响的公共设施,增长联盟和社群联盟的不同立场,反映了双方对于邻避设施的空间生产结果的差异化认知,以及对于谁来控制、怎样控制邻避设施空间生产过程的不同主张。增长联盟试图将邻避设施建构在一种诉诸设施的空间"正外部性"和规划的"技术理性"话语之上;而社群联盟则试图诉诸邻避设施生产的空间"负外部性"和规划的"政治理性"话语。

2. 邻避效应与邻避情结的形成

邻避设施引发了关于设施风险的认识，进而形成邻避效应。对邻避效应的不同态度集中体现了增长联盟和社群联盟如何差别化地建构对于邻避设施的风险认知。增长联盟的主要成员是政府官员、运营方和持赞成立场的专家代表，往往具有较为充足的信息和专业的知识背景，这使得增长联盟多倾向于从客观上定义邻避设施的风险，在增长联盟成员眼中，所谓的风险是一种技术层面的风险。增长联盟往往试图揭示邻避设施发生事故的概率，或可能带来的污染或损失的技术指标。而社群联盟的成员为地方公众，往往倾向于从主观上定义邻避设施的风险，是一种主观心理层面感知的风险，并且通过现代化的传播手段，这种感知到的风险有可能在传播的过程中不断放大，增加恐慌。

3. 邻避利益诉求的表达与分歧

增长联盟和社群联盟均将各自对邻避效应的认知外化为利益诉求的表达。其中，增长联盟通常以邻避设施可能带来的整体效益作为支持建设的论据。这种整体效益，在经济层面，通常被描绘为公共设施的正外部性在广泛的区域范围内，所带来的土地整体增值的经济效益；或公共设施的生产功能、就业功能所带动的区域经济发展。在政治层面，则通常诉诸对区域发展"短板"的补强，乃至上升为对国家战略的补充与支持。

但社群联盟的诉求则有所不同，也有一套价值判断体系来作为反对建设的论点。这种价值判断，一是从个体层面上，诉诸于邻避设施负外部性带来的周边土地的贬值，日常生活遭受的环境、健康风险；二是在社会层面上，诉诸于更为宏大的社会价值，如空间话语下的环境效益、社会公平以及时间话语下对子孙后代合法权利的维护，在超越个体利益的层次上论述其诉求的合理性。

4. 争夺邻避决策的话语权

无论增长联盟还是社群联盟，其诉求均需通过公共政策实现。在这一过程中，政府和运营商增长联盟掌握了决策过程的主动权，精英化的封闭决策是其本能的决策方式；而社群联盟则要求开放式的决策过程，在决策过程中发出自己的声音，并试图影响最终的决策。在这一阶段，增长联盟和社群联盟的主要行动逻辑就体现在表达邻避诉求，并在决策环节施加影响力。

5. 决策参与受阻与冲突爆发

中国自古以来大一统的集权政治塑造了国人的政治心理，在中国，民众表达诉求首先想到的便是求助于政府。只有当诉求没有得到政府的回应，"官道"受阻之后，公众才转向诉诸于社会媒体或现在蓬勃发展的自媒体力量，转向"媒道"，从而酝酿并形成体制外的群体行动，导致邻避冲突。而此时增长联盟的行动逻辑发生了巨大的转变，在社会稳定的政治正确和刚性治理要求下，其关于邻避设施的建设、区域发展的经济目标或整体效益，统统让位于社会刚性稳定的目标。为此不惜以放弃邻避设施的建设为妥协，以换取公众群体行动的平息。

四　从"邻避管控"转向"邻避治理"

"增长联盟"与"社群联盟"两大利益联盟的互动博弈，使得邻避现象不断演进升级，从对邻避设施本身的异见最终上升到抗争性的群体冲突。在这一过程中，传统型的"邻避管控"并不能有效控制事态的升级和分歧的化解，越来越无助于邻避现象的化解。为此必须转向一种现代化的"邻避治理"路径。

（一）"邻避管控"思维的局限性

1. 导致邻避现象的"双向污名化"

邻避设施或因其造成的环境破坏与污染问题，或因其为周边居民带来的健康风险与心理不适，而遭到地方公众的反对。而同时，邻避设施所提供的公共服务及其外部效益又使得地方政府难言放弃。这一矛盾首先体现为"增长联盟"和"社群联盟"关于邻避设施规划的分歧。前者试图为规划设置技术门槛，主张技术专家和政治精英作出首先区域效益最大化的决策；而后者则主张个人的合法权利和决策程序的公开公正。同时，"增长联盟"定义的社会风险是"概率""影响程度""安全阈值"等一系列专业概念的技术风险；而"社群联盟"定义的风险则是一种主观建构和心理感知。

这种分歧最终导致了增长联盟与社群联盟的相互"污名化"。一是地方公众对邻避设施的"污名化",认为邻避设施的建设就是政府以牺牲公众合法权利为代价,追求经济利益和官员政绩的自利行为,一提到邻避设施的修建则群情鼎沸。二是地方政府对公众邻避情结的"污名化",认为后者是自私、非专业的,将其视作制约区域整体发展的阻力,一提到邻避效应则如临大敌。

2. 固化"维稳式"的管控方式

维稳式管控首先源自社会刚性稳定的治理目标。于建嵘指出,"刚性稳定"具有三个主要特征:第一,"刚性稳定"是以政治权力的排他性和封闭性为基础的政治稳定。第二,"刚性稳定"以社会绝对安定为管治目标,把一切抗议行为如游行、示威、罢工、罢市、罢运等都视为无序和混乱,都要采取一切手段压制或打击;第三,"刚性稳定"以国家暴力为基础,依赖对意识形态和社会组织的控制,具有非程序和非成熟的法制性①。在刚性稳定的管理目标导向之下,邻避设施的建设倾向于封闭式的决策环境,以试图规避其可能引发的社会反响;面对公众的反对,决策者则在一种说服教育的立场和态度之下压制社会力量;当地方公众的社会动员形成群体性事件,则通过停建与妥协来换取大规模抗议的平息,使社会在短时间内重新回到刚性稳定的运行状态。

维稳式管控还源自政治问责的压力。社会稳定是当前我国官员考核至关重要的一个评价指标,不仅影响着官员的晋升,更同其"政治生命"息息相关。基于理性经济人假设,个人利益最大化在很大程度上左右着政府官员的行为方式。在巨大的考核压力之下,面对邻避冲突这一可能会成为政绩"污点"的负面现象,决策者通常会对大规模的邻避冲突采取妥协的方式,以邻避设施的停建换取对问责风险的规避。

维稳式管控还源自决策者直线式、结果导向的懒政思维。简单地将邻避现象等同于社会反对,将社会反对的平息视作问题的终结,只看到邻避问题的表象,而对邻避现象存在的深层根源不详加考察。不是试图去构建一个动态、制度化、可持续的多元利益群体表达与协商机制,而是将"扬汤止沸"式的平息邻避冲突作目标。后者相对前者而言,其治理导向

---

① 于建嵘:《从刚性稳定到韧性稳定——关于中国社会秩序的一个分析框架》,《学习与探索》2009 年第 5 期。

更加线性，方式更加直接，效果也显而易见，但只是简单通过邻避设施的停建来平息公众愤怒的做法，并不能从根本上改变邻避设施建设向大规模社会冲突升级的社会机制，这对于邻避困境的根本解决则并无裨益。

3. 带来群体性抗争的示范效应

在管控模式下，长期以来的邻避事件以及"抗争经验"使地方公众认识到，只有诉诸大规模的群体性抗议，才会使自身的利益诉求受到地方政府的关注，而且大多数情况下都能够取得比较"满意"的成果。这种"小闹小解决，大闹大解决，不闹不解决"的政治参与实践塑造了地方公众在邻避设施建设中的对抗式的行为"惯性"，并且借助新媒体时代的舆论传播，不同地方公众之间相互"学习"，使得这种"抗争经验"在全国范围内"推广"。

倘若面对邻避冲突继续采取维稳式的管控，可以预见的是，邻避现象将更加频发，极端化的邻避冲突也将不降反升，对地方治理带来更大的挑战；与此同时，停建与妥协的治理技术将导致大量具有正外部性的公共设施建设趋于停滞，从而制约公共服务水平的提升和区域整体社会效益的增加。

邻避管控的思维，导致了增长联盟和社群联盟之间对于邻避现象本身的"双向污名化"，固化了公共部门在应对邻避现象时遵循的"维稳式管控"的行政惯性，激化了公众在"邻避管控"之下的群体性抗争行动。在传统"邻避管控"的惯性思维之下，地方管理者将邻避现象视作对社会稳定和政府管理带来冲击的公众抗议事件，将掩盖、摆平、妥协等方式作为首选策略，以避免公众抗议的升级，或群体性抗议行动的快速平息为最终目标。由此在邻避设施建设之初"偷偷摸摸"，在释疑公众风险感知时"匆匆忙忙"，在回应公众利益诉求时"遮遮掩掩"，在开放公众决策参与时"忐忐忑忑"，在面临大规模群众行动时"慌慌张张"。因此，化解邻避困境需要从根本上转变对于邻避现象的认识及应对思路，从传统意义上的"邻避管控"转向现代化的"邻避治理"。

（二）现代化的"邻避治理"理念

邻避管控思维的局限性，要求重塑现代化的"邻避治理"理念，在邻避现象的治理中，实现多元主体共同参与、协商合作的长效机制，建立健全现代化的邻避治理体系，提升多元主体的邻避治理能力。

1. 邻避治理的基本内涵

党的十八届三中全会指出，将完善和发展中国特色社会主义制度，推进国家治理体系和治理能力现代化作为全面深化改革的总目标，我国由此进入一个治理改革与转型发展的新阶段。在这一背景下，遵循现代治理理念，应构建邻避治理新理念：在邻避事件的处理过程中，通过多元主体平等协商机制的完善，构建公平正义的邻避问题处理机制，实现邻避设施建设中风险与收益、整体与局部的协调发展。

具体而言，"邻避治理"的基本路径是指在邻避设施建设中，增长联盟与社群联盟之间转向一种非对抗式的协商合作关系，推动地方政府、邻避设施建设运营方、地方公众、专家学者、媒体代表在项目决策中的共同参与。邻避治理的目标不仅在于避免事态升级，更在于建立健全一种长效机制，以有效邻避设施建设引发的利益分歧，跳出邻避设施"一建就闹，一闹就停"的治理困境。

现代化的邻避治理理念主要包含两个方面：一是建立现代化的邻避治理体系，二是提升多元主体的邻避治理能力。前者强调邻避问题中多元主体的协同共治，后者则强调邻避现象治理的效率与效果。

2. 现代化的邻避治理体系

邻避治理呼唤现代化的邻避治理体系，即建设一个各主体合作参与、各环节相互衔接、各部门相互协调的邻避治理体系。

这首先意味着打破传统增长联盟的控制与管理，为社群联盟提供制度化的参与渠道，实现地方政府、建设方、运营方、地方公众、专家学者、新闻媒体（包括传统媒体、网络意见领袖、自媒体平台等）等相关利益主体的共同参与，在此基础上畅通意见表达，寻求共识。

同时，现代化的邻避治理体系还意味着摆脱"末端治理"的传统方式。治理的目标不再仅限于平息群体性的抗议行动，而是从邻避设施选址规划开始时就预见可能引发的公众反对，敏锐察觉并尽可能消解公众的风险感知，通过制度化的利益表达渠道和开放式的公共决策机制，尽可能避免事态升级，将邻避情结化解在事件早期，强化过程控制，实现对邻避事件的全过程治理。

最后，现代化的邻避治理体系还意味着要打破"条块分割"的治理格局。由于邻避现象成因复杂、涉及部门众多，需要明晰各部门在邻避设施建设中的职能与责任，避免出现职能交叉或"空白地带"，导致居民在各个部门之间遭遇"踢皮球"，意见无法表达，进而使得居民的邻避情绪酝酿升级以至于爆发邻避冲突。同时，邻避治理体系不是单一部门或单一环节的治理，需要在权责明晰的基础上实现各部门之间的协调与配合。

3. 现代化的邻避治理能力

治理能力包含两个方面：一是治理体系所内蕴的功能指向与治理潜力，即一种客观层面的静态治理能力；更重要的则是主观层面的动态治理能力，即"多元背景的治理主体如何在积极的行动中实现自身的治理目标，如何在必要时实现更为有效的合作，如何充分高效地操作与运行既定的制度架构"。[①]

基于此，邻避治理能力首先意味着在邻避设施建设过程中，激发多元主体参与意愿，完善多元化的参与方式。转变增长联盟传统的"隐瞒—压制"策略，直面公众反应，增强对不同意见和差别化诉求的包容、吸纳与协调能力，引导和保障社会公众通过开放式参与渠道表达自身诉求。保障邻避风险在社会分配中的正义性，尊重利益相关者的自由、权利与机会，尊重地方居民维护自己合法权益的资格，设计、运作和维护正义的分配程序和分配规则。[②]

进一步说，邻避治理能力意味着对邻避事态的有效控制，即将不同利益主体之间的意见表达、沟通协商与利益博弈纳入制度化渠道中，尽可能避免邻避现象演化为极端化的群体冲突。这一目标效果的实现并不依赖于政府的隐瞒与压制，而是基于现代化治理体系的良性运转。

最后，邻避治理能力还要求转变"两败俱伤"式的妥协式摆平策略。传统的"邻避管控"只是一种"扬汤止沸"式的平息，而非"釜底抽薪"的治本之策。现代化的邻避治理能力，要求通过转变单一的经济化补偿手段，以合作而非管理的态度面对地方公众，以开放透明的程序增进公众理解，以多元化的补偿方式回应公众诉求，变"邻避设施"为"邻

---

① 张小劲、于晓虹：《推进国家治理体系和治理能力现代化六讲》，人民出版社 2014 年版。

② 王佃利、王庆歌、韩婷：《"应得"正义观：分配正义视角下邻避风险的化解思路》，《山东社会科学》2017 年第 3 期。

利设施"，变"邻避效应"为"迎臂效应"，使地方公众招手欢迎邻避设施建设，而不再是抵触和抗拒。

五　"邻避治理"的实现路径

（一）转变对邻避现象本身的"污名化"认知

众多邻避事件已充分说明，只有对邻避现象去污名化，增长联盟和社群联盟之间才存在相互理解与开展对话的空间。否则，双方均力图将对方的立场污名化，使自己占据道德的制高点，最终将互相的污名化建构上升为一种行动上的对抗关系。

因此邻避治理意味着在捍卫自己立场的同时，承认对方立场的合理之处，避免用"污名化"的标签来定性对方的立场，这是邻避治理的实现前提。邻避设施不应因其投入使用之后所带来的环境污染、健康风险和心理不适而犹如过街之鼠一般被人人喊打，因各地群众纷纷拒之门外而"颠沛流离"；邻避效应不应因其表现出的社会反对而被政府视作洪水猛兽，如临大敌一般战战兢兢。地方居民对自身权益的捍卫，并不必然意味着政府建设之举就违背公理和正义；同样邻避设施所能带来的区域整体效益，也不是地方公众自私自利、非理性与缺少专业知识的"照妖镜"。

（二）转变封闭式的邻避决策思路

转变封闭式的邻避决策理念是为双方打造一个各抒己见，进行协商或讨价还价的渠道和平台，保障多元利益诉求向政治系统的充分输入，并通过开放式决策，有效吸纳和整合社会力量参与邻避治理。

1. 保障多元利益诉求向政治系统的充分输入

邻避困境的治理失败与闭塞的政治系统和决策机制密切相关，传统邻避管控模式下，关于邻避设施建设的共识塑造走进了一个理念误区：重点偏向于采用自上而下的教化与说服来改变公众的反对态度，忽视了不同意见表达的对话与辩论；将共识塑造简单等同于代议制下的多数同意，而忽视了增进对立性观点之间的相互理解。这些问题集中体现为"决策问题表述不清楚、决策依据标准不一致、决策价值冲突不妥协以及决策参与地位不平等"①，这为邻避设施引发公众"政策不服从"埋下了隐患。

邻避治理转型必须完善协商机制，打通社会利益诉求向政治决策系统的输入渠道。首先是转变决策理念，邻避设施决策的科学性、合理性和合法性，更多取决于决策过程中的对话机制和差异化观点表达的充分程度。其次是构建制度化的协商决策渠道，将开放决策和平等协商作为邻避设施建设的制度性要求，借鉴欧美发达国家在共识会议、愿景工作坊、协商民意测验、公民陪审团、专题小组等具体协商机制②的探索中取得的进展，丰富开放式决策的形式和技术。

2. 通过开放式决策动员与吸纳社会力量

在邻避设施的建设中，涉及的政策问题主要包括两个方面：一是区域范围内有无建设该类邻避设施之必要；二是邻避设施建设的选址、建设与管理等基本问题。这两个问题本应由多元利益主体就差异化利益诉求和政策观点进行充分的意见交换与沟通协商，但在传统的"邻避管控"思维下，精英导向的封闭式决策将社会力量排斥在制度化的意见表达与决策参与之外，本应"一体两面"的政策问题被人为割裂。

因此，邻避治理的实现，要求在邻避决策基本问题的建构时，就以增进差异化观点之间的充分交流与相互理解为前提，引导不同利益群体在政策议题上形成基础性共识，进而从方案设计、选择、实施、监督的全过程贯穿公众参与，推进开放式决策模式。

这种开放式决策模式同样重塑了政府与公众的关系。地方公众并非地方管理者所管制的政策客体与治理对象，相反可以成为管理者在邻避现象中的治理伙伴。在此理念之下，政府决策的方式应从邻避决策的说服与教育转向邻避决策的"政策营销"，通过宣传、价值交换等方式"尽可能采取令民众惬意的方式而非强制性措施来推行政策"③。

（三）实现邻避现象的常态化治理

对邻避现象的管控思维，本质上是将其视作城市发展的"异物"。当

---

① 张乐、童星：《"邻避"冲突管理中的决策困境及其解决思路》，《中国行政管理》2014年第4期。

② 马奔：《协商民主：民主理论的变迁与实践》，山东大学出版社2014年版。

③ 谭翀：《"政策营销"：源流、概念、模式与局限》，《中国行政管理》2013年第12期。

前我国正在面临治理体系的深刻变革和城市发展的路径重构，这都对城市公共设施建设和公共服务供给提出了新的要求。与此同时，人们日益觉醒的环境意识和权利意识，使得地方公众对公共设施可能给周边居民带来的负面影响更为敏感。无论我们心甘情愿还是心怀抵触，我们正生活在一个"与邻避为邻"的时代，邻避现象将在未来城市发展中趋向"常态化"。因此，实现邻避治理，应当从对邻避冲突的"应急式管理"转向对邻避现象的"常态化治理"。

常态意味着"频发"。我们应当习惯邻避设施的存在，邻避设施不是社会发展的"异物"，相反有时可能是社会发展的"必需品"，对于任何公共设施的建设和使用可能带来的风险，我们都不应保持沉默，一个懂得发声的社会是一个权利意识觉醒的社会，也是一个政治开放与包容的社会。随着对邻避事件的参与深入，我们会从情感上的恐慌与排斥，逐渐接触到邻避设施内在的风险形成、防控机制等所谓的"技术理性"。

常态意味着"正常"。邻避设施建设的决策者也不必对邻避现象的产生感到恐慌，如临大敌。邻避效应并非社会发展的"不安定因素"，也并非是制约政府职能和社会效益的"负能量"。邻避现象是社会发展到一定阶段的产物，伴随着社会发展的侧重点由经济增长转向注重生活质量的提升，公众日益觉醒的权利意识和环境意识的出现，是社会进步、利益分化的客观表现。邻避效应本身不是问题，邻避设施本身更不是问题，认清邻避效应为何会导致公众采取暴力型的群体抗议行动，才是破解邻避问题真正之所在。

扩展型信访:对中国信访僵局的一个基础性解释

刘正强 [*]

摘要: 针对当前中国面临的信访僵局与治理困境,"法治""治理"等范式是多数学者秉持的解释策略。由于对现实问题抱持治理期待,许多研究(如信访的分类治理)往往带有浓厚的现实情怀尤其是美好的治理愿景。本研究从中国信访制度的承载力入手,对当前信访"爆棚"现象作出了基础性、还原性的解释,进而阐明削减信访存量的主张。其核心是回归价值中立这一经典立场,在悬置对访民的价值判断基础上,借由一对新的类型化方式(扩展型信访 VS 原发型信访)来揭示信访 + 的扩展、衍生逻辑及其消长机制,从而试图超越杂多的分类,为理解当前中国信访现状,特别是形成新的信访治理结构提供一个新的解释框架。

关键词: 扩展型信访;原发型信访;价值中立;基础性解释

作为中国本土性、辅助性政治设计的信访制度,在国家治理的制度体系中处于一种中枢位置,成为连接中央与地方、穿透国家与社会的基础性治理制度,是中国社会安全运行的"压舱石"。自 20 世纪 90 年代以来,随着社会的急剧变迁,社会矛盾不断凸显,信访洪峰逐步形成,信访问题成为屡遭戳击的社会"痛点"。由于对社会不稳尤其是社会动荡的忧虑,执政者在社会控制方面趋于保守和拘谨,强调用稳定压倒一切的思维与手

---

* 本文系 2012 年度国家社科基金项目(12BSH030)的阶段性成果。
作者简介:刘正强,上海社会科学院社会学研究所。

段来看待和解决社会矛盾。而出于对政治改革会引发社会问题的忌惮，中国大体的政治结构仍然沿袭了改革前的框架，并没有形成可以全面回应现实问题与挑战的状态。

一　信访分类的实践困境

作为中国本土性、辅助性政治设计的信访制度，构成了中共重要的执政资源和治理手段，并不断演绎着社会变迁与转型之痛，成为屡屡被戳击的社会"痛点"。由于资讯的发达，尤其是互联网的震荡效应，信访治理面临困境，信访困局尚未得到根本缓解，成为不断消耗国家治理资源、让政府甚为纠结的所在。而信访研究的兴盛，显然与信访制度在现实运行中的情境尤其是困境密切相关。基于现实中逼仄的信访窘境，大约 10 年前借由"信访洪峰"的出现及《信访条例》的修订而展开的信访研究带有浓厚的论争色彩，此后逐步趋于常态化并有所消长，研究旨趣也更加多元、更富理性，丰富了我们对信访现象的认知。

在依法治国、以人为本等理念的彰显下，国家治理不但要符合政治原则，还要契合法治理念。法治范式一度成为信访研究的主流，不少学者期望在信访制度中增加法治的元素，甚至把信访化约为一个民主法治、选举权与被选举权的问题[1]，直至干脆呼吁废除建立在"人治"基础上的信访制度，将其承担的各种功能回归相关职能部门；或者提出各种完善意见，为其打上各种补丁[2]，以实现法治对社会问题的全盘治理。但在国家机器逐步健全的情况下，信访所赖以运行的理念与民主、法治等话语产生了越来越深的抵牾。信访研究中视角的转换，以治理范式的提出为代表，而信访的分类治理作为"治理范式"的一个基干概念，就是试图从这种困境中突围。在这种视野中，信访问题之所以难以解决，原因之一就是缺乏一

---

[1]　张千帆：《上访体制的根源与出路》，任剑涛：《信访制度是否适应时代潮流》，《探索与争鸣》2012 年第 1 期。

[2]　相关研究以于建嵘为代表，其文章：《信访的制度性缺失及其政治后果》，《凤凰周刊》2004 年第 32 期；《中国信访制度批判》，《中国改革》2005 年第 2 期；《当前农民维权活动的一个解释框架》，《社会学研究》2004 年第 2 期等。

套合法有效的分类治理体系，致使政府未能通过有效的制度装置来对上访者的问题性质进行区分。

在诸学者的研究中，申端锋认为乡村治权的具体体现就是分类治理，而当前信访治理的困境就是无法对上访者进行定性，信访治理没有原则。人民公社时期之所以能够完成国家政权建设的任务，根本原因就在于建立了以阶级划分为基础的分类治理体系。申端锋进而提出的治理方案是运用各种手段（村庄规范、村庄结构等）对治理对象（即农民）做出区分，并强化治权以达到有效治理。① 田先红则依据农民上访的行为和动机提出了维权型上访和谋利型上访的区分，维权型上访是税改前农民上访的主导特征，税改后农民上访行为的逻辑发生变化，谋利型上访凸显出来。② 杨华则在谋利型上访和维权型上访基础上提出治理型上访，这是指在农村治理缺位情况下，农民借助上级政府对下施压的方式要求乡村组织，尤其是村级组织履行治理责任的上访。③ 陈柏峰根据上访诉求的合法性程度，将上访分为有理上访、无理上访、商谈型上访三大类及若干具体小类。其中，有理、无理上访沿用了政府部门的分类，是基于行政管理角度所做出的治理性区分。商谈型上访的合法性比较模糊，上访人的合法权益未必受到侵犯，却认为相关法律和政策不合理，因此上访"商谈"。④ 王德福提出，当前农村群体性事件的一种新类型就是政策激励型群体性事件的出现，农民通过群体性行动向基层政府施加压力谋取利益。他认为农民利益诉求由国家惠农政策激励形成，农民的国家观念是其形成的心理和文化基础，高压维稳的政治生态则提供了制度空间。⑤ 陈锋提出了在富人治村背景下一种主要基于社会情绪释放而非群体利益表达的维权式上访，并在此基础上通过考察"气场"探究在先富能人主政的分化村庄里，贫与富、公与私之间的怨气通过集体

① 申端锋：《乡村治权与分类治理》，《开放时代》2010 年第 6 期。

② 田先红：《从维权到谋利——农民上访行为逻辑变迁的一个解释框架》，《开放时代》2010 年第 6 期。

③ 杨华：《重塑农村基层组织的治理责任》，《南京农业大学学报》（社会科学版）2011 年第 2 期。

④ 陈柏峰：《农民上访的分类治理研究》，《政治学研究》2012 年第 1 期。

⑤ 王德福：《政策激励型表达：当前农村群体性事件发生机制的一个分析框架》，《探索》2011 年第 5 期。

上访这种方式发泄的原因。① 此外，尹利民以表演型上访作为"作为弱者的上访人"的武器的展示②，饶静等以要挟型上访作为农民上访分析框架的使用③，魏程琳对非正常人、边缘人（实确精神病人）上访行为的刻画④，都揭示了分类治理的思路与逻辑。

上述研究基本上都是试图在对信访进行分类或者提出某种信访类别基础上，为信访治理提供前提和策略，因而启发了我们对信访的思考和认识。其实，分类本身就具有深刻的哲理：现代社会产生于一个不断分化和理性化的过程，通过人类与自然、物质与神灵、虚无与实在乃至主观与客观、自我与他者、动物与植物等的区分，人类加深了对世界和自身的认识。可以说，没有分类，我们将无法采取任何行动，生活本身也会变得杂乱无章、一塌糊涂。随着科技的进步，人们对事物的分类也超越了自身经验可以把握的限度，像暗物质、超声波、红外线这些概念就大大延长了事物分类的谱系。社会领域的分类则与价值预设密切相关，关于阶级成分、"三个世界"、人民—敌人等带有意识形态色彩的分类上升到了话语的高度，构成统治与治理的基础。目前关于信访分类与治理分析的一个通病，就是在研究中渗入了过多的现实关怀和浓厚的"治理"情结，从而导致在研究中形成了许多价值预设，这表现在关于有理—无理、合法—非法、谋利—维权、强势—弱势、刁民—良民等非此即彼的对立二分上。比如上述申端锋认为乡村治理的一个基本事实是以户为单位进行分类治理，而不是就事论事式的治理，也不是以有组织的人群为单位进行治理，更不是以个体为单位的治理。他甚至主张针对治理对象（即农民）而不是事端进行分类，过于先入为主。而陈柏峰则以是否符合法律规定为标准，来划分有理访与无理访，这也值得商榷，且不说目前中国社会问题可法律化程度

---

① 陈锋、袁松：《富人治村下的农民上访：维权还是出气？》，《战略与管理》2010 年第 3、4 期。

② 尹利民：《"表演型上访"：作为弱者的上访人的"武器"》，《南昌大学学报》（人文社会科学版）2012 年第 1 期。

③ 饶静、叶敬忠、谭思：《"要挟型上访"——底层政治逻辑下的的农民上访分析框架》，《中国农村观察》2011 年第 3 期。

④ 魏程琳：《边缘人上访与信访体制改革——基于个案的实证分析》，《南京农业大学学报》（社会科学版）2015 年第 2 期。

如何，① 也不说法律在现实生活有没有至上性，法律对合法与非法的评判尚且勉强，遑论对有理与无理的判断？由于中国人秉持实体正义的理念，又有着独特的情理法观念结构，并兼受市场化的洗礼，个人逐利的动机也不断释放，对同样的问题会有不同的看法，因而对于是非对错、有理无理很难形成一个统一的标准，进而为信访治理提供殷鉴。

二　扩展型信访的解释基础

从某种意义上说，当前中国信访制度所面临的困境特别是信访治理所遭遇的乱象亟需研究者调整研究的思路、兴趣和策略，改变对于研究对象过于超然的态度，从而将道义、伦理等现实关怀注入研究过程。这又回到了"价值中立"这一经典思想的语境中。价值中立在西方社会科学研究中带有唯客观主义的色彩，按照价值中立的要求，在进行社会研究时要力求反映研究对象的真实状况，避免介入政治现实和作善恶、好坏的评价，从而摆脱先入为主的价值判断。自马克斯·韦伯明确提出并系统论证了价值中立这一命题以来，尽管西方学术界普遍将其确立为各自学科的方法论基本原则，但关于价值中立与价值关联的争论却没有停止。由于价值中立本身就有内在的矛盾，一些学者甚至认为价值中立只是一种幻觉。20世纪80年代，价值中立的理论被引入到中国后，学术界对其亦褒贬不一。面对中国当前的诸多现实问题，不管是公平正义理念的倡行，还是民权的保障、民生的改善，都离不开学者的道义关怀。在某种程度上，问题常常不是要不要价值中立的问题，而是价值的介入够不够的问题。

目前，对信访制度存废、臧否论争的一个核心问题是其对持续不降的信访洪峰的应对能力，即目前的制度框架和运作机制对信访的接纳和治理能力。撇开政府治理能力和资源不论，有两个因素必须考虑到：一是信访总量，二是治理成本。前者，高位运行的信访总量往往是社会关注、政府担忧的所在。确定目前全国信访的总量有一定的难度，一般认为每年党政口（不含人大及法院、检察院、纪委等系统）的数字在1000万以上，同

---

① 或曰法律对现实生活的填满度，即法律规范有没有覆盖社会生活的方方面面，某一社会问题能否最终化约为一个法律问题。

时官方宣布从 2005 年起至今总量连续下降但没有给出基础数字和下降幅度。① 其实,高估与低估访量这两种相反的情况是并存的,一方面,一些访民可能会增加上访的频次、部门乃至来电来函的数量②,网络的普及、复印的便利乃至各部门信访信息不能互联共享等都可能增加信访的账面数据;另一方面,自上而下的考核机制迫使各地信访部门不得不极力压低信访总量,如减少登记、运作销号、变更统计数字等。后者,关于治理成本,由于信访构成多样化,来信与来访、个体访与集体访、网络信访与线下信访、初信初访与重信重访、正常访与“非正常”访等在消耗信访资源方面迥然有异,难以判断总体的治理难度。因而,信访总量及治理成本这二者似乎都难以解释目前的信访状况。但进一步分析,信访总量是一个流动的概念,其沉淀的部分即信访的存量部分耗费了大部分的系统资源,这就好像一家医院,单纯门诊量的上升并不要紧,但如果住院率不正常升高,已治愈的患者迟滞出院,就将危及医院的正常运转。信访正是如此,即使信访总量不断上升,由于信访部门的不断扩容,协调议事处断能力的不断增强,乃至政府近几年在人力、物力、财力等方面的投入,似乎不是一个严重的问题。如果把信访受理、处理看作是一个“吞吐”机制的话,当前信访的一大弊病就是吐出不畅,造成信访事项的不断“驻留”、积压。显然“吐”出量,即当事人是否案结事了、息诉罢访,真正退出信访处理流程更有实际意义,信访的存量才是信访承载力的核心。从治理成本来看,不同类型信访的治理难度迥然有异,尤以重信重访和所谓“非正常访”为甚,各地为接访、截访乃至劫访,为化解所谓的“钉子案”“骨头案”等占用了大量的治理资源,但却难以精确化。

从这个意义上说,信访存量或信访积案比信访总量及治理成本更接近信访问题的核心。基于此,本研究尝试回归价值中立这一经典立场,在超

---

① 我国不同信访系统之间信息没有共享、联网,统计口径也不一样,导致不同信访系统的信访量可能既有重复的情形,也有漏登记的情形。赵凌在《中国信访制度实行 50 多年走到制度变迁关口》(《南方周末》2004 年 11 月 4 日)一文中提道:“中国去年全年信访超过 1000 万件”,陈里在《关于创新社会管理的几点思考》一文中指出“2010 年,全国信访总量 970 万件次”(见 http://theory.people.com.cn/GB/49154/49156/17376590.html),总体趋势是下降的。

② 上海一访民在 5 年中为同一事项赴京近百次、发封上千封。根据笔者的访谈资料:《上海疑难信访个案访谈之 WXF》,2013 年 5 月。

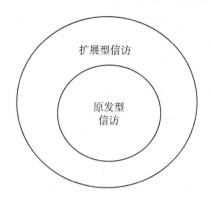

图1　原发型信访与扩展型信访

越上述各种分类基础上，提出原发型信访与扩展型信访这对分类类型，通过揭示信访的扩展、衍生逻辑及其消长机制来对当前中国信访"爆棚"的现象作出基础性、还原性的解释，就可能在一定程度上为中国目前的信访状况提供一个有意义的宏观解释（图1）。所谓原发型信访，顾名思义，就是符合信访事项受理要求的初信初访，所谓扩展型信访，是由原发型信访衍生、再生、扩展出来的信访，这是在前一类信访的基础上生长起来的，可以依附于前访，也可以单独存在。大体在20世纪90年代以前，信访是以原发型为主的，信访的内容也比较纯粹。然而，在这以后，特别是农村税费改革、城市取消收容遣送制度以来，在信访量窜升的同时，信访个案呈现出了一些新的特点——官方一般用"重信重访"来部分地描述这种情形，如上访频次、层级、事项、要求等的增多、提高，上访更具组织性、策略性及和更高的利益诉求。有人会数年如一日为几毛钱的问题上访，有人会撇开地方政府而常驻北京上访，有人会在上访过程中不断追加新的事项，提出新的要求。这种在以前比较少见的信访类型——信访，是令各级政府、官员头痛的所在，"钉子户"、无理访、缠访、闹访等大抵指的就是他们，更是政府稳控力量、精力的主要指向。

　　这种分析的要点，一是暂时悬置对信访个案的价值判断，特别是不做有理无理的分析，自然也回避对当事人人格品性等方面的评议；二是从动态的角度来揭示信访量扩张的机制和特点，揭示原发型信访与扩展型信访的消长关系，从而对当前信访量的上升提出一种技术性的解释；三是在前面分析基础上，就信访治理提出对策，给出削减信访存量的操作方案。而这些对策也恪守"价值中立"的立场，治理的依据不是靠贴（有理无理之类的）标签，而是靠完善技术流程等措施。最后想证明价值中立与现实关怀并不必然有内在的冲突与矛盾，在事实分析与判断阶段，价值中立的立场有助于我们厘清和洞彻事实的真相，而这并不妨碍我们在后期的价值干预，相反会提高干预的精准和效果。

三　信访存量的扩展逻辑及其形态

原生型信访与扩展型信访的划分同初信初访与重信重访的分类类似但有本质的不同。初信初访与重信重访划分的主要依据是信访的频次，这是信访部门中常见的分类，且重信重访率还是一个重要的考核指标，其初衷在于对访量的控制。信访的原生型与扩展型则立足于信访的生长机制来揭示信访的动态变化过程，即一部分原生型的信访是为何及如何演变为扩展型信访的。扩展型信访的扩展形态多样，它是原生型信访的衍生、并发、发酵、吸附、积聚、累积、演绎，因而可以从不同的角度作出阐释。比如实体性扩展，即信访问题与诉求本身的扩张，常常表现为一些"钉子户"不断提高要价或提出新的要求，尽可能将生活中的不幸、苦难与麻烦打包导入上访流程；程序性扩展，即当事人同时启动信访、司法、仲裁、举报等多种救济渠道①，同时向人大、政协、政府、党委等多个部

---

① 　东北访民单亚娟，一度来京上访反映本单位"弄虚作假、损害国家及职工利益等问题"。据其自述，2007 年她被接访人员送到京郊一家收容所，"在这里遭遇殴打，致其骶 5 椎体粉碎性骨折"。北京市公安局法医鉴定中心的结论是陈旧性骨折。单亚娟不服，自己先后跑了 5 家医院拍片做会诊，结论都不是陈旧性骨折。于是单亚娟放下与原单位的仇怨纠葛，"她的主战场，转移到了与北京公安、司法机关的争执上"。她同时在北京打了 31 场官司，涉及北京 8 个区的公检法。她在 5 个区法院各起诉了曾为其做鉴定的医院。同时，单亚娟在北京 4 个区的公安局、检察院都投诉或报了案。她到检察院告公安机关行政违法，检察院认为不够立案条件，她又去法院对公安局提起行政诉讼。一审法院不出裁定也不受理，她就告到上级法院。她还在老家打着两场官司：她去当地公安局告单位领导对她"非法拘禁"，公安局不立案，她就到检察院申请立案监督，又到法院刑事自诉。最近，单亚娟在北京上访村又联系了十几位曾被"黑监狱"关押的访民，去法院提起刑事自诉，控告黑监狱对其"非法拘禁"。集体起诉时，法院说他们没有证人，单亚娟就给大家出主意，一个人一个人起诉，受害人互相作证。根据石破《进京上访死结怎样化解？》（载 2010 年 9 月 4 日《南风窗》）整理。

门多头投诉①，上百次进京、上千次投信的访民并不鲜见，极大地耗用了行政与司法资源。扩展型信访的外部特征也五花八门，如被邀请、碍于情面而参加的上访，跟风上访、效法上访，甚至"拼访"（结伴访，非同一事项的集体访）也日益普遍——这是一种"抱团取暖"的扩展形式，可以使个体上访者找到"组织"、获得归属感、降低长期信访的风险。② 为简洁起见，本文从时间维度、展开类型、启动方式等方面通过案例来揭示信访扩展的逻辑。

（一）扩展的时间维度：追溯性扩展与预期性扩展

扩展的时间维度刻画了信访诉求可以延展的限度。在中国人的情理法结构中，对某事某因的看法与判断绝不限于一时一事一地，而是弥漫于更广阔的人际关系网络与更长程的时间演变中，对于事物的因果关系更有溯及力和预期性。因而，这种思维方式更有整体性、宏观性，不就事论事，而是就理论事。但与此同时，这种思维方式又比较模糊、圆滑和世故，它会为人们提供更富弹性的行动依据。信访存量的一部分就是这样扩展而来的。随着政策的调整和政治环境的宽松，与历史问题有关的上访群体会渐次呈现出来。③ 目前，一些地方开始出现因计划生育中被强制终止妊娠而导致后遗症的妇女上访群体，而涉军类的上访近年来也不断涌现。除了纯粹历史型的上访外，由其他信访附带的倒找型上访也不断出现。如 T 市某区煤矿李××的信访案件④：

---

① 在京访民往往抱着普遍"撒网"的心态，每天赶场子般频繁去各接访场所（不管与己事项是否相关）"划卡"、登记。

② 除了纯粹的集体访（比如因整个村庄的土地被征而导致的上访），抱团有两种情形：一种是将个体访转化为集体访，即召集家人、亲戚、朋友甚至花钱雇人来制度声势、施加压力；一种是访民自发或有组织的集体行动，尽管组织方式比较松散。上海访民形成了每月尾周五赴京上访的惯例，如同候鸟一样行动，连往返的车次也大致统一。另外，多起被外媒报道的上海访民在北京申请游行、在天安门金水桥抛撒传单等亦是集体行动。

③ 陈柏峰曾对一些上访群体进行了分析。见《特定职业群体上访的发生机制》，《社会科学》2012 年第 8 期。

④ 根据 T 市某区某社区管理中心《关于李××进京非正常上访问题的查处报告》，2008 年4 月。

　　李××系煤矿工人，1955年生，8级伤残。其子1996年在上小学期间被同学用玩具手枪误伤右眼，经诉讼对方一次性赔偿3800元。事隔六年后李又因此事要求为其子安排正式工作，并长期进京上访。因煤矿已于2001年破产，无法满足，但社区为安抚李一家，从2003年至今（2008年），每月发给其生活补助120元。李此后在上访中又提出了一系列其他要求。2004年李因赴京"非正常上访"被本地派出所拘留15日。李在拘留期满释放后随于当日到社区理论，与民警发生争执，称被打伤。2007年，为使李息诉罢访，有关部门一次性支付李33000元，李保证不再就此问题上访，但又食言。李同时不断要求伤残等级复查和伤病治疗，1995年经T市劳动鉴定为伤残8级，但本人不满，要求复查，提高伤残等级。2006年省有关部门复查后保留原认定。同时，煤矿公司及市、省医疗事故鉴定委员会也认为其医疗纠纷不构成医疗事故，李一直不服。李还提出了住房采光通风问题，社区为其调换住房，但事后李拒绝交出原住房，社区只好让步，不再追索原住房，当时李非常满意，但现在仍进京上访反映采光问题。

　　从时间上看，李提出的信访事项，既有追溯性的扩展，又有预期性的扩展。李的上访发端于其子作为受害方的民事侵权诉讼，其内容却是要求破产的煤矿安排其儿子的工作，即为谋求一种预期的利益，虽未达到目的，但却获得了定期补助。此后，李不断提出新的上访诉求，如因进京"非正常上访"而被拘留并与公安的冲突获赔33000元，以住房采光通风为由最终空手套白狼，赖到手一套房屋。特别是又旧事重提，不断翻出旧账"倒找"，要求对伤情和医疗重新鉴定，属于追溯性的扩展。信访制度没有时效限制，理论上无论多么久远、多么微小的事项都可以不断提出。而司法制度关于时效等的规定可以阻却、限制诉求的提出。

（二）扩展的展开类型：依附性扩展与独立性扩展

　　李××案集中体现了扩展型信访在运作中的扩展模式。由于中央不断强化"以人为本"的发展理念，持续加强和改善民生，民众的个人权益在得到保障的同时，也存在着过度释放的倾向，而信访则为此提供了一个宽松的平台，常常为一些不良信访人不当利用。中央向地方传导了越来越重的维稳责任，而地方政府在传统治理手段不断萎缩的情况下还要顾及法治的原则与要求，致使对访民息事宁人、一味迁就的情况屡见不鲜。而不少访民趁机不断添加不同的信访要求。从信访事项的相互关系来看，李××的信访要求除拘留及"被打"与上访相关外，其他的则是"打包""捎带"的内容，通过捆绑若干内容的方式，达到集约的效果，以提高问题解决的命中率，这可以称为独立性扩展，因为信访事项之间并不直接关联。依附性扩展则常见一些，以一个问题为基础展开，增加上访的频次、层级、事项、要求等。田先红曾介绍了这样一个例子，一个人通过持久的上访，获得了 5 个低保指标和不少救济[①]：

> 杨××系 6 口之家，包括他们夫妇、父母及儿子、儿媳。杨自己无业，儿、女都不在身边，妻子在镇上一小工厂上班。2000 年，杨因病至穷。2004 年为争取低保开始上访，理由有两条，一是其父母曾赡养过烈士之母，要求政府补偿；二是他家多人患病，自己患慢性肾功能衰竭，78 岁的老父患高血压、脑溢血，76 岁的母亲患高血压、胃病和风湿病，要求政府给予救助。经各方协调，民政局直接为其父母分配了 2 个低保指标（不占镇、村名额），2007 年杨又通过上访给自己和儿子分别弄了 1 个农村低保和 1 个城镇低保。除此之外，杨××还不断找镇领导，要求给予特困救助、大病救助和过年生活补贴。至 2008 年 6 月止，民政局和镇政府总共给予杨一家大病救助 7 次，资金额度 1.7 万元。另外，杨还通过上访将村里欠他多年的 1 万多元债务讨回。2009 年，又为儿媳弄到低保指标。至此，杨××家已经获 2 个城镇低保和 3 个农村低保。

一些上访人不但会将原初事项，甚至会将生活中几乎所有的意外、不幸与烦恼都归因于政府部门，把上访持续期间的直接、间接支出都计为索赔内容，形成不断扩展的利滚利式的复式诉求。当前信访的"钉子案"、

---

①　田先红：《治理基层中国——桥镇信访博弈的叙事，1995—2009》，社会科学文献出版社 2012 年版。

"骨头案"之所以难以化解，就与他们畸高要求的扩展密切相关，他们上访过程中所形成的问题往往超过了最初上访时要求解决的问题，与自己因上访而受到的"不公正"待遇相比，最初反映的问题显得微不足道，因而动辄几十万、数百万的索求，让信奉"用人民币解决人民内部矛盾"的地方政府实难承受，在财力有限的情况下，只得动用低保等民生资源。目前，因对信访人采取稳控措施（拘留、劳教、进"黑监狱"、关"学习班"等）而引起的信访以及因对政府或司法部门的处理不满，转而把矛头对准了政府或司法部门的信访占了很大比例。这一类事项介于独立性扩展与依附性扩展之间，往往与信访人对此的认知及处罚的正当性、妥当性有关，比如当前公安机关面临着越来越多的后期涉警或无责涉警信访问题，公安机关及其民警依照法律规定开展执法工作，不存在不履行或不正确履行法定职责的问题，但一些当事人对公安机关的执法活动就是不满意、不认可，使其公务活动往往动辄得咎。①

（三）扩展的启动方式：激励性扩展与习得性扩展

信访的扩展是一个动态化的过程，一些上访的老户正是在与政府部门打交道的过程中逐步习得了上访的知识与技艺，也渐渐地掌握了政府部门的"软肋"。他们习惯于研判政策、法律乃至报纸社论、领导人讲话，像"公平正义比太阳还要有光辉""要把权力关进制度的笼子里"等抽象论断都可以成为论证他们具体诉求的依据，从而不断地强化支持自己上访的话语体系，这种信访的扩展是习得性的。② 信访治理的一些措施和策略，如领导包案、干部下访、矛盾隐患排查等往往也会被访民反制和利用，这尤以信访考核机制所引发的博弈为甚，许多上访行为甚至是治理政策与策略所激励与释放的结果。访民频频利用信访运作机制和考核制度来达到自

---

① 例如，公安机关依法对犯罪嫌疑人采取取保候审、监视居住等刑事强制措施，但在一些受害人及其亲属看来，公安机关是违法把坏人"放"了。他们认为，有罪就应该被"关"起来，无罪才会被"放"出来。公安机关这样做，就是包庇坏人，放纵犯罪。见黄真顺：《无责涉警信访产生的原因和解决对策》，《公安研究》2009 年第 11 期。

② 笔者对许多老访民进行了跟踪调查，深感信访亚文化在形塑访民方面的作用。他们了解上层的政策、动向，掌握上访的技巧、策略，许多人为此学会了上网，甚至申请了 QQ，开通了博客。他们知道怎么在去北京的火车上逃票、如何防止身份证被扣押，在北京哪怕身无分文，也总能解决吃住的问题，总有找到归属感。

己的目的，这就带有政策激励性的特点。每当一项惠民政策出台，就会造就一批新的上访谋利者和食利者。不管是习得性的还是激励性的，都体现了上访的复制、示范、诱导、激励、放大等"十"效应。如 T 市某区下属企业（拖拉机厂）退休工人王××仅在 2001 年至 2004 年 3 年间就在国家信访局记账 50 次并多次"非正常"进京访①：

> 王××，1938 年生人，原市拖拉机厂基建办工人。王家原有四口人，除老伴外两个儿子一个被判死刑，另一个被判 17 年已刑满释放。王因"工作一直表现不好，不能按质按量完成领导交给的任务"在 1978 年调级中（1977 年调级为 40% 的升级面）由于职工不同意未通过。王对此不服，开始到中央、省、市上访，期间因其有"过激行为"，曾被拘留 10 天。1979 年因其"不服从管理"，再次受到降一级工资的处分。为此，王××于 1983 年起到农业机械部上访，1985 年，根据农机部建议，拖拉机厂为王晋升一级工资。但王继续上访坚持晋升 1978 年 40% 调级面的工资，并提出赔偿因上访造成的误工费、损失费等。1998 年省经贸委主持市、县经贸委及拖拉机厂参加的协调会议，议定所降一级工资不予恢复，王不服。2003 年区承诺给其 4 万元困难补助，让他息诉罢访，王依然坚持不低于 30 万元的要求。自 2001 年 7 月 20 日至 2004 年 5 月底，王已在国家信访局记账 50 次。当地至 2008 年已付给王 20 万元，并欲出资将其送入镇敬老院专人看护、供养，未成。王消停了约一年，又开始进京上访，并认为已死的儿子按照现在的法律不会被判死刑。

王××从 1983 年开始孜孜不倦地上访，迄今已届满 30 年。在这期间，王的家庭生活是不幸的：两个儿子都触犯了刑律，一个被执行死刑，另一个被判 17 年。同时，这个时期国家的信访政策也越来越宽松，信访逐步演化为一种不同利益主体之间博弈的平台。在几十年的上访历程中，王××与时俱进、不断学习，同时，愈益宽松的信访政策使当地政府很难

---

① 根据 T 市某区信访局《关于王××反映问题查处情况的汇报》（2004 年 8 月）、《区集中整治行动典型案例》（2006 年 7 月）等。

奈他如何。上访的生活已经融入了王××的生命，成为他人生中不可或缺的组成部分，舍此，尚未有另外一种可以寄托他心灵的东西可以替代。一位 70 多岁的老人让乡镇政府诚惶诚恐，这应该是制度设计的问题。

四　信访扩展的结构背景

信访存量的扩展逻辑显然受制于更宏大的社会结构与变迁之类因素的制约。只要我们假设信访存量的扩展逻辑是信访运行现阶段的特征，那么我们同样可以肯定，正是社会结构的变迁等要素造成或促进了信访的这种逻辑的显现。起码，以下这几种因素是不可以不考量的。

（一）社会与政治变迁的失调

改革开放以来，中国社会发生了急剧的变迁，社会的控制方式发生了根本性的转变。在经济突飞猛进的同时，政治与社会发展的速度不但远远滞后，而且他们本身之间也不协调。"中国的经济社会转型从总体上看，是经济和社会从原先的相互耦合状态以不同节奏转向各自的发展路径。现实中，当市场的要素被不断释放的时候，与之相应的社会机会结构还没有形成；市场对资源配置的作用越来越显著，而与此相匹配的社会生活秩序和社会整合方式还没有形成。"[1] 由于经济改革的辐射效应，中国的社会控制开始从高度整合的刚性结构转向低度整合的弹性或柔性结构演变。单位制的解体、户籍制度的松动、流动人口的剧增等在不断释放社会活力的同时，也对社会整合与控制的目标、方式提出了更高的要求，这需要有政治体制改革与变迁的回应。但囿于中国的国情，中国政治变迁相对滞后，仍然沿用了改革开放前的政治制度框架，党政机关习惯于以政治手段来应对社会问题："中国目前的所有问题，都是因为国家结构造成的，国家权力体系无法清晰分工，因此造成机构乃至人事责任不够清晰，都是因为后面有一个通纳一切的政党机制在发挥作用。全能型政党需要全能型政府，因此执掌国家权力的政党必须将政府打扮成包办一切的国家保姆。"[2] 在

---

① 李友梅：《经济社会转型期上海社会矛盾态势分析及源头治理机制研究》，《"十二五"规划重点研究课题成果摘编》（内部资料）2011 年 6 月，第 267 页。

② 同上。

这同时，基于现代法治的要求，行政体制改革的目标却是建设有限、法治政府。中国共产党一方面致力于调整执政方式，努力实现从革命党到执政党的转变；另一方面又必须保持社会动员能力，以"三个代表"等论断展示马克思主义政党的政治伦理。信访的扩展机制在某种意义上就是在社会与政治变迁失调的缝隙中产生出来的，从政治伦理上，执政党被赋予了对社会的无限责任，只有"一切依靠党和政府"才能"一切相信党和政府"，才能增强执政的合法性基础，从理论上讲群众可以通过信访向党和政府提出任何要求。但由于意识形态的变迁与淡化，在传统执政资源和手段萎缩、执政环境和条件变化的形势下，政治的运作过程更多地受制于技术、财力等硬实力。因而，信访的扩展有其深层的根源，这是在社会结构趋于松散、国家控制能力趋于弱化情况下出现的一种不可避免的现象。

（二）法治与民生话语的导入

倘梳理一下近 30 年来中国斑驳陆离的社会发展进程，"法治"无疑是色彩较为浓重的一笔。20 世纪 70 年代末，刚刚结束"文革"的中国痛中思定、乱中求治，拉开了以举国体制推行法治的帷幕。由于在立法中秉持形式法治的理念和"粗放式立法"的偏好，再兼对传统伦理习惯等本土资源的排斥及对工具性、技术性的片面追求，导致这套法律体系缺乏应有的历史、文化视野，"合法性"基础较弱，它在使中国用尽可能短的时间获得与西方国家在表面上一样完整的法律体系的同时，也在这个法律体系与现实社会之间留下了深深的鸿沟。由于法治具有普适性的价值并且已上升为治国理政战略，人们开始习惯于以法治来建构自己的行动依据，并不断地将个体权利释放出来。对访民而言，法律已成为他们常备的、主要的话语形式，成为与政府博弈的武器，并且对法律的不当使用也越来越普遍。由于政府不仅仅要受制于政治正确，而且要受制于法律正确，在维权的语境中，政府常常处于尴尬的境地。① 另一方面，中央确立了以人为本的发展战略，关注民生、保障人权、普惠大众，却往往导致意想不到的结果。在农村取消税费之后，农村的上访有了显著的上升，在城市废除收容

---

① 不少人借助法律规定来纠缠一些历史问题，如利用《物权法》来主张 20 世纪 50 年代被没收的房产等。

遣送办法后，城市的上访急剧窜升。每当国家出台一项惠民政策时，总会引发相应类型的上访波动，政府却面临治理手段匮乏的问题，无法对部分食利者进行鉴别乃至有效打击。

（三）压制与收买模式的误区

从 20 世纪 90 年代开始，信访治理发生了一个重大转向，即信访作为联系群众、政治参与，从而通过信访而治理（社会）的功能逐渐淡化，而削减信访存量，应对信访给社会造成的冲击，即（社会）对信访本身的治理成为凸显的目标。从指导思想上，维稳成为信访的最高原则，"不出事"逻辑成为了底层干部必须信奉的准则，导致基于增强政治认同的说服型治理手段式微，而基于强化整合力度的稳控型治理手段不断强化。由于被赋予绝对化的属地责任，自上而下的考核压力迫使地方政府陷入了压制和收买的双重误区。在信访实践中，对于提出过高要求的"钉子户"、缠访户，笼统的要求是积极化解、疏导、教育以致稳控，压制与收买是别无他途的选择。这一硬一软的治理模式不但没有起到应有的效用，反而让访民摸清了政府的软肋，扬言进京、靠访发财、以访谋生、择机上访、凡事必闹、遇节必访，从某种意义上说就是其反向激励的结果。在实践中，经常有地方政府一味唯"大众"马首是瞻，偏执地强调对"大众情绪"和"意愿"的极端服从、做"群众"的尾巴，迎合甚至讨好"百姓需求"，而对于这可能带来的社会风险显然缺乏应有的警惕。许多访民的"任性"超乎想像，一些访民经过长年累月的上访后，对最初的上访缘由逐步淡化，甚至抛到一边，转而开始"关心政治"和"国家大事"，从"政治高度"上解释自己的信访事项，对任何具有新闻效应的事件竭尽全力地寻找政治原因，而政治原因一定要追到政治体制这一根本上。[①]

五　扩展型信访与中国信访治理

目前信访存量的高企集中反映了社会转型期国家治理的失灵和困顿，

---

① 刘正强：《重建信访政治——超越国家"访"务困境的一种思路》，《开放时代》2015 年第 1 期。

其复杂性已溢出信访制度的框架，危及了社会的良性和安全运行。关于原发型信访与扩展型信访的分类在一定程度上揭示了中国信访存量扩张的逻辑和趋势，也为抑制和缓解信访的扩展势头提供了思路和启发。近期，在大的社会结构和信访体制不会有根本改变的情况下，必须在形成新的信访治理共识基础上，走出压制型和收买型的双重误区，摆脱运动式和非常态的治理惯性，形成多元化和包容性的治理结构，通过信访治理机制创新突破信访僵局，为深化信访体制改革创造条件。

一　治理思路：松动"属地"责任，走出"维稳"误区

自20世纪90年代以来，维稳成为最大的政治，因而也成为高于法律、政策等的信访指导教条。此后，治理责任的属地化得到强化，自上而下的压力型信访体制形成。维稳压力加属地责任，导致了无原则的治理，即不分青红皂白地要求把问题解决在当地、把人员稳控在当地。访民进京赴省上访屡屡触动中央和地方的敏感神经，在某种程度上规制了地方政府的行政行为，但往往为访民不当利用，演化为对抗地方政府的有效武器。正是由于中央对各地进京访、集体访、非正常访等的排名，使许多访民热衷于进京给地方政府施压，这迫使地方政府衍生出许多荒唐的治理手段，只能对访民围追堵截、分化收买或攻关"销号"。① 由于依法治国和依法行政的要求，国家治理手段受到法治的约束，必须顾及程序正义的要求，而访民则借由法治文化的熏陶，维权意识高涨，善于运用法律武器与政府博弈。因此，应该重估"维稳"的价值、策略，将社会稳定建立在弹性、可控的基础上，而不能将社会治理建立在社会是静态的假设基础上，相应地，信访通道应该成为社会的重要"减压阀"，以吸纳而不是制造社会矛盾，抑制而不是激发政治抗议。

僵硬的属地化责任也应该予以松动，而理顺央地信访关系是其关键环

---

① 销号有两种，一种是从国家信访局中销掉某些信访登记，这其中不乏恶意上访，即专门为地方挂号而进行的上访，另一种是"非访"，这是由北京警方来登记的，需要在警方处理前把人"捞出来"。当然，也有乡到县、县到省这样地方版本的销号。2010年全国"两会"时，某省给各地市下达了死命令，要求会议期间进京非正常访"零"记录。事后，果然全省实现了"零"非访。其实，这只是在销号上下了大功夫，"零"上访是不现实的。2013年"两会"时，某地为销掉一个14人集体赴京非正常访记录，花费6万元。

节。中央不需要受理具体信访事项，而只需起督导、政策研究等作用即可。而各地信访量特别是进京访的高低与地方治理状况也没有必然的联系，信访排名理由不充分，而无原则的问责更是荒唐。只要中央不再进行排名，访民以进京上访要挟地方的消耗战就会消停，而地方政府截访的积极性也会降低，起码基于中央、地方和访民三者之间攻防而造成的信访虚高扩展的这一部分存量会自然消退。同时，由于各地对一些全国性信访问题治理的空间日益逼仄，亟需加强信访治理的全国统筹力度，由中央对一些政治性、历史性问题重申或调整政策。要强化信访的专业化分类与治理，以批量解决一些共性的问题。

二　治理资源：盘活传统治理资源，实行适度社会动员

信访治理模式显然与国家拥有的治理资源密切相关。改革开放前，信访治理以政治说教为主，行政压制为辅。改革开放后，由于社会的急剧变迁，国家治理资源的结构也有了重大变化，以利益平衡为主、法律规范为辅，治理的程式化、技术化不断提高。收买式的治理，"用人民币解决人民内部矛盾"的恶果已凸显，前文已有表述。而依法治理的局限性也不断显现。信访制度来源于群众路线等执政理念，是一种具有中国特色的政治参与和权利救济制度，与法治的要求既不能背离，也不能替代。对于现行的法律制度必须客观地、实事求是地看待。法律制度并不是衡量社会治理的目标和手段的最高或唯一标准，如果只以现行法律为准，而不考虑信访治理的实际需要，实际上是以削足适履的方式来落实依法治国，这不仅会带来严重的后遗症，而且也难以取得民众的支持。中国多年厉行法治（制）的实践表明，法治是一种非常美好的理想，但法治本身并没有至上性，"法治控"却是一种非常危险的倾向。当前中国的法治实践，似乎多以诉讼，特别是鼓励讼争为路径，这是有很大的副作用的，值得警觉。执政党治国理政主张和治理资源只能逐步转化为法律的精神和要求，法律可以对人的行为进行调整，但它不能深入到人的精神、信仰、情感等层面，必须慎重处理信访与司法的关系，慎提信访法治化或司法化的设想。

因而信访治理，还需要盘活传统的治理资源，将群众路线、人民调解等内容贯穿于信访运行过程中。尽管民主、法治可以实现对基本社会关系的建构及对利益关系的调整，但却不能独立完成推进社会整合、促成社会

团结的任务。在中国的国情下，即使民主与法治建设有了很大进展，群众路线、群众工作也是须臾不可或缺的。群众路线是法治化、民主化、市场化的配套、平衡、减震、缓冲装置，更是执政合法性的补强装置和获取"实质合法性"的主要渠道，它被一些国外学者看作是中国对马克思主义理论最具原创性的贡献，王绍光则将其诠释为一种逆向公众参与模式，它所强调的是决策者必须主动、持续地深入到群众中去，而不是坐等群众前来参与。① 现在许多地方设置了叠床架屋式的机构，甚至许多"窗口"，一些地方大力推行所谓"市长""县长"热线，公布领导个人邮箱，建立个人微博，但唯独不愿直接面对群众，对于信访这类送上门来的群众工作躲躲闪闪，这是非常危险的。目前信访治理中的"包保责任制"、领导"包案"、下访等办法，功利色彩很浓，主要是基于维稳工作的被动需要而不基于群众工作的内在要求。传统治理资源都或多或少地具备社会动员的功能，这不但有助于释放政治活力，而且也是进行社会控制与整合的重要通道。在信访治理中发挥社会动员的作用，不但可以帮助国家机关优化政务流程、提高工作效率，而且可以通过发动访民借助辩论、听证、质询等方式，扩大访民中的正面因素和积极影响，在一定程度上可以挤压缠访、闹访等现象的发生空间。

三　治理结构：完善信访流程，优化治理机制

我国信访制度更多地体现了中国传统文化中"实质正义"的价值追求，强调"事要解决"，对信访事项的受理并没有设置一套严密的过滤程序。要借鉴诉讼立案制度，在信访受理环节引入审查机制，使信访受理适度司法化，实现对信访事项审查的"关口前移"，即改变信访力量配置，将工作重心设置在前端。通过时效、证据、当事人资格等条件的设置，建立起科学的信访案件准入机制，形成前端拦截网，可以将一些疑似无理

---

① 王绍光：《毛泽东的逆向政治参与模式——群众路线》，《学习月刊》2009 年第 23 期。王还认为，对公众参与政治模式的讨论假定，政策制定过程中存在一扇门，决策者在里面，公众在外面，建立公众参与制无非是把原来紧锁的门改装成虚掩的弹簧门，公众参与就好比公众推开了那扇门，得以登堂入室参与屋内的游戏。不过矜持的决策者却不会走出户外。毛泽东等中国革命的领导人对参与的理解截然不同，他们主张决策者必须走出户外，主动深入到民众中去，这就是著名的"群众路线"。

访、无解访过滤掉，从而形成良好的信访事项受理秩序，以抑制信访的扩展。当然，由于信访制度是当事人可以依赖的兜底性的救济渠道，受理司法化的要求可适当宽松于诉讼受理的要求。受理环节的拦截过滤与保障访民的实体权益并不矛盾，信访人尚有司法和民政救助等通道可资利用。虽然拦截过滤过程需要费一些时力，但相比让其进入信访流程后再终止上访要事半功倍，这有助于有效利用和节约信访资源，将有限的精力用在处理紧要的信访问题上。访民往往会把信访事项的受理视作对他们要求的肯定，会认为信访部门有先行的义务，他们就有了一种更加明确的"有理"感，对实现自身诉求的期望也会不断提高。对于已受理事项的处理则仍应以行政化的方式运作，即受理司法化，而处理则要实体化，以沟通、协调、谈判为主，将每一个个案梳理清楚。对有理访应该迅速解决，不要小事拖大、大事拖炸，延至答复期届满。对重大、疑难、复杂的事项可及时导入司法渠道。在处理过程中，要加强情感、心理等方面的干预，并且要充分利用地方性的知识进行沟通说服，必要时要让社工的力量介入进来。要守住底线，摒弃收买与稳控两种极端的化解方式，特别是禁止动用低保等民生资源维稳。要完善对无理缠访、闹访的治理手段。

要在治理机制中导入社会力量，强化社会关怀，形成开放式的治理结构。在信访存量中，有很大比例的信访事项掺入了个人情感、心理的因素，或者纯粹属于个人精神方面的问题，这就适合社会力量的介入，通过做工作对象的外围工作来转移其注意力、为其提供情感支持、使他们回归社会，从而促成信访人的转化和信访矛盾的化解。由于社会组织处于第三方的位置，比较超然，具有专业知识，可以广泛运用心理、情感等手段及熟人关系等资源，其运作更具人性、更富温情、更加细腻，是社会运行中的润滑机制、调压装置和震振系统，这是政府部门所不具备的优势。

六　小结与反思

本文基于大量实证调查的分析，提出一种新的分类方式，即原发型信访与扩展型信访，用以解释和揭示信访的衍生、扩张趋势。这样，起码使我们可以认识到：第一，信访的总量可能被高估了（当然也可能存在导致其被低估的因素），因为一部分信访者由于交通、通讯、网络等的便利乃至政策的宽松，会增加上访的频次、层级，会不断去北京的各信访部门登记，会不断给各级领导人发信，可以将一个信访事项扩张为成百上千，而信访部门却难以识别；第二，信访治理的难度可能被低估了，扩展型信访占信访总量的比例不断提高倒在其次，更重要的是，一件扩展型信访案件中，常常包含了当事人一揽子的要求，这些要求有些与其最初的上访有关，有些是额外提出来的（前者如因上访受到警方处理而提出的要求，后者如提出为子女安排工作、落实右派身份进而享受平反待遇等），解决难度大，往往当前的问题解决了，当事人又会提出新的问题。信访的扩展逻辑可能有助于我们对信访的总量判断和治理分析形成更清晰的思路。在此基础上，本文提出了若干基于抑制扩展型信访的治理建议。

对于信访问题的思考，需要我们具备一种更加超越的视野，从国家的总体性治理体系中去理解和把握。一般认为，改革开放前，中国社会是一个政治、经济、意识形态高度重合的总体性社会。[①] 在这种社会条件下，其实也存在着一套与其相对应的总体性治理体系。这套治理体系，以强大的意识形态认同为核心，形成了刚性的国家机器，具有强大的基础和专断权力。除了公检法司等常规化的国家治理制度外，这套架构还包括基于中共执政的理念、伦理而形成的泛政治化制度集合，比如统一战线与政治协商制度、信访制度、人民调解制度、劳动教养制度、收容遣送制度等。不仅如此，这套治理体系还具有极强的政治教化功能，并且不同制度间紧密衔接、相互耦合，具有较好的系统性、整体性、协调性。

今天，经过30多年的社会变迁，昔日总体性的社会已经发生了分化。由于社会发展的不平衡，社会各个部分变迁的速率、节奏乃至方向等并不完全一致，导致社会更加多元、复杂，尤其是市场机制成为了影响与控制社会的另一重力量。但由于中国以经济为主导的改革路径选择，尽管整个经济社会结构发生了翻天覆地的变化，总体性的治理格局却维持了下来，没有显著变化。这使得在社会及其治理之间产生了缝隙。不仅如此，总体性治理体系本身的效能也在不断减弱。一方面，国家积累了雄厚的社会治理资源，具有强大的社会管控的物质和技术手段，大部分治理制度借由理性化、科层化的目标得以强化；另一方面，治理体系内部各治理层次、手

---

① 　孙立平等：《改革以来中国社会结构的变迁》，《中国社会科学》1994 年第 2 期。

段、制度的共享性、兼容性在下降，它们之间的联结也变得松散。尤其是按照事本主义的要求，治理体系中不断祛魅、去政治化，政治治理、运动治理逐步被扬弃或趋于仪式化。基于法治、人权等的要求，一些治理手段（如收容遣送制度、劳动教养制度等）先后被废弃，治理体系各部分之间有所松动并不断形成缝隙。由于废旧立新是一个过程，新的基于法治的治理手段的形成完善尚需时日，这就造成了治理体系的缺口。

当今中国的信访困境，折射了国家与社会、政治与法律等的复杂关联。信访的源头是作为政治原则的群众路线，而法治理念已上升为国家方略，同时信访又承担了艰巨的治理功能。在这种情况下，信访问题其实凸显了国家的总体治理的困境，在这种格局下，信访作为最基础、最有效的治理安排和制度设置之一，实际上在以一种总体性、综合性的制度发挥作用，尤其是承担了"维稳"、救助等诸多勉为其难的功能，演化为一种兜底性的制度。所以，信访问题的严峻以及信访治理的窘境并非纯由信访制度本身使然；相反，更多的是因为信访制度承受了整个治理体系低效的代价。相应地，破解信访困局也离不开国家治理的整体设计。

（原文载《思想战线》2015 年第 4 期）

网下现实矛盾向网上虚拟矛盾演变中衍生性与变异性矛盾

——以河南省网络舆情突发事件为例

谢海军[*]

摘要： 网络虚拟矛盾与现实社会矛盾是一对矛盾的联合体，呈现出内在关联性和相对独立性的特征。依据矛盾量变和质变为依据，根据矛盾主体、矛盾焦点、矛盾变化方式、矛盾发展方向等要素变量分析，网下现实社会矛盾向网络虚拟矛盾演变中出现了衍生性和变异性矛盾类型分野。这两种类型矛盾演变呈现出若干特征：在矛盾类型格局构成维度上，现实社会矛盾向网络虚拟矛盾演变中变异性矛盾凸显；两种矛盾类型分化的关键变量上，政府治理能力是矛盾类型分化的焦点；网络变异性矛盾导致矛盾焦点连续转换与舆情周期延长。

关键词： 现实社会矛盾；网络虚拟矛盾；衍生性矛盾；变异性矛盾

网络最初作为一种数字化的新技术，呈现出一种技术性特征，随后，逐步改变人们生活方式、思维方式和交往方式，其社会属性愈加突出。与此同时，社会矛盾从过去以单一物理空间为载体的现实社会矛盾形态，转变为现实社会矛盾与网络虚拟矛盾相互关联的两种社会矛盾形式。网络虚拟矛盾新形态的出现，导致矛盾存在的物质载体、矛盾表达形式、矛盾演

---

[*] 作者简介：谢海军，郑州大学公共管理学院教授，博士，研究方向：社会矛盾与冲突治理。国家社科基金项目："全面深化改革中社会矛盾'微治理'研究"（17BKS075）、河南省高校哲学社会科学应用研究重大项目："河南省网络舆情突发事件新特征及应对研究"（2016—YYZD—05）的阶段性成果。

变机理发生了较大变化，网络围观、网络舆情突发事件、网络群体性事件等新矛盾形态不断出现。目前，对网络虚拟矛盾研究侧重于从网络舆情演变的角度分析其演变的环节、过程及机理研究，本文侧重于把现实社会矛盾与虚拟矛盾作为一个整体性系统，打通现实矛盾与网络虚拟矛盾的关联性，分析现实社会矛盾向网络虚拟矛盾转变过程中，矛盾的形态和性质发生哪些变化。

一　网络虚拟矛盾形态与现实社会矛盾形态的关联性和相对独立性

人类社会矛盾产生以来，以人的主体存在、空间维度和时间维度等物理要素统一性为特征的现实社会矛盾，是矛盾存在的唯一载体和形态。随着以数字化符号为特征，以网络空间为载体的网络虚拟社会出现，网络虚拟性、匿名性、互动性、即时性等新特征，改变着矛盾存在载体，矛盾表达形式和矛盾生成机理，形成了矛盾存在新形式，即网络虚拟矛盾。导致人类社会产生以来，人类社会矛盾从传统的单一现实社会矛盾形态，转变为现实社会矛盾与网络虚拟矛盾并存的两种社会矛盾形式。

网络虚拟矛盾与现实社会矛盾是社会种矛盾的两种表现形式和一对矛盾的联合体，既存在着内在相互关联性，又存在着相对的独立性。

从矛盾主次性看，现实社会矛盾与网络虚拟矛盾并非两种完全独立的矛盾形态，而是一种矛盾的正反两面，呈现出矛盾的对立统一性特征，表现在矛盾的主要方面和次要方面。从矛盾的主次性看，现实社会矛盾是矛盾的主要方面，而网络虚拟矛盾是矛盾次要方面，这种矛盾主次性主要体现在：现实社会矛盾决定、制约和支配网络虚拟矛盾的产生、发展和解决。因此，现实社会矛盾对网络虚拟矛盾产生、发展具有决定性、支配性和制约性的作用。"网络社会矛盾毕竟不能够脱离现实社会而存在，它不是一个同现实社会并行的现象，而是现实社会的一个有机组成部分。网络不可能无根由地引发社会矛盾。网络上的主要议题来自现实社会，网络社会矛盾的基本趋势也是取决于现实生活当中社会矛盾的基本趋势，而不是取决于网络自身"①。

从矛盾关联性看，现实社会矛盾与网络虚拟矛盾呈现出"源"与"流"之间的关系，网络虚拟矛盾往往来源于现实社会矛盾，是现实社会矛盾形态在网络虚拟社会的延伸和反映。"从现实的角度看，网络社会是现实社会人们交互作用的结构、环境和空间的延伸与拓展；从虚拟的角度看，网络社会依存于现实社会，是一种真实"。②

同时，网络虚拟矛盾又不是现实社会矛盾投射的等值反映，而是会出现风险扩散、风险放大和矛盾变异等现象。因此，网络虚拟矛盾又不是现实社会矛盾的简单翻版和等值投影，它又有其自身矛盾演变机制和特征，使其成为相对独立的矛盾形式。因此，网络虚拟矛盾包含着现实客观矛盾的因素和主观风险感知的建构，"部分的是一种客观伤害威胁，部分的是文化和社会经验的结果"。③ 网络虚拟矛盾独立性是以现实矛盾作为参照系，形成网络虚拟矛盾的相对独立特征。网络虚拟矛盾独立性包括：矛盾存在载体空间数字化和虚拟性、表现形式的舆情情绪冲突化、矛盾生成机理独特性、发展趋势的双重性。

首先，网络虚拟矛盾存在的数字符号空间与现实社会矛盾存在的物质空间的载体不同。现实社会矛盾有其物理空间维度，需要现实人的主体，以及空间、时间等物质维度，而网络空间依据数字化的空间，没有时间、空间等物理维度，现实中人的主体被转化为数字符号，形成"虚拟人"以及交往的符号化，匿名性和"无名氏"凸显，构成数字化的虚拟社会基本特征。

其次，网络虚拟矛盾与现实社会矛盾表现形式不同。现实社会矛盾通过人的主体存在为核心的聚集，并通过一定行为符号的特征，如：围堵政府、游行、示威、打、砸、抢、烧等有形行为展现出来。网络虚拟矛盾因其虚拟性，其表现形式是以人的符号特征为主体，通过文字、语言等符号的交往，产生以网络围观、网络舆情突发事件、网络群体性事件为表现形

---

① 吴忠民：《网络时代社会矛盾的主要特征分析》，《马克思主义与现实》2014 年第 6 期。

② 戚攻：《"虚拟社会"与社会学》，《社会》2001 年第 2 期。

③ R. E. Kasperson. The Social Amplification of Risk: Progress in Developing an Integrative Framework of Risk. In Sheldon Rrimsky, Dominic Golding（eds）. Social Theories of Risk. Westport, CT: Praeger. 1992, pp. 153—178.

式的无行为特征的社会情绪与心理冲突。"网络容易放大和渲染社会的阴暗面，网络言论近乎绝对自由却无需承担责任，使他们的不满情绪、相对剥夺感基于网络而得以发酵与凝结。"①

　　然后，网络虚拟矛盾生成机理不同。网络虚拟矛盾可以实现人的场域脱离，矛盾主体人可以不在现场，实现矛盾主体、时间、空间等物理空间维度的缺失。网络虚拟矛盾不再像现实矛盾生成中，通过人际传播，以人的语言、情绪表情互动、身体接触等行为触发矛盾，而是通过文字符号等实现主体之间的互动，引发、激化或平息矛盾，舆情符号传播与情绪传播并存。因此。网络社会矛盾发酵、矛盾主体聚集、矛盾表达形式等要素不同于现实社会矛盾生成。基于现代信息技术便捷性、互动性、匿名性等特征，网络虚拟矛盾降低了传统现实社会行动中的时间、金钱等理性成本，减少了组织资源成本和政治机会结构的限制，使传统集体行动"搭便车"逻辑受到挑战。实质上，网络虚拟矛盾是以抽象数字符号为载体的，以舆情传播为途径，引发人们情绪或心理冲突的过程，并不会直接像现实社会矛盾产生有形的行为冲突，但会产生网络空间矛盾的风险放大和矛盾变异。

　　最后，网络虚拟矛盾发展趋势的二重性。一是网络虚拟矛盾止步于网络空间，形成单纯的网络虚拟矛盾。它没有助燃现实矛盾，形成负面的社会心理或情绪冲突，以虚拟空间特有的网络围观、网络舆情突发事件等矛盾冲突形式表现出来；二是网络虚拟矛盾在网络空间放大社会矛盾，在现实矛盾其他条件配合下，助燃现实矛盾，形成了现实矛盾到虚拟矛盾，再到现实矛盾的恶性循环过程，从网络空间的舆情冲突再上升到现实社会的行为冲突。

　　目前关于网络围观、网络舆情突发事件和网络群体性事件的研究局限于网络空间维度，割裂了现实社会矛盾与网络虚拟矛盾的整体性，导致网络虚拟矛盾研究缺少"源头"之水，局限于就虚拟矛盾谈虚拟矛盾。本文主要从网上虚拟矛盾与网下现实矛盾的整体性和关联性视野研究为视角，着重分析现实社会矛盾向虚拟矛盾转化过程中矛盾变化特征及类型研究。

---

① 邓希泉：《网络集群行为的主要特征及其发生机制研究》，《社会科学研究》2010 年第 1 期。

二　网下现实社会矛盾向网络虚拟
矛盾转化的变量维度分析

现实社会矛盾遇到诉求表达渠道供给不足，以及诉求的吸纳、整合和回应较差时，网络以其便捷性、匿名性、互动性等特征，成为民众首选的利益表达渠道。当前网络围观、网络舆情突发事件和网络群体性事件多发、频发，反映出现实社会矛盾利益诉求表达的制度供给不足、制度吸纳和回应较差的问题。

现实社会矛盾向网络虚拟社会转化，并非矛盾场域简单的转移，而是矛盾诸多要素发生了系统性变化，其中，矛盾主体、矛盾方式、矛盾能量和矛盾后果发生了整体性、系统性变化。

首先，从矛盾生成主体看，现实社会矛盾中特定利益主体向网络空间无限多元利益主体转变。现实社会矛盾有着特定的利益主体，主要为矛盾的利益相关者，现实中特定利益相关者主体一旦转为网络围观、网络突发事件和网络群体性事件，由于网络的跨地域性、时空性、便捷性，可以减少现实行动中时间、金钱、风险等成本，克服"搭便车"行为，迅速转变为无限多的人在网络空间的聚集、围观、评论等。人是矛盾生成和演变中最活跃的主体，网络突发事件之所以迅速发酵、变异，难以控制，根本原因在于网络跨地域性和跨时空性中的人的快速集聚便捷性和无限扩大性。

其次，从现实社会矛盾向网络虚拟矛盾演变内容看，现实社会矛盾大部分是利益矛盾，特别是物质利益诉求明确的利益矛盾，矛盾的诉求目的和指向明确，这种利益性矛盾往往通过合理的利益补偿机制化解。一旦转移到网络空间，"塔西佗陷阱"基础心理效应，也会转移到网络空间，构成网络空间主体普遍的心理基础和底色。在网络舆情选择性报道、词语修辞夸大报道下，网络舆情的暴力效应，使网络群体极化心理凸显。现实中利益矛盾被转化为情绪、心理矛盾的发泄，原有的利益矛盾被完全遮蔽，利益矛盾转化为社会心理和情绪冲突。如果说实现社会矛盾更多的是基于利益表达为主，辅之于情绪、心理冲突为辅的社会矛盾，在网络空间则表现为更多的情绪与心理冲突。

再次，从冲突的能量看，网络冲突大多属于非现实冲突，其冲突能量更加激烈。西方社会冲突学家齐美尔、科塞、达伦多夫等都对冲突的能量及内涵作出论述，其中，科塞认为冲突的强度就是冲突的激烈程度，它主要反映冲突的破坏性以及双方对立与排斥的程度。达伦多夫则试图区分冲突的强度和烈度，冲突强度是"冲突团体力量上的消耗数量和卷入的程度"①；冲突烈度是指"冲突群体所适合用某种武器的程度手段"②。现实社会矛盾中大部分属于利益型社会矛盾，冲突更多的是手段而不是目的，目的是挽回利益损失。此时，"损失与收益"比较中的理性人遏制了非理性情绪，冲突的能量被限制在可控范围内。"群体越是在现实的问题（即可达到的物质性目标）上发生争端，他们就越有可能寻求实现自己利益的折中方案，因此，冲突的激烈性就越小"③。

当现实社会矛盾转向网络虚拟矛盾时，矛盾更多是情绪和心理冲突，是一种非理性冲突。舆情扩散和传播，既是一种信息传播，更是情绪传播。这种非理性情绪更多是通过网络语言符号表达出来，这些非理性语言符号是一种各种情绪混合体，但占主导地位的情绪语言有"愤怒、谩骂、谴责、震惊、恐慌、焦虑、无奈、煽情等"。这些网络情绪能量虽然并不会直接造成现实物质受损，但是其情绪从平静状态，经过焦虑、恐慌、震惊阶段，向负能量更高的愤怒、谩骂等泄愤状态，即从民怨—民愤—民怒等冲突能量逐步上升。"群体越是在不现实的问题上发生冲突，在冲突中激起的情感与介入的程度就越强，因此冲突就越为激烈"④。

然后，从冲突手段看，现实社会矛盾向网络虚拟矛盾转换的方式大多属于"踩线而不越线"的灰色地带。目前，关于社会矛盾冲突手段分类，最常见的是依据冲突手段是否违法，分为制度内法治手段、制度外违法手段和处于两者之间的"踩线而不越线"的灰色地带。现实社会矛盾容易区分冲突手段的三种类型，当现实社会矛盾向网络虚拟矛盾转换时，特别是走向虚拟网络空间，形成虚拟矛盾形态，形成网络发帖、网络围观、网

---

① 谢立中：《西方社会学名著提要》，江西人民出版社 1998 年版，第 223 页。

② 同上。

③ ［美］刘易斯·科塞：《社会冲突的功能》，孙立平等译，华夏出版社 1989 年版，第 35 页。

④ 同上书，第 50 页。

络群体性事件，更多的是以网络语言为符号特征的交流、互动、发泄等状态。

与现实社会矛盾中肢体冲突、财产损失、人身伤害等有形损失不同，网络虚拟矛盾存在于非现实物理空间，没有冲突主体肢体冲突，也没有直接的语言交流，而是通过文字符号、视频影像，造成以舆情扩散为符号的情绪冲突。尽管它不会直接造成肢体冲突、财产损失和人身伤害等后果，在语言等符号表达中，伴随着事件表达与歪曲事实的谣言并存；一般的情绪表达与煽动性的情绪冲突并存；正常舆情传播与谣言传播交织；正常的利益诉求与非法的人身攻击并存。与现实社会矛盾违反具体法律条文，造成严重社会损失不同，网络虚拟矛盾更多是语言符号和情绪冲突，违法与非违法交织在一起，没有明显的边界，"踩线而不越线"的灰色地带更为突出。

三　网下现实矛盾向网络虚拟矛盾转化中衍生性与变异性矛盾的区分度

除了上述从矛盾表达方式、矛盾内容、矛盾能量等维度，考察现实社会矛盾向虚拟社会矛盾转化的动态变化之外，如果把矛盾量变与矛盾性质结合在一起，观察现实社会矛盾向虚拟矛盾转换之后的发展趋势及其分类，更有助于我们深化现实矛盾与虚拟矛盾转化之间的内在规律。

观察矛盾变化的维度是多元的，但基本的维度是矛盾量变和性质的变化。矛盾量变是指矛盾要素在数量、速度、空间等变化；矛盾性质变化是指矛盾要素在质上发生的变化。"当事物的运动在第一种状态的时候，它只有数量的量化，没有性质的变化……。当事物的运动在第二种状态时候，它已由第一种状态中的数量的变化达到了某一个最高点，引起同一物的分解，发生性质的变化，所以显出显著地变化的面貌"[1]。从矛盾量变和矛盾质变两个维度观察现实矛盾向虚拟矛盾转化的过程中，会出现矛盾两种不同发展趋势，即衍生性矛盾和变异性矛盾。

衍生与变异作为一对对应的范畴，最初来自于生物学意义。衍生意指

---

[1]　《毛泽东选集》第1卷，人民出版社1991年版，第332页。

从母体物质得到的新物质；变异意指亲子之间性状表现存在差异的现象。这里衍生性矛盾与变异性矛盾的范畴，从生物学内涵扩展至社会科学领域。衍生性矛盾是现实社会矛盾向虚拟矛盾转化过程中，矛盾的数量、速度、空间等要素发生变化。衡量衍生性矛盾变化的主要标准是：从现实社会矛盾向网络虚拟矛盾演化中主客体、矛盾焦点、矛盾演变方式、矛盾后果四个要素没有发生整体性、根本性变化，只是发生了量变，即矛盾客体从现实矛盾向虚拟矛盾转化中的同一或相似主体；矛盾焦点从现实矛盾向虚拟矛盾转化中的一致性；矛盾演变方式从现实矛盾向虚拟矛盾演变中的非线性传播方式；矛盾后果预见性和可控性较强。

　　河南省重大网络舆情突发事件案例中，2011 年汝南警察酒后肇事事件就属于"衍生性矛盾"案例。汝南警察酒后肇事最初在现实矛盾"本体"事件中表现为"警察酒后肇事致人死亡"，作为"警察、酒后、致人死亡"等挑起民众神经的敏感语言符号，致使该事件迅速发酵到网络，人们对该事件质疑进一步细化，如警察素质、警察监管、事件信息公开等"变体"事件。从现实矛盾中"本体"事件，向网络虚拟矛盾转换"变体"事件之后，并没有发生矛盾性质的根本变化，主要表现在矛盾主客体、矛盾焦点没有发生性质变化上。从矛盾主客体上看，始终围绕着民众主体与警察客体，虽然，"变体"事件中，对上级公安机关监管提出质疑，但都属于警察职业。同时，该事件中矛盾焦点也没有发生根本变化，从警察酒后肇事后果等到警察素质、警察监管、事件信息公开等，都是原来矛盾焦点的延伸，并没有超出警察酒后肇事属性的大范畴。因此，该事件从现实"本体"事件到网络"变体"事件，属于衍生性矛盾。

　　变异性矛盾是指矛盾发展过程中矛盾性质发生了变化，现实社会矛盾向虚拟社会矛盾转化中，矛盾的主客体、矛盾焦点、矛盾演变方式、矛盾后果均发生了根本性转折，即矛盾主客体从现实矛盾向网络虚拟矛盾演变中矛盾主客体发生了变化；矛盾焦点从现实矛盾向网络虚拟矛盾转移发生了根本性变化；矛盾演变方式出现了跳跃式变化；矛盾后果不可预测性和不可控性较强。例如，2013 年河南省义昌大桥垮塌事件，该事件经媒体曝光后，其"本体"事件焦点集中"烟花爆竹爆炸引发的桥面垮塌"。该事件转移到网络后，迅速发酵，形成网络围观，矛盾先是转移到"大桥质量问题"，随后，又转移至对"中国式事故应对方式"的质疑，再到最后"赔偿中同命不同价"的争论，导致矛盾发展趋势不可预测和后果可控性较差。在矛盾转移到网络空间后，矛盾发展趋势从矛盾主客体、矛盾焦点、矛盾发展方式、矛盾后果均发生了重大变化。

矛盾客体从现实社会矛盾"本体"事件中的大货车司机，转化为义昌大桥的建设者，再到义昌大桥建设的监管者；从矛盾焦点看，矛盾焦点从现实社会向网络虚拟矛盾演变中，矛盾焦点从"烟花爆竹引发桥面坍塌"到"大桥质量问题"，又转至"中国式事故应对方式"，最后至"赔偿中同命不同价"的问题，矛盾焦点连续发生三次根本性转移；从矛盾发展方式看，矛盾发展非线性，从一个矛盾跳跃为另一个矛盾，矛盾发展没有连续性和关联性。总之，2013 年河南省义昌大桥垮塌事件中，现实矛盾向网络虚拟矛盾转化中，变异性矛盾主要表现在矛盾主客体、矛盾焦点、矛盾发展方式、矛盾后果均出现了根本性变化（见表 1）。

表 1　　现实矛盾向虚拟矛盾演变中衍生性矛盾与变异性矛盾区分标准

类型	客体	焦点	方式	后果
衍生性矛盾	矛盾主客体一致	焦点一致性	线性传播	可控性
变异性矛盾	矛盾主客体异化	焦点连续转换	跳跃式传播	不可控性

资料来源：作者整理。

四　网下现实矛盾向网络虚拟矛盾演化中衍生性与变异性矛盾的特征

通过对河南省网络舆情重大突发事件中矛盾发展变化的梳理，可以发现现实社会矛盾向网络虚拟矛盾演化中衍生性与变异性矛盾呈现的若干特征。从两种矛盾类型数量构成维度上看，现实社会矛盾向网络虚拟矛盾演变中变异性矛盾凸显；从两种矛盾类型分化的关键变量上看，政府治理能力是矛盾类型分化的变量；网络变异性矛盾导致矛盾焦点连续转换与舆情周期延长。

（一）现实社会矛盾向网络虚拟矛盾演变中变异性矛盾凸显

矛盾数量是最能直观反映矛盾变化的衡量尺度。现实社会矛盾向网络虚拟矛盾转化过程中衍生性矛盾与变异性矛盾，是两种既存在着某种关联度而又有差别的矛盾，这两种不同类型矛盾决定着矛盾发展态势及其走向。

依据人民网舆情室每年发布的重大网络舆情突发事件排名，选取河南省2010—2016年重大网络舆情突发事件案例，依据现实矛盾向网络虚拟矛盾转换中矛盾主体、矛盾焦点、矛盾转化方式的特征分析，将其分为衍生性矛盾与变异性矛盾两种类型。其中，衍生性矛盾8例，占据重大网络舆情突发事件中矛盾变迁类型的22%；变异性矛盾17例，占据重大网络舆情突发事件中矛盾变迁类型的68%。从矛盾类型格局看，变异性矛盾占据矛盾总量的主导地位（见表2）。

这种矛盾比例结构和格局的构成，反映出一旦遇到矛盾激化的机会，民众往往不愿意止步于"就事论事"来化解社会矛盾。更多的民众喜欢将事件扩大化，通过矛盾主客体变异，矛盾焦点转换，最终将矛盾的客体、矛盾焦点集中在政府单一主体。这反映出现实社会中"官民矛盾"凸显，政府在矛盾预防、产生、化解等诸多环节中存在着不足，使民众在现实社会中积累了大量的矛盾，而现实矛盾向网络空间演变中的变异性矛盾，只不过是现实空间中的官民矛盾在网络空间的延伸与反映。

表2　　2010—2016年河南省重大网络舆情突发事件衍生性与变异性矛盾

事件	现实初始焦点	网络衍生（变异）焦点	矛盾类型
赵作海冤狱事件	执法过错	司法不够独立	衍生性
"茶杯门"农民被拘事件	干部作风、公权力滥用	征地矛盾	变异性
鲁山县青年看守所"喝开水死亡"事件	死亡真相探寻	警察刑讯逼供	变异性
栾川县大桥垮塌事件	建筑工程质量安全问题	政府监管不力	变异性
"天价过路费"事件	过路费的不合理、量刑过重	司法公信力	变异性
正阳县碾人案	政府工作人员不作为	政府信息公开的真实性	衍生性
"瘦肉精"事件	养殖户滥用非法添加物	政府监管不力	变异性

续表

事件	现实初始焦点	网络衍生（变异）焦点	矛盾类型
南阳市公安局"最牛回复帖"事件	政府工作人员的素质低下	滥用职权	衍生性
河南"宋基金"事件	雕塑主题的矛盾	慈善事业的信息公开	变异性
信阳市老促会主任酒后强奸案	政府官员作风问题	警方不作为	变异性
郑州"强拆自焚"事件	征地强拆	对政府信息的质疑	变异性
"周口平坟"事件	政策执行的多重标准	政策制定合理性的质疑	衍生性
"郑州房妹"事件	官员的家族贪腐	郑州经适房的政策	变异性
中牟超编公车低价拍卖	低价拍卖公车	程序合法性问题	衍生性
袁厉害事件	弃婴收养的合法性	政府不作为	变异性
义昌大桥坍塌事件	公共安全缺乏监督	差额赔偿，同命不同价	变异性
林州民警酒后摔婴事件	对民警个人行为的谴责	对司法办案机关的质疑	变异性
《南风窗》不实报道事件	对涉事村干部的批判	新闻媒体报道真实性质疑	变异性
"非正常上访训械中心"事件	管理方式的不当	对上访问题的思考	衍生性
洛阳副市长失联事件	对真相的探求	官员腐败	衍生性
"获嘉污染"事件	企业污染问题	官员作风	变异性
"民权超载夫妇自杀"事件	对弱者的同情	执法冷酷，缺乏柔性	变异性
大学生掏鸟案	量刑是否过重	新闻报道片面性，司法腐败	变异性
"有病"科长嗑瓜子事件	干部作风	管理部门的回应	衍生性
王娜娜事件	对顶替者谴责	对政府部门的追责	变异性

资料来源：案例选取人民网舆情室公布数据，其他作者整理。

（二）政府治理能力是衍生性与变异性矛盾类型分野的关键变量

在河南省重大舆情突发事件中，矛盾客体在最初现实社会矛盾"本体"事件中，矛盾主体呈现多元化类型，但经过变异性矛盾后，均转移为政府、司法等主体。可见，政府、司法部门始终是当前现实社会矛盾或网络虚拟社会矛盾的聚焦点，"涉官"、"涉警"问题始终是中国现实社会矛盾和网络虚拟矛盾的高发区。

通过深入分析，我们发现从现实社会矛盾转向网络虚拟矛盾中衍生性和变异性矛盾类型中，两种不同类型矛盾中矛盾焦点的转化路径还是有所差异的。在现实矛盾向网络虚拟矛盾演变的衍生性矛盾中，8例网络舆情重大突发事件的矛盾焦点主体在现实"本体"事件中，通常矛盾客体是政府、职能部门或司法部门，向网络空间转移后，其矛盾主体仍然是政府、职能部门或司法部门，矛盾客体具有高度一致性。

而17例变异性重大网络舆情突发事件中，其现实社会矛盾中"本体"事件客体有三种类型矛盾，一是市场经济中的企业主体，如：义昌大桥垮塌事件中，"本体"事件矛盾客体是大桥建造者；同样，获嘉污染事件，现实矛盾"本体"事件主体是污染企业。二是政府官员个体。如，郑州"房妹"事件中，"本体"事件是家族贪腐，同样，林州民警酒后摔婴事件，现实事件"本体"也是民警个体。三是公民个人问题。例如：兰考"袁厉害"事件中，最初矛盾主体是袁厉害个体。在矛盾变异性事件中，其矛盾客体均实现了较大的变异性转换。一是从企业等利益主体，转换到政府及其职能部门的监管问题；二是从政府公职人员个体或司法部门个体问题，转移到政府部门监管或惩处问题；三是从公民个体矛盾，转移到政府部门不作为或监管问题。

当现实社会矛盾演变为网络虚拟矛盾后，特别是转化为衍生性矛盾形式后，不同利益主体之间矛盾往往迅速转化为政府单一主体的矛盾，矛盾客体聚焦于政府单一主体。从线下社会矛盾与网络虚拟矛盾演变中矛盾变化看，政府是矛盾治理能力的关键维度，这种矛盾治理能力既包括网下现实社会矛盾的治本能力，也包括网络虚拟空间的治标能力。从治本角度上，衍生性与变异性矛盾变化，反映出现实生活中，民众对政府信任度缺失，部分基层政府的合法性基础流失，民众现实生活中对政府不满转移到网络空间，政府陷入"塔西佗陷阱"的怪圈，一旦遇到不同利益主体矛盾，政府往往成为矛盾的客体。

从治标角度看，反映出政府应对突发事件，特别是网络舆情突发事件的能力欠缺，政府回应及时度、高效率、公开、公平、方式多元化等方面存在整体性能力不足，相反，政府回应拖延、回避、转移话题等方式，导致民众迅速转移矛盾焦点和对象。"政府回应显著影响网络群体性事件的解决效果；政府回应的主动性、速度、透明度、公正性、方式的现代性与多样性以及政府与其他主体的互动性等要素与事件的有效解决密切相关"。[①]

（三）网络变异性矛盾导致矛盾焦点连续转换与舆情周期人为延长

现实社会矛盾演化为网络虚拟矛盾后，衍生性矛盾由于矛盾客体接近，矛盾焦点一致性较强，倾向于"就事论事"，舆情周期较短。近些年，由于政府在面对现实矛盾向网络虚拟矛盾转化过程中，应对不及时、应对不当或有失公平等原因时，变异性矛盾焦点会发生连续转换，甚至会出现矛盾焦点的两次甚至多次转换。

例如，2013 年兰考袁厉害事件中，"本体"事件中七名婴儿被烧身亡的事实真相成为网络舆情的焦点，引爆舆情的高峰，但由于当地政府舆情应对不当，网络舆情从事件本身真相探究，转向了民政部门不作为，政府有钱盖大楼无钱救助等舆论焦点，事件焦点发生了根本转移，导致两次或三次舆情高峰值的出现，人为延长了舆情周期，对兰考政府等公信力造成了持久的损害。

网络矛盾中矛盾焦点两次甚至三次连续转换，总是围绕着政府及其职能部门，其内容集中在政府不作为、政府监管不力和政府职员腐败行为等内容上。民众在网络虚拟矛盾演变中总爱揪着政府的"辫子"不放，折射出现实中官民矛盾是积累性矛盾，民众通过网络舆情并不能一次纾解心理长期积压的不满与怨恨，需要通过多次网络矛盾转换，发泄与纾解积累性矛盾。

---

① 杨丽华、程诚、刘宏福：《政府回应与网络群体性事件的解决》，《北京师范大学学报》2017 年第 2 期。

国家主导下的城市社区治理：
四方互动及诉讼外的纠纷化解

胡洁人　　费静燕[*]

摘要： 中国城市社区的不少研究已经强调了业主自治组织，即业委会，在社区治理中的重要作用。然而在为数众多的城市老旧公房小区中，当出现群体性利益纠纷的时候，受制于其国有物业服务企业有限的管理水平，居民低下的经济收入和社会地位，以及业委会运作中的诸多问题特别是职权缺失的情况。因此，诉讼外的纠纷处理和化解过程呈现出一种以居委会为主导的四方互动关系。基于 2015 年至 2016 年在上海社区的深度研究，本文试图通过老旧公房小区群体性纠纷化解的过程来展现居委会、物业公司、业委会和居民之间的四方互动。研究发现，居委会在上海当下的老旧小区中起着沟通和协调其他三方中的主导作用，从而令群体性纠纷得以通过诉讼外的途径解决。国家主导下的社区治理在有效控制基层社区和化解群体性矛盾中具有重要意义。社区治理中的四方互动有助于理解地方政府在缺乏体制内纠纷化解正式渠道的情况下，通过另一种制度安排来实现基层治理的逻辑。

关键词： 国家主导；城市社区治理；老旧公房小区；四方互动；纠纷化解

---

　* 胡洁人，同济大学法学院副教授，香港中文大学哲学博士；费静燕，复旦大学国际关系与公共事务学院博士研究生。

　基金项目：上海市哲学社会科学中青班专项课题"依法治国进程中完善大调解机制对策研究"（20153501）、2013 年度国家社科基金项目"县域维稳运行的逻辑与制度化研究"（13BZZ030），同时也受到上海政法学院创新性学科团队支持计划。

一　城市社区治理的背景及问题

随着中国城市社区管理体制的改革和发展，20 世纪 90 年代中期，在上海形成的"两级政府、三级管理"的城市管理体制逐步向全国推广。这种管理体制把"街道办事处"作为第三层级的管理单位，试图通过强化行政能力来应对越来越多的社区问题。① 而在实际的社区治理中，面对单位制已消亡而法制建设相对滞后的现状，国家基层的政权建设试图通过居委会组织来实现。实践证明，这种体制在当时的确维系了城市的正常运转，也快速推进了城市社区建设，但随着城市化进程的加快和社区建设的不断深化，集中在城市社区的各类矛盾纠纷频发，社区建设运动也不断涌现，成为社区治理的难点。

据相关数据显示，20 世纪 70 年代末进行房改以前，中国城镇住宅私有化率仅为 10% 左右；80 年代开始进行房改以后，住宅私有化率快速提高，2002 年达到了 72.82%；此后一直保持平稳增长，2007 年达到 82.3%。② 快速提升的住房私有化和商品房数量的快速增长，不仅深刻影响和改变了城市社会内部结构，还培育和构造出一个崭新的社会类别，即"业主"及其自治组织"业主委员会"。③ 同时促进了以维护居住权益出发扩展到倡导公民、公众意识的社区议事群等自治组织的迅速蔓延。④ 但是业委会的能力，特别是在解决社区问题、处理和化解社区各类纠纷中的作用依然很有限，在现有的制度环境和各类条件制约下其功能的发挥依然处于初步阶段。⑤ 由于物业服务企业在单位制转型过程中发展历史短、发展速度较快，加上法规不健全、市场不完善、企业管理不规范、物业管理人员素质较低和水平不高以及业委会举步维艰等综合因素，导致其在实际

---

① 许小玲、马贵侠：《城市社区管理体制改革：实践、反思与前瞻》，《广东社会科学》2013 年第 4 期。

② 邓卫、张杰、庄惟敏：《中国城市住宅发展报告》，清华大学出版社 2009 年版。

③ 陈鹏：《国家—市场—社会三维视野下的业委会研究——以 B 市商品房社区为例》，《公共管理学报》2013 年第 3 期。

④ 闵学勤：《社区自治主体的二元区隔及其演化》，《社会学研究》2009 年第 1 期。

⑤ Benjamin L Read, "Democratizing the Neighborhood? New Private Housing and Home‐owner Self‐Organization in Urban China", The China Journal, 2003 (49).

运行中存在大量问题，不仅难以有效解决小区物业管理问题，甚至容易引发社区矛盾纠纷。近年来在城市社区中出现的业主起诉物业公司、业委会与物业公司的纠纷案件屡见不鲜。[①]

所谓公房，是指在新中国成立后，在城镇土地及房屋国有化背景下建立起来的，以房屋公有、国家统一调配使用、使用人支付租金为主的城镇房屋产权制度及管理制度。而售后公房就是在这类公房出售后，产权归私人所有。[②] 而老旧住宅区建筑物及附属设施（简称"老旧小区"）主要是指在计划福利分房制度下形成的，而在住房制度改革之后又没有实施商业化物业管理的住宅区。这些住宅建设年代早、产权复杂、涉及面广、管理混乱。其关键问题是计划经济时代沿袭下来的管理体制难以为继，使得小区治理的责、权、利关系混乱，直接影响到人们居住、生活的基本质量。相比商品房，中国城市中的老旧公房数量依然占据相当大的比重。以上海市为例，表1列举了2009年至2012年期间，上海每百户城市居民的家庭房产构成比例。其中，商品房只占了43%左右的比重。换言之，有57%—59%是属于非商品房。而在上海的中心城区H区，表2显示了辖区内的共计931个小区中，商品房小区只占了44%左右，非商品房小区占了56%。

表1　　　　　2009—2012年每百户城市居民房屋产权构成（%）

单位：%

类别	2009	2010	2011	2012
每百户城市居民家庭房屋产权构成	100	100	100.1	100
租赁公房	16.3	16.4	13.9	14.5
租赁私房	3.7	3.5	3.3	3.0
原有私房	0.7	0.7	0.9	0.7
房改私房	37.2	37.4	37.9	38.7

① 胡洁人、郑扬：《业主"次级抗争"与城市社区的治理困境——基于B市"CC花园"的实证分析》，《中共浙江省委党校学报》2016年第3期。

② 詹水芳、齐峰：《上海老旧公房管理与运营机制研究》，《科学发展》2013年第7期。

续表

单位:%

商品房	41.3	41.1	43.4	42.7
其他	0.8	0.9	0.7	0.4

资料来源：2013 年上海统计年鉴。

表 2　　　　　　　　　　上海市 H 区物业类别数据统计①

小区类型	数量	百分比（%）
商品房小区	410	44
售后房小区	323	35
公房小区	61	6
混合型小区	137	15
合计	931	100

　　在为数依然众多的城市老旧公房小区中，出现了治理的困境和社区发展的短板。一方面，鉴于小区居民收入水平偏低、小区设施设备陈旧和房屋老化、各类违章搭建严重，电梯、供水和停车等各类物业问题集中，小区居民拒交物业费等诸多问题导致群体性纠纷频发且长期得不到化解。尤其在一些拆迁安置小区的居民，因其补偿诉求长期得不到满足而频繁上访。另一方面，住房体制改革和房屋产权制度的变更导致老旧公房小区在日常维修和管理运营上存在很大困难。不少物业公司已经陷入入不敷出、难以为继的局面，物业公司的退出对小区管理是雪上加霜，加上维修资金不足，更造成老旧公房小区环境、安全、业主财产等方面存在巨大隐患。此外，也是更为重要的原因，相比商品房小区相对规范但依旧处于初步发展阶段的业委会，在老旧公房小区中呈现出不作为或很难作为的现象，特别是业委会组建、选举和换届困难，缺乏规范程序、监督机制和足够的经费支撑。业主组织的地位不明确，难以保障业主的利益。维护老旧小区共有财产权益、改善生活环境、通过明确居民/业主权利、责任和义务，使

---

　　① 数据来自作者在 H 区的田野调查，其中公房小区数量包括了 33 个直管公房和 28 个系统公房小区。

之能够成为与政府城市改造资金良好对接、依法行使权利的责任主体，最终促进基层社区生活的安定和谐具有重要意义。

　　中国城市治理困境及基层矛盾纠纷化解方面的研究一直是近年来社会学、政治学、法学等多个学科关注的热点。已有大量研究集中在城市社区的居委会选举、居民区政治参与以及基层政府如何从"控制"到"治理"的转变上，如林尚立通过对居民委员会、社团组织和社区精英参与到社区治理的研究发现治理结构和治理网络，特别是社区的利益表达机制对基层民主具有重要影响和意义。① 何艳玲发现在后单位制时期，居委会呈现出一种"内卷化"的特征，她透过街区中国家和社会关系视角来分析我国社区建设运动所呈现出来的困境，并提出将当前"两级政府、三级管理"的体系改为扩大街道管理权限的"市—区"两级政府架构的建议，可以有助于彻底解决目前区与街道办事处的矛盾，同时适当调整政府的管理幅度，减少管理层次是提高管理效率的关键。② 马卫红和桂勇基于对业主维权的分析，认为我国社会冲突中常见的"政治化"现象不一定是政府主动行为的结果，很可能是由于冲突博弈过程中各方使用"政治化策略"所致。③ 熊易寒通过研究城市居委会选举，发现在选民普遍冷漠的情况下，居委会换届选举依然实现了非常高的投票率，主要是由一人多票造成的。而这种局面实际上是政府、党总支/居委会、积极分子和选民共谋的结果。居民的政治冷漠实际上是由社区的利益结构所决定的，而社区选举的制度安排又进一步强化了人们的冷漠。④ 亦有不少学者提出通过基层制度创新安排在社区层面实现纠纷化解以及如何通过业主维权实现自治。如，胡洁人发现社区纠纷的处理和化解很大程度上与国家的体制安排密切相关，而基层政府对社区纠纷的应对方式主要由纠纷的严重程度决定，即参与人数的多少、暴力程度的高低和与政府的关系三个因素决定。⑤ 石发

---

　　① 林尚立：《社区民主与治理：案例研究》，社会科学文献出版社 2003 年版。

　　② 何艳玲：《都市街区中的国家与社会：乐街调查》，社会科学文献出版社 2007 年版。

　　③ 马卫红、桂勇：《从控制到治理：社会转型与城市基层组织框架的变迁》，《华中科技大学学报》（社会科学版）2008 年第 5 期。

　　④ 熊易寒：《社区选举在政治冷漠与高投票率之间》，《社会》2008 年第 3 期。

　　⑤ 胡洁人：《威权政体下的冲突解决——上海社区群体性冲突的经验研究》，《中国行政评论》2011 年第 2 期。

勇通过对街区环保运动的个案分析认为关系网络是影响城市基层社会维权运动发生及其结果的重要因素，善于运用关系网络的街区居民在维权运动中表现得更为积极，可以获得更大的成功。① 屈群苹、孙旭友基于城市社区居委会化解邻里纠纷的田野调查发现居委会对社区情理和国家权力的策略性运作，促成邻里纠纷的化解，是社会自治和国家治理交错的过程。② 曾令健认为政府力量与社区调解力量应当合作，其结果在于实现一种强制性平衡与整合性均衡，通过政府主导下的基层政府与社区力量之合作实现基层社会的有序与协调，确保社区/民众的纠纷解决自主性。③ 按照滕尼斯（Ferdinand Tönnies）"共同体理论"的解释，社区应该是一种按共同体方式生活的、自己满足的有机体。④ 随着城市社区的发展，社区共同体也从原始的"三驾马车"，即居委会、物业公司和业委会，到社区议事群、各类社会组织和社会工作者等多元主体参与的局面。在各类问题集中的老旧公房小区，社区共同体中主要成员之间的互动过程极大程度影响了治理效果和纠纷化解的结果，但尚未有研究对老旧公房小区内问题处理和化解的过程进行深入研究，现有的研究也仅从表层制度框架讨论了物业公司、业委会和居委会互动关系。⑤

　　本文关注社区共同体中不同组织的目标和诉求是什么，哪些因素影响阻碍了彼此之间的互动，而又是什么原因促进了互动而令纠纷得以化解？基于 2015—2016 年在上海市 H 区老旧公房小区的深度调研，通过对 38 位包括街道、居委会、物业和业委会以及小区居民的访谈和对群体性纠纷化解过程的参与式观察，并结合 2016 年 4 月在 H 区老旧公房小区抽样发放

　　① 石发勇：《关系网络与当代中国基层社会运动——以一个街区环保运动个案为例》，《学海》2005 年第 3 期。

　　② 屈群苹、孙旭友：《城市社区邻里纠纷化解的治理逻辑——基于 H 市 S 社区居委会调解的实践分析》，《学海》2015 年第 5 期。

　　③ 曾令健：《社区调解中的合作主义——基于西南某市调研的分析》，《法制与社会发展》2012 年第 2 期。

　　④ Ferdinand Tönnies, *Community and Society*, Translated and edited by Charles P. Loomis from Gemeinshaft und Gesellschaft. Dover Publications, 2002.

　　⑤ 刘俊清：《走向合作的良性互动：物业管理公司和业主委员会（业主）、社区居委会的互动关系研究》，《经济研究导刊》2010 年第 3 期。

的 650 份问卷统计数据和其他相关政府及网络资料①，发现上海老旧小区中的群体性纠纷化解呈现出一种以居委会为主导，在物业公司、业委会和居民之间的四方互动过程，顺畅的四方互动有助于通过诉讼外的纠纷化解方式平息小区内的群体性冲突。这一研究结果一方面说明了在老旧公房小区中，物业公司、业委会和居民本身的局限和问题难以实现主导治理和化解矛盾，而居委会依然占据了强势的主导地位；另一方面也说明了当下中国城市的弱势群体——老旧公房小区居民缺乏制度内的有效正式渠道来实现诉求和解决纠纷，诉讼外的纠纷化解途径显示了国家主导的基层治理制度安排符合地方政府维稳的逻辑，通过更强的社会控制来实现社会稳定和化解合法性危机。

二　老旧公房小区治理中的四方互动及其制度困境

社区建设是城市发展过程中的一个重要问题。特别是面对中国高速迅猛的城市化进程，这一问题尤为突出。2014 年底，上海市出台的市委一号课题《关于进一步创新社会治理加强基层建设的意见》及其配套 "1 + 6" 文件明确了为更好地适应城市发展和社会变化的需要，针对问题颇多的老旧公房小区，重点开展小区综合治理工程，通过社区建设来补城市治理的短板。而 H 区政府也在 2015 年颁布《H 区关于加强住宅小区综合治理三年行动计划（2015—2017）的实施意见》，同样重点关注物业服务提升、社区自治和业委会能力，以及旧房改造和维修资金管理问题等老旧公房小区普遍存在的问题。因此，社区治理在当下已经无法仅仅依靠一般认为的 "三驾马车"，即居委会、物业和业委会来实现。而小区治理和纠纷化解皆因居民而起，也与居民的日常生活息息相关，治理的过程和结果也都落到居民身上，因此在小区治理中居民是非常重要的治理主体，不可忽略。

而在老旧公房小区中，由于历史原因，大部分设施设备破旧、功能配套不全，建设标准不高，物业改造维护的花费不菲。老旧小区很多原产权单位灭失、产权不清，物业公司难以维系而撤管、新物业公司不愿进入的

---

① 本研究共发放 650 份问卷，其中有效问卷 571 份，问卷回收率为 88%。

现象不断发生，处于失管无序状态，严重影响了社区生活的基本秩序/安全和社会和谐稳定。因此，居委会、业委会、物业公司和居民都具有不同于其他商品房小区居民的特征，其纠纷的特点也呈现出多样化、复杂化和极端化的倾向。而且在老旧公房小区中，居民与业委会、物业公司和居委会之间都存在着矛盾和隔阂，长期的纠纷积累导致小区治理的一系列疑难问题。因此，研究和理顺居民区党组织与居委会、业委会、物业公司的关系对理解这四方之间的互动障碍，以及如何排除障碍实现顺畅互动和纠纷化解至关重要。

（一）物业公司及其制度困境

物业管理行业是随着中国城镇住房制度改革不断深化，公有住房逐渐转变成个人所有而产生的。由于房屋所有权结构变化，原来的公房管理者与住户之间管理与被管理的关系，逐渐演变为物业管理企业与房屋所有权人之间服务与被服务关系。因此，物业管理行业在中国属于新兴行业，是住房制度改革和城市建设发展的产物。其产生和发展对改善城市居民的生活、工作环境，提高城市住宅小区管理水平，提供就业机会等方面都起到积极的作用。但由于其发展时间短，发展速度快，造成了诸多的问题，已经成为社区治理的顽疾和症结问题之一。

中国自 2003 年 9 月颁布的《物业管理条例》明确规定，物业管理是指业主通过选聘物业管理企业，由业主和物业管理企业按照物业服务合同约定，对房屋及配套的设施设备和相关场地进行维修、养护、管理，维护相关区域内的环境卫生和秩序的活动。但是，物权和业委会的法律地位这两个涉及物业管理纠纷的核心要素在实际运行中难以保障，加上物业服务收费标准、对业主拒缴欠交物业管理费等行为都尚未有明确规定和指示，导致《物业管理条例》无法有效指导和规定相关的物业活动，反而在出现各类物业纠纷的时候难以以此为依据来解决问题。

而在老旧公房小区中，物业管理问题尤其突出。从图 1 H 区 2011—2014 年房管部门的信访案件类别统计数据也可以看到，近三年多共 9642 起受理的信访案件中，近 35% 的信访都跟物业服务和物业管理问题相关。

而本研究的问卷统计结果也显示，在被调查的老旧公房小区中，22.7% 的居民认为物业矛盾严重，其中 20.9% 的居民认为物业矛盾"较

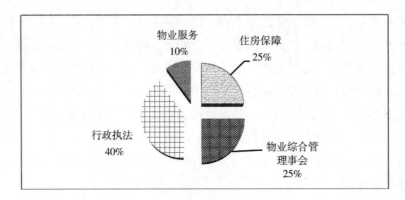

图1　H区房管部门信访件案由分类

严重"，1.8%的居民认为物业矛盾"很严重"，如表3所示。而物业矛盾
中最突出的是违章建筑（19.02%）和群租问题（17.57%），其次为公共
配套设施所有权问题（15.36%）和物业管理费用拖欠问题（13.6%），
如表4所示。

表3　　　　　　　　社区房地物业矛盾与冲突的严重程度

		频率	百分比（%）	有效百分比（%）	累计百分比（%）
有效	很严重	10	1.7	1.8	1.8
	较严重	118	20.7	20.9	22.7
	不严重	334	58.5	59.2	81.9
	没有矛盾	70	12.3	12.4	94.3
	不知道	32	5.6	5.7	100.0
	合计	564	98.8	100.0	
缺失	系统	7	1.2		
合计		571	100.0		

表4　　　　　　　　房地物业矛盾突出程度排序

物业矛盾项目	第一突出（%）	第二突出（%）	第三突出（%）	综合排序（%）
违章建筑	16.6	23.8	17.9	19.02
群租问题	11.8	24.5	21.6	17.57

续表

物业矛盾项目	第一突出（%）	第二突出（%）	第三突出（%）	综合排序（%）
公共配套设施所有权问题	18.5	10.9	14.2	15.36
物业管理费用拖欠问题	13.9	16.5	8.5	13.6
工程质量等开发商遗留问题	11.4	12.4	17	12.82
物业管理收费标准	17.9	4.9	9.4	12.3
业委会成立、改选纠纷问题	5	3.6	3.7	4.32
物业选聘问题	2.9	2.8	6.8	3.65
其他（停车、绿化等）	2.1	0.5	0.9	1.36

　　H 区共有 256 家物业服务企业，在老旧公房小区中的物业服务企业，由于其原来为单位公房，房屋所有权改变后，这些小区的物业公司都为区属国有企业——HP 房屋集团运作。而 70% 以上的物业管理企业处于亏损或亏损边缘。优质企业大多不愿为老旧公房小区提供服务。物业管理企业整体水平上不去，小区物业管理状况要改善很难。部分物业管理企业存在的管理不规范，服务不到位，收费与服务不相符的普遍现象，比如物业服务企业对其应该管理的物业治安防卫、小区绿化清洁、设施设备的维修保养以及各种费用的代收代缴等内容工作不到位，在很大程度上损害业主的合法权益，日积月累，不仅导致部分业主对物业公司的强烈不满和抵触而拒缴欠交物业费，更引发了业主与物业公司、业委会与物业公司之间的各类长期的矛盾纠纷。主要表现为如图 2 所示的业主拒缴物业管理费和物业公司减少甚至拒绝提供服务之间的恶性循环。

（二）业主委员会及其制度困境

　　1991 年，深圳天景花园业主委员会成立大会暨第一次委员会议召开，全体与会人员对业委会章程、用电、水使用及费用情况、增设休闲椅和果皮箱、管理费构成等问题进行了讨论，并就议案形成会议决议。就此，中国第一个业主委员会（简称"业委会"）正式宣告成立[①]。然而中国的业

---

① 向云：《中国内地第一个业主委员会诞生始末》，《中国物业管理》2011 年第 5 期。

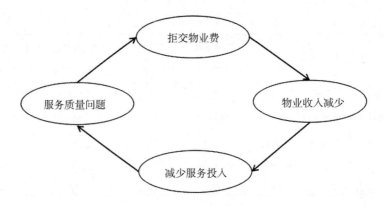

图 2　业主与物业公司之间矛盾的恶性循环

委会发展至今的二十多年间，虽然《物业管理条例》赋予了业委会一定的权利和政策环境，但在实际运行中，业委会面临着难以发挥维权、监督和协调作用的现状困境。虽然业主委员会是由业主（或业主代表）大会选举产生，有一定组织机构和运作资金（通常从维修基金的本息中提取），但通常是在房管部门报备，未经民政部门登记成立，实际属于民间自治组织，不具有法人资格，不能作为发生纠纷或法律诉讼的主体，因此当产生纠纷时业委会从根本上无法代表业主维护自己的权益。且业委会在成立、选举、日常工作开展、专业维修基金使用方面都接受本区街道镇的指导，无法完全独立运作。

　　而业委会根本问题在于业主及业主委员会的维权意识都很弱。这是因为业委会是在物业管理活动中维护业主合法权益的代表性组织，业委会委员都是无偿兼职的，绝大多数的业主只有当他们的私有物业当面利益受损时，才会通过业委会和物业管理公司及有关方面进行协调来处理问题；而普遍现象是当业主在使用共用和公有利益受损时，业主及业委会往往不会主动关心并解决问题。群体性搭便车心理和行为以及缺乏小区归属感在中国城市社区中尤为突出。加上业委会运作缺乏监督机制，在集体决策和执行中不公开不透明，难以体现全体业主的意愿，有违权责一致的原则。

　　另一方面，从 20 世纪 90 年代末期开始，城市基层的利益相关者就开始感受到业委会的威胁。业主和业委会的维权行动受到政府和研究者的高度关注。业委会的崛起使作为都市行政权力神经末梢的居委会和作为基层政权的街道办感受到巨大的管理压力，房地产开发商与物业公司也因为业委会的发展而在谋取利益方面受到很大限制。这种利益冲突使基层干部对业委会很警觉，甚至将业主组织描述为一种对国家体系的威胁。业委会被描述成"对党的挑战""对基层政权的威胁"等颇具政治化的组织和"麻烦制造者"。[1] 从研究调查数据结果看业委会在房地物业纠纷中所发挥的作用，68%的居民认为"一般"或"不显著"，特别有 6.2% 的人认为业委会的作用"非常不显著"，如表 5 所示。在这样的情况下，业委会的现状和发展的确面临着缺乏合法性地位和得不到社区居民/基层政府认可的双重困境。

表 5　　　　　　　　业委会在解决房地物业矛盾中发挥的作用

		频率	百分比（%）	有效百分比（%）	累计百分比（%）
有效	非常不显著	35	6.1	6.2	6.2
	不显著	97	17.0	17.1	23.2
	一般	254	44.5	44.7	68.0
	比较显著	138	24.2	24.3	92.3
	非常显著	44	7.7	7.7	100.0
	合计	568	99.5	100.0	
缺失	系统	3	0.5		
合计		571	100.0		

（三）居民委员会及其制度困境

中国的居民委员会（简称"居委会"）出现于 20 世纪 50 年代，其前身是民国时期的保甲体制。1949 年 10 月，诞生在浙江省杭州市上城区的上羊市街居民委员会被认为是中国首个居委会组织。居委会是中国城镇社区的基层群众性自治组织，地位相当于农村的村民委员会。1989 年《中华人民共和国城市居民委员会组织法》明确了居委会的自治体现在居民的"自我管理、自我教育、自我服务、自我监督"上。居委会一般由主任、副主任和委员共五至九人组成，每届任期三年。居委会也可以分设若

---

① 马卫红、桂勇：《社会冲突中的"政治化"现象分析——以业主维权为例》，《理论与改革》2016 年第 1 期。

干居民小组，小组长由居民小组推选。居委会的工作经费和来源由上级政府，即街道规定和拨付。

居委会是当代中国城市治理体系中非常独特的一种组织形式，它作为一个连接政府与基层社会、在社区建设与管理中占有重要地位的组织。随着社会结构的变动、产业结构的调整以及社会调控体系的变革，上海自1996 年以来推行的"两级政府、三级管理、四级网络"强化了居委会的功能，居委会的资源配置也得到了有效的补充。[①] 作为特大型城市，上海的城市管理离不开基层组织。特别是城市管理重心的下移令相当一部分管理功能从市、区政府中分离出来，向街道层面集聚，而街道的管理范围正向整个社区扩展。

而居委会在20 世纪90 年代以来的发展中也陷入了异常尴尬的境地，在人力、财力、权力和时间等资源方面都面临严重短缺。特别地，居委会一边要承受上级政府的超负荷压力，需要履行十大类近百项的工作职能，包括宣传教育、小区环境卫生、社会治安、物业管理、民政帮困、民间纠纷调解、计划生育、迎检考核评比、人口普查、发展民间组织等任务，一边又要完成街道办事处布置和规定的各项检查、考核工作，其干部任免和经济来源都基本受街道控制。由此导致了居委会自治功能的弱化缺位和强烈的行政化倾向，特别是对街道办事处的高度依附关系上，导致居委会实际上成为了市、区、街道下面的第四级工作网络，承担了大量的行政事务。

另一方面，随着业委会和物业公司等组织的出现，居委会所承担的职责及其功能与社区治理、居民生活的相关度越来越低，以致有人称之为"居委会的边缘化"。而居委会承担的剩余职责（上级政府没有涵盖的权责）、派生权责（应该由上级政府承担的权责也派生到居委会中）、摊派权责（上级政府或相关单位需要的信息确认需要居委会来完成）越来越多。例如外来务工人员二代、三代的读书证明，房产交易方面的证明，婚姻方面的证明等，都需要居委会来确认，居委会成为维系城市治理、调控社会的最后一道防线，政府部门、学校、保险部门都要依赖这道防线才能完成与社会的对接。

---

① 桂勇、崔之余：《行政化进程中的城市居委会体制变迁——对上海市的个案研究》，《华中理工大学学报》（社会科学版）2000 年第 3 期。

（四）小区居民及其困境

相比其他三方，老旧公房小区的居民处于相对弱势的地位。特别对比商品房小区的居民而言，老旧公房小区居民以弱势群体居多，主要表现为老人多、穷人多、残疾人多、外来务工人员多。[①] 客观地说，相对其他人群，他们生活在社会的最底层，收入较低，社会地位较差，一方面，他们急需社会的关爱；另一方面，他们对于小区管理意识和归属感较为淡薄，带有"事不关己、高高挂起"的心态，甚至有不少业主只讲权利不讲义务，对小区公共设施和公共环境恣意破坏，拒绝缴纳物业管理费，从而给小区治理和物业管理带来困难。

从深层次而言，老旧公房小区是伴随着中国经济住房体制改革和社会转型而产生的，政府在改革过程中注重经济发展超过合法性建设和底层认同，尤其是官员腐败和群体性事件久拖未决等问题导致基层政府的形象和公信力急剧下降。[②] 在这种情况下，老旧小区处于社会底层的公民怨气多过热情，对社区事务缺乏参与和监督的热情，反而更多基于个人的经济利益考虑而只顾涉及个人的利益诉求和权益保障，对社区治理和公共事务表现出极大的冷感。而在动拆迁安置小区，由于对动拆迁补偿不满而不断诉诸抗议和信访的社区居民更被政府视为麻烦制造者。

图 3 展示了在小区治理过程中的社区主要共同体。其中，加上在社区中扮演重要角色但在治理方面作用依然相当有限的社会组织，形成了老旧公房小区治理的四方互动模式。社会组织的缺失和能力不足是社会自治实现的阻碍，这也国家主导的治理模式的结果，但同时也会反过来要求政府在社区治理中投入更多力量、承担更多责任。

三　四方互动中的群体性纠纷化解

ML 三村是 20 世纪 90 年代初建成的国有公房小区，是 H 区的典型老

---

① 柯定平：《城市老旧住宅小区管理研究》，硕士学位论文，东南大学，2011 年。

② 杨爱平、余雁鸿：《选择性应付：社区居委会行动逻辑的组织分析——以 G 市 L 社区为例》，《社会学研究》2012 年第 4 期。

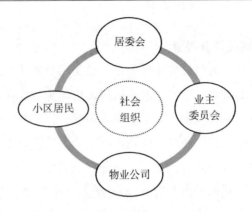

图3 老旧公房小区内的四方互动

旧公房小区，共有 2369 户、常住人口 6516 人，在册党员 234 名。其中 60 岁以上的老人超过千人，有 200 多户居民属于上海中心城区的安置动迁居民。ML 三村从过去纠纷频发、治安混乱、群体性矛盾不断的问题小区，到现在成为 H 区的模范社区、上海市平安小区和全国科普示范小区。其转变的过程在一定程度上代表了老旧公房小区治理的典范，特别是 ML 三村居委会的主导和协调作用对实现顺畅高效的四方互动起到了不可替代的作用。

（一）居民与物业的矛盾

ML 三村的物业矛盾起因于居民与物业公司之间的恶性循环以及业委会的不作为。2010 年的时候小区居民家里出现问题寻求物业公司帮助，居民反映他们物业的人不是在喝茶就是在看报，根本不解决处理居民的问题。居民对此很不满，开始群体拒缴物业管理费，甚至出现阻止部分居民缴纳物业费的现象。而因为居民联合起来不缴费，物业公司更对居民的诉求和问题不予理睬。问题的爆发源于多户居民家的水管漏水和顶楼遭受大雨后的漏水，由于老公房的管道是连着的，一户人家漏水会累及楼下的人家而导致整个楼连环漏水。对此相当一部分居民充满怨气和愤怒，在小区居住了 15 年的居民 M 女士所言[①]：

这个物业公司是区属国有企业 XF 集团的，他们在这边很多年了，早

---

① H 区 ML 三村访谈记录，2015 年 10 月。

些年开始工作人员就素质比较差，我们居民有问题反映，经常不予理睬或者根本不积极提供协助，导致大家都以拒绝缴费来作为报复。但如此一来严重影响居民的生活，而我们的漏水问题他们也不肯来修，业委会既不能赶走物业公司，又没能力收到物业管理费，我们都知道物业公司已经亏本经营了，这样恶性循环我们很愤怒但也没法解决。

ML 三村自 2011 年开始，由街道安排责任心和能力都较强的 S 书记担任居委会书记，同时配备副书记和主任作为小区治理领导开展对 ML 三村的重点治理。S 书记看到 ML 三村的各类问题矛盾和诸多失业无业的居民在门口打牌喝茶群聚，感到治理的难度相当大。她首先联系了业委会主任 T 先生，让他跟居委会一起协助物业公司去收缴物业管理费，因为 ML 三村居民已经拖欠了物业公司至今近 70 万元的物业管理费，严重影响相关的物业管理工作开展。而且 S 书记也发现小区账目不清，财务混乱，业委会缺乏监督，还发生过居民去市纪委、中纪委投诉居委会的事情。特别是小区里的 200 多户动迁安置居民更表示对动拆迁补偿不满而拒付物业管理费。

如何解决物业费的收取成为居委会化解社区矛盾的一个突破点。S 书记与 XF 集团的经理和小区物业公司经理一起协商。由于他们是国有企业，S 书记劝导他们要抓主要矛盾，放下芥蒂，为了小区建设和善治一起合心来解决物业费问题，而且长期无法缴纳物业费对物业公司来说也是很大的损失。最后 XF 集团经理接受了 S 书记的劝导，答应协助进行屋顶和室内漏水的维修工作，为家里漏水的居民解决实际问题。但是涉及维修经费问题，S 书记表示一部分用小区维修基金，另一部分由 XF 集团作为对党组工作的支持予以承担。最后，总共花了一个半月时间把整个小区的漏水问题全部解决了。居民发现物业公司"无偿"为他们解决漏水维修之后，S 书记在社区会议上特别强调①：

大家看到了物业公司真心为居民做实事，把这么多年来的漏水问题修好了，特别是受到楼上人家漏水影响的居民非常高兴。我开会的时候特意表扬了物业公司，感谢了他们为我们小区提供的服务和贡献。很多居民听了之后很感动，当场站起来说要把欠缴的物业管理费交了，未来也会按时

---

① H 区 ML 三村访谈记录，2015 年 11 月。

按规定缴纳。

这个事情一解决，物业公司发现 S 书记的建议取得了很好的成效，出资维修的钱果然得到了更高的回报。如此不仅化解了居民与物业公司之间的长期隔阂矛盾，更解决了未来的物业管理费收缴问题。而物业公司也因此而加深了对居委会的认可和信赖，X 经理坦言[1]：

> 我们对小区居民的拒缴物业管理费是既痛恨又无奈，在 S 书记来 ML 三村之前，我们多年都是亏本经营。维修漏水的事情我一开始也是不愿意的，因为想到居民的无赖态度凭什么我们要去帮他们修？S 书记说得非常理性客观，我们很接受认同。实际也证明我们退一步，整个小区的治理、居民跟物业之间的关系得到了质的改善。我很佩服 S 书记，虽然是个女的，但办事能力非常强，我们物业公司是以营利为目的的，往往方式上比较硬，有她这种刚柔并济的做法，事情确实处理得更好。

此后，居民与物业的关系彼此认可，进入良性循环状态。ML 三村居民的物业管理费收缴率达到 100%，这在老旧公房小区几乎很难实现。而在 2015 年底物业公司为了进一步提升物业管理水平和物业人员的专业性，要提高物业管理费，由原来小、中、大户的每年 177 元、220 元和 290 元，增加到每年 220 元、320 元和 350 元，所有居民都支持并按时缴纳。

（二）居民与政府的矛盾

ML 三村由于有大量中心城区动拆迁安置居民进入，且有不少是接受低保的社会底层人士，他们由于对动迁补偿的不满而频繁上访，从区级政府到市政府一直到中央已经持续了多年。直到 2013 年底在 ML 三村的东北角外围开始修建中环高架道路，出于安全考虑施工队给 ML 三村居民楼外围砌了一道约 200 米长的围墙。出于对政府的不满和泄愤，几个不满的居民代表召集大约 15 个居民一起几次三番把这个围墙推倒，号称如果不给动迁安置补偿就不让围墙竖起来。

但随之而来的问题就是由于围墙处于路口，不远处就是地铁站，外来游民很多，围墙被推翻之后居民家中几次遭遇盗窃，总共大约有二十户人家被盗。针对这个问题，不少居民直接来居委会投诉，要求居委会在小区

---

[1]　H 区 ML 三村访谈记录，2015 年 11 月。

安装摄像头，保证居民人身财产安全。S书记知道这个情况后，就找了居民代表谈话，要求他们停止推倒围墙，同时她又跟中环指挥部领导沟通，希望他们答应在小区围墙砌好之后协助安装摄像头，以保证小区居民的安全。指挥部领导答应了S书记的请求，于是她开始重点考虑如何阻止围墙再被推倒。

就在S书记正在考虑如何与居民代表沟通阻止他们再推倒围墙的时候，她同时跟施工队的小老板谈了话，要求小老板也要保证围墙不能再被推倒，政府每次给钱，每次推倒，无限循环，施工队不顾成本但政府支出却非常大。结果就在当晚深夜11点多，S书记接到电话说小区出事了，施工队把居民家给砸了，导致居民家的女主人大哭大闹。她马上联系了小区楼组长和志愿者，要求协助安置被砸的居民。第二天一早她就赶去小区，了解到果然是由于居民代表又去推围墙，被施工队报复了。

S书记马上联系施工队，严厉批评他们老板，告知这是犯法的事情，她也从没有要他们去砸居民的家。她非常担心事情闹大不可收拾，于是跟施工队协商，要求一方面当着居民的面，给被砸居民道歉，同时辞退砸人家的两个工人；其次，给被砸的居民家恢复原样，费用由施工队承担。否则如果涉及刑事事件，居委会不承担责任。施工队老板答应了，当天就跟居民道歉并恢复他家的原样。

然而没想到的是被砸居民的男主人竟然在当晚离家出走，其妻又大肆哭闹，要求S书记把人找回来。出走的男主人P先生就是推围墙的带头人，人比较固执，对政府的不满情绪也很强烈。S书记要P太太考虑他可能去的地方，然后通过社区民警的协助，五天后得知他提着两只鸟笼去了M区的朋友家暂住。她立即联系P的妻子，告知居委会会让他有尊严地回来。S书记也想趁此机会消解P先生心中的怨气，停止他的抗议行为。S书记马上联系了社区民警，开着警车买了水果礼品去接P先生，同时还叫了施工队的老板一起请他回来。当P先生一看到S书记带着施工队老板来跟他道歉，带给他礼物请他回去，还开了警车以示郑重，他竟然感动地哭了。P先生说①：S书记虽然是个女同志，但做事绝对绅士，我从内心

---

① H区ML三村访谈记录，2016年3月。

里认可她。我们家被砸一开始我很愤怒，觉得这房子真住不下去了，所以离开出走。但现在回想是我自己先不对，带头推围墙，这个事情也教育了我，我不会再闹，我也承诺不会再去推围墙。

当时有大量小区居民旁观了这起纠纷的处理，大家对 S 书记的处理心服口服。自此再也没人去推围墙，为动拆迁补偿的访民们也就此息访了。S 书记在小区居民中得到高度的认可，树立了极高的威信。

四　讨论和结论

从以上案例可以看到，作为小区共同体的重要方面，居委会、业委会、物业公司和小区居民如果互动不顺畅，小区治理就难以开展，小区问题和矛盾纠纷也会不断积聚。ML 三村的纠纷化解过程体现了以居委会为主导的互动，特别是居委会如何沟通和协调小区居民、物业公司和业委会之间的关系来化解群体性事件。

从案例中可以发现，居委会在社区中的作用发挥更依赖于书记的作用，即居委会书记的工作责任心和理念、沟通协调各方的能力和化解矛盾的智慧对社区是否可能实现善治起到了决定性的作用。ML 三村的业委会共有 6 个委员，其中五个是党员一个是物业专业人士。由于业委会是义务工作，但也需要调动积极性和受到激励，因此 S 书记定期都会想到给他们一些物质奖励或小礼物作为精神鼓励，引导各方停止对其他方的抱怨和谩骂，而改为多鼓励和沟通，互相协助，这种方式对居委会的指导和引领业委会，实现紧密团结开展社区工作具有推动的效果。

然而以居委会为主导的四方互动得以实现，除了依赖书记的重要作用，还需要一个联合运作的平台，以实现资源共享和提升矛盾化解的效率。用 S 书记的话说，区、街镇公共法律服务中心和社区公共法律服务工作站（又称"一站式"矛盾纠纷化解平台）为实现社区四方的良性顺畅互动提供了一个资源共享和高效解决问题的平台。图 4 展示了居委会化解纠纷可以运用的社区资源包括了纵向上的街镇纠纷调解平台以及横向上的法院诉调对接中心、人民调解中心和房管局物业综合服务管理中心。

加上当前在社区治理中推行的网格化城市管理新模式，将数字化、信

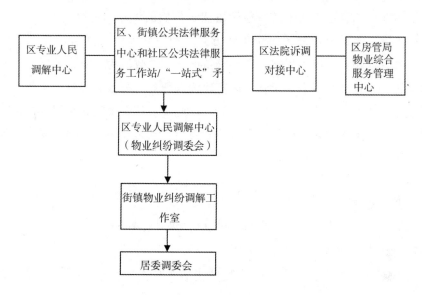

图4　社区纠纷化解的网络体系

息化手段运用到社区治理中，以街道、社区、网格为区域范围，以事件为管理内容，以处置单位为责任人，通过城市网格化管理信息平台实现市区联动、资源共享。这个模式赋予了居委会书记更多的职能和资源，令其在发现问题时可以通过网格化工作站及时向有关职能部门反映，由职能部门来跟进处理问题。如此一方面可以减轻居委会过往过重的工作压力，另一方面也可以有效防止条块之间的推诿，减少职能部门的重复工作，提升处理和解决问题的效率。此外，居委会书记、党政一体的居委会主任、社区民警，加上街道和政府层面的支持，形成"五位一体"的联动机制，才有能力调动各方资源以快速有效化解矛盾。

哈贝马斯曾经深刻地指出现代资本主义的根本危机在于交往的危机——缺乏合理交往的渠道。这一理论同样适用于面对治理困境的城市老旧公房小区治理。本文的研究结论是，在上海老旧公房小区中的群体性纠纷化解中呈现出一种以居委会为主导的四方互动的情景，而居委会的引导作用对于实现居民与业委会、居民与物业公司之间的矛盾化解和顺畅沟通非常重要。特别地，居委会书记对待社区事务的态度、处理工作的理念和其所拥有的制度平台和资源决定了四方顺畅互动的可能性及矛盾化解的基础。另一方面，本文的研究也说明了，对于老旧公房小区的弱势居民而言，制度内的合法正式渠道往往无法满足他们的诉求和解决问题的要求，因而不得不尝试诉讼外的纠纷化解方式。而信访始终无法解决他们的问题，唯有依赖社区组织居委会来寻求帮助。基层政府为了防止矛盾的加剧和恶化，通过加强居委会对党和政府政治性任务——维稳和纠纷化解，以国家主导的方式来实现对基层的控制，以此实现社会稳定和化解合法性危机。但从长远来看，小区善治、法治和自治依然是在国家主导和党建引领之外更需要实现的重要方面。

参考文献

［1］许小玲、马贵侠：《城市社区管理体制改革：实践、反思与前瞻》，《广东社会科学》2013 年第 4 期。

［2］邓卫、张杰、庄惟敏：《中国城市住宅发展报告》，清华大学出版社 2009 年版。

［3］陈鹏：《国家—市场—社会三维视野下的业委会研究——以 B 市商品房社区为例》，《公共管理学报》2013 年第 3 期。

［4］闵学勤：《社区自治主体的二元区隔及其演化》，《社会学研究》2009 年第 1 期。

［5］Benjamin L. Read. Democratizing the Neighborhood? New Private Housing and Home‐owner Self‐Organization in Urban China［J］. The China Journal，2003（49）.

［6］胡洁人、郑扬：《业主"次级抗争"与城市社区的治理困境——基于 B 市"CC 花园"的实证分析》，《中共浙江省委党校学报》2016 年第 3 期。

［7］詹水芳、齐峰：《上海老旧公房管理与运营机制研究》，《科学发展》2013 年第 7 期。

［8］林尚立：《社区民主与治理：案例研究》，社会科学文献出版社 2003 年版。

［9］何艳玲：《都市街区中的国家与社会：乐街调查》，社会科学文献出版社 2007 年版。

［10］马卫红、桂勇：《从控制到治理：社会转型与城市基层组织框架的变迁》，《华中科技大学学报（社会科学版）》2008 年第 5 期。

［11］熊易寒：《社区选举在政治冷漠与高投票率之间》，《社会》2008 年第 3 期，第 180—227 页。

［12］胡洁人：《威权政体下的冲突解决——上海社区群体性冲突的经验研究》，《中国行政评论》2011 年第 2 期。

［13］石发勇：《关系网络与当代中国基层社会运动——以一个街区环保运动个

案为例》，《学海》2005 年第 3 期。

　　［14］屈群苹、孙旭友：《城市社区邻里纠纷化解的治理逻辑——基于 H 市 S 社区居委会调解的实践分析》，《学海》2015 年第 5 期。

　　［15］曾令健：《社区调解中的合作主义——基于西南某市调研的分析》，《法制与社会发展》2012 年第 2 期。

　　［16］Ferdinand Tönnies. Community and Society. Translated and edited by Charles P. Loomis from Gemeinshaft und Gesellschaft. Dover Publications，2002.

　　［17］刘俊清：《走向合作的良性互动：物业管理公司和业主委员会（业主）、社区居委会的互动关系研究》，《经济研究导刊》2010 年第 3 期。

　　［18］向云：《中国内地第一个业主委员会诞生始末》，《中国物业管理》2011 年第 5 期。

　　［19］马卫红、桂勇：《社会冲突中的"政治化"现象分析——以业主维权为例》，《理论与改革》2016 年第 1 期。

　　［20］桂勇、崔之余：《行政化进程中的城市居委会体制变迁——对上海市的个案研究》，《华中理工大学学报》（社会科学版）2000 年第 3 期。

　　［21］柯定平：《城市老旧住宅小区管理研究》，东南大学硕士论文，2011 年。

　　［22］杨爱平、余雁鸿：《选择性应付：社区居委会行动逻辑的组织分析——以 G 市 L 社区为例》，《社会学研究》2012 年第 4 期。

"第三方"参与、边界与冲突治理：
以江苏镇江 GT 新城拆迁事件为例

李琼　晏阵方[*]

提要： 中国正处于现代化急剧转型中，一旦累积的风险超过一定边界，极易导致社会冲突现象的频发。本文从实地调研的冲突案例出发，依据社会冲突为理论基础，以城市拆迁中出现的"第三方"治理主体为研究对象，"第三方"有其独特的本质和"成熟契机"的形成机制，构成多元参与的治理格局。其间，"第三方"既发挥着正向功能，同时出现负面效应，继而产生利益之争、权力之困和权利模糊等状况。需厘清多元"第三方"治理主体的利益、权力和权利的边界，并在此基础上构建良好的边界秩序。

关键词： "第三方"；拆迁冲突；治理边界

一　问题的提出

新型城镇化建设和城市改造对土地的需求和征用导致部分拆迁冲突现象的产生，聚焦国内外有关拆迁冲突的研究，主要从利益、法律制度、政府角色、安置补偿等不同的视角解析冲突产生的原因，并提出相应的冲突化解机制，然而，拆迁冲突事件仍旧频发。江苏镇江市 2012 年 8 月开始"旧城改造，新城开发"项目，在多方利益主体冲突管理中逐渐出现的

＊ 作者简介：李琼，女，华东理工大学社会与公共管理学院教授，研究方向为公共冲突治理。晏阵方，女，华东理工大学社会与公共管理学院行政管理专业硕士研究生，研究方向为公共冲突治理。

"第三方"在某种程度上成为缓解冲突的"减压阀"。我们试图通过实证研究探求"第三方"参与冲突管理的治理逻辑，为冲突管理提供新的参考路径。

（一）拆迁冲突何以频发

从国内相关拆迁冲突的研究看，堵琴囡（2009）以及申海成（2015）等学者指出城市拆迁问题产生的根源主要在于利益冲突。这种拆迁上的利益冲突还体现在公共利益边界不明上，彭小兵等（2009）提到这主要是由于拆迁方往往以公共利益为缘由为不规范的拆迁行为辩护，而纠纷的产生也主要因为公共利益界线模糊。① 李琼（2007）指出当利益的边界产生冲突并且得不到控制，必定会对现有的社会结构稳定造成不良影响。② 还有学者指出拆迁冲突爆发的另一大因素是政府失灵。李二旺（2010）总结政府在拆迁中的应有角色是：合理拆迁的规划者、利益冲突的协调者、拆迁事项的监督者、弱势方的保护者。③ 但是，王文普（2002）在对征地拆迁中的政府行为进行分析以后认为政府征地和重建的最大动力是城市用地较高租金的存在，政府可以从土地的再开发中牟取暴利，因此导致拆迁中政府违规行为层出不穷。④ 此外还有学者指出了我国拆迁冲突产生的原因是治理体制的不健全，这主要体现在：城市拆迁制度的不完善以及拆迁安置补偿标准模糊。吕亚（2012）就通过分析我国现行的《国有土地上房屋征收和补偿条例》发现，拆迁治理部门对于无法达成的拆迁协议有一定的裁决权，使得拆迁方既是治理者又是被治理者，占有绝对的制度优势；而当被拆迁方向法院提请诉讼时，拆迁方可以申请诉讼期间先于执行和不停止执行，这一规定往往会牺牲公共利益，这也是"强拆"惨案的产生的直接原因。⑤

---

① 彭小兵、谭亚：《城市拆迁中的利益冲突与公共利益界定——方法与路径》，《公共管理学报》2009 年第 2 期。

② 李琼：《边界与冲突——以 S 县某群体性冲突事件为个案》，《东南学术》2007 年第 5 期。

③ 李二旺：《城市房屋拆迁中的政府失灵及其矫治》，《理论导刊》2010 年第 12 期。

④ 王文普：《征地拆迁中的政府行为分析》，《广西财政高等专科学校学报》2005 年第 3 期。

⑤ 吕亚：《我国城市拆迁制度的反思》，《才智》2012 年第 10 期。

（二）冲突的治理：第三方治理机制的引入

随着对冲突的分析和研究的深入，冲突治理方式和模型被陆续提出。有学者将冲突治理的方式设定为"二维模型"进行研究，其结果被广泛地接受并且也被证实。Blake 和 Mouton（1964）提出了冲突的二维治理模型，依据"关注自我"和"关注他人"两个维度对冲突治理方式进行界定。[①] Nicotera（1993）将冲突维度拓展为"关心自己"、"关心别人"和"理性的破坏"的三维模型。[②] 当冲突双方的协商陷入"僵局"时，需引入"第三方"并在其协助下化解冲突。Rubin J Z（1994）提出第三方的主要职能有"调节"和"仲裁"。[③] 常健、韦长伟（2011）认为，冲突治理旨在对不相容性行为进行调整和治理，可通过"第三方"介入手段和改变原有的冲突治理机制从而进行冲突引导性治理。[④] Moore（1996）经过研究，列出了"第三方"介入的条件清单。[⑤]

国内关于"第三方"参与到拆迁冲突治理的研究主要集中在两方面：一方面是从冲突治理的结构上分析，认为"第三方"打乱了原有的二元结构，作为一个中间力量有助于缓冲冲突当事方的矛盾，释放冲突的能量，因而起到预防冲突爆发和升级的作用；另一方面从"第三方"的利益表达功能入手，认为第三方组织作为民众的利益表达、利益协商、利益维护的渠道参与公共冲突过程，与冲突的利益相关方谈判，协商或影响最终的方案和决策，最终也起到了预防和化解冲突的作用。

学界关于"第三方"参与拆迁冲突治理的问题，取得了一定的研究成果。然而，已有相关研究大多为定性研究，鲜有定量研究。且少有实证调查，缺乏丰富的一手材料。既有理论难以回答现实中频发的拆迁冲突，使得我们在解释拆迁冲突时经常会面临一些悖论、困惑等。而第三方参与

---

① Volkema R J, Bergmann T J. *Conflict Styles as Indicators of Behavioral Patterns in Inter personal Conflicts.* The Journal of Social Psychology, 1995, 135（1）: 5—15.

② 王晶晶、张浩：《冲突治理策略理论述评》，《经济与社会发展》2007 年第 10 期。

③ Rubin J Z. *Models of Conflict Management.* Journal of Social Issues, 1994, 50: pp. 33—45.

④ 常健、韦长伟：《当代中国社会二阶冲突的特点、原因及应对策略》，《河北学刊》2011 年第 3 期。

⑤ Moore, C. W. *The mediation process: Practical strategies for resolving conflict.* 1986.

治理的机制作为一种理解拆迁冲突治理的可能分析路径，本研究提出第三方参与冲突治理的边界构建的问题，通过江苏镇江 GT 新城的田野调查，对第三方参与拆迁冲突治理的角色与功能展开分析，厘清多元"第三方"管理主体的利益、权力和权利的边界，在此基础上建立良好的边界秩序，使得"第三方"更好地发挥"减压阀"的作用。

（三）冲突治理边界

社会群体理论把边界当作各群体的活动和互动的范围，当组织之间关系和组织内部发生变动时，各群体的边界会重新划分，并确定各自的角色与功能。李琼（2007）认为，所谓边界指的是一件事物和其他事物之间的分界线，并且在各自的边界线内有各自的规定，边界是无处不在的，任何群体的存在形式和组织结构都有边界，并且边界不是一成不变的，边界的模糊、移动或者突破，都会使原有的结构产生变化。① 本文中的"第三方"角色的扮演者是官方或民间的各种组织或个人，冲突治理边界意指"第三方"在介入冲突治理后相互之间所扮演的角色和功能的边界，以及多元冲突治理主体之间不同的自我规定，是他们相互活动之间的界限，是在特定的时间、情境中存在的范围和活动的领域。

在城市拆迁冲突治理中出现的官方"第三方"与民间"第三方"之间是一种合作治理的关系。边界的模糊不代表没有边界，这是边界形态的动态变化形式。多元的"第三方"治理主体变得更加灵活、互动频繁，更加具有适应性，边界不是一成不变的。蒂利（2008）认为同一类型的事件在边界内形成了机制，而同一边界内的事件改变着各种要素之间的关系，形成统一的应对各类环境的方式。因此，"第三方"介入到多样化社会场景中，构成非常普遍的社会机制。② 因此，需要划清冲突治理的边界，并在此基础上构建治理的边界秩序，以保障治理的平稳运行。

---

① 李琼：《社会冲突的边界解析》，《华东理工大学学报》（社会科学版）2007 年第 2 期。

② ［美］查尔斯·蒂利：《身份、边界与社会联系》，谢岳译，上海人民出版社 2008 年版，第 29 页。

二　镇江 GT 新城拆迁冲突事件概述

GT 新城建设用地是镇江郊区农村集体用地，自 2006 年开始拆迁工作，持续了十年之久。在拆迁工作初期暴力拆迁和顽固对抗的冲突事件频发，也曾出现惨烈的"2013.2.26"血案，引起社会广泛关注。GT 新城的拆迁大部分属于集体土地的拆迁，主要的补偿安置方式是货币补偿、异地安置和原地回迁房安置三种。拟拆迁居民对于拆迁的态度和行为方式主要为两种：一种是积极配合型，主要以独居老人为主以及按照拆迁补偿标准得到的补偿可以满足自我需求的人群为主；另一种是持消极抵抗态度的，拖延或者抵触拆迁。这类人群主要是对拆迁补偿或者安置不满意，他们认为放弃自己的土地会有被剥夺的焦虑感。从调研结果来看，群众对于相对统一的拆迁补偿的态度也不容乐观，34.2%的人对此并不看好，表示支持的只有 29.3%（如表 2.1）。

表 2.1　　　　　　　　　对房屋拆迁补偿条例持有的态度

	频率	百分比（%）	累积百分比（%）
不关心	3	1.4	1.4
很关心、支持	65	29.3	30.6
不看好、难以得到真正实行	76	34.2	64.9
有没有无所谓	68	30.6	95.5
其他	10	4.5	100.0
合计	222	100.0	1.4

数据来源：GT 新城居民调研。

（一）　GT 新城拆迁冲突治理中的"第三方"

1. GT 桥街道办事处拆迁委员会

2010 年 11 月开始 GT 桥街道处逐渐成立了一批专门负责拆迁事务的委员会，主要是从各部门抽调一些基层群众工作经验比较丰富的人员，该委员会具有一定临时性，但在 GT 桥的拆迁工作中逐渐探索出了一系列比较合理的拆迁条例和方法。

“本来是建房，就是建设环保所，现在建房的职责没有了，整个全部冻结了，现在的职责就是拆迁。”“我们现在的拆迁补偿和标准都是透明的，只要通告发放下来，大家根据标准就能知道自己该拿多少，他自己心里有数，我们做起工作来就没有这么费劲了。所以现在工作进展得比较顺利，基本上没有什么特别大的问题”。①

2013 年，新开工保障性住房 23 万平方米，超额完成年度目标任务；安置 957 套，占年度计划的 139.7%。2014 年，续建安置房 3782套 36.27 万平方米，新开工安置房 1364 套 12.46 万平方米；完成安置1077 套，共 9.1346 万平方米，超额完成全年安置计划。年内红星桃花源二期、红星牡丹园、瑞香苑、官塘绿苑一期安置房也已建成交付，有效地缓解了历史遗留矛盾。2015 年，城中村改造完成了 6 个自然村近40 万平方米的房屋拆迁工作，完成了 1365 户安置，确保了拆迁安置工作平稳有序推进。②

拆迁委员会的主要工作内容包括：一是向被拆迁居民及时发布拆迁政策、补偿方式，及时和群众沟通，及时向上反映群众的诉求；二是调动被拆迁户的积极性，依靠被拆迁户相关的人做他们的思想工作；三是遵循依法办事的原则，公平公正地为拆迁户与被拆迁户最终能达成协议做出裁决。拆迁委员会在拆迁冲突的治理中起了重要作用，他们的成立为 GT 桥居民和政府之间建立了一个“缓冲带”。因而 GT 桥拆迁委员会成员可以算作是一个官方的“第三方”介入到拆迁冲突治理中实例，这些委员基本上都是来自 GT 桥街道或者附近的小区，较为容易取得居民的信任并使得居民愿意配合拆迁工作。

2. 丹徒区“五大员平安网”

丹徒区建立了以警员、法律顾问、民情通讯员、信访代理员、矛盾调解员为一体的“五大员”平安网，对每一村形成了网格化的治理。目前，丹徒区共配备专职社区民警 61 名、专兼职调解员 167 名、民情通讯员

---

① 2016 年 6 月 28 日 GT 新村实地访谈。访谈对象：刘某，GT 新城街道办事处拆迁委员会负责人，42 岁。

② 2016 年 9 月 10 日 GT 新城政府拆迁办内部会议资料。

2048 名、驻村法律顾问 88 名、信访代理员 102 名。① 2013 年开始，GT 新城项目划定丹徒区后，丹徒区的"五大员"便为项目拆迁走进每家每户，做拆迁沟通工作。世业镇兴隆村民情通讯员徐广珍女士说："民情通讯员的主要任务就是及时收集和上报民情民意，将矛盾冲突消灭在萌芽状态。"2014 年的村庄拆迁整治中，徐广珍女士在半个月内多次登门拜访，缓解了一起由于修整公路引起的拆迁冲突事件。

3. 化解拆迁冲突的居民个体

在拆迁冲突的化解中，作为"第三方"的居民个体一般是"熟人社会"中的"舆论领袖"，通常具有深厚的基层人际关系基础和各种社会资源。在 GT 新城拆迁的过程中也出现了这些居民个体，他们或有拆迁的经验，或是专业的律师，或是居民中有声望的居民代表。他们大多采取非正式的干预方式，以沟通和规劝、平等对话以及协商等非强制性手段为主，使得当事人双方能够自由地论证和辩驳。

GT 新城的规划首先从搭建公路网开始，润州区百盛家园小区地势比周边高，政府希望修一条笔直的马路，所以原计划就顺着小区西门一排商品房门口的路下挖 2 米左右，然后用石块把高出来那一边砌起来，这一决定立刻引来马路一条边上的商品房店主的抗议。这一条边总共有 15 家商品房在经营着自己的生意，有的是自家房屋，有的是租赁的商品房。对面小区的拆迁已经对他们的生意造成了影响，现在这样挖路就更加没有生意可做了。

"刚开始公路修建的人员不顾群众的反对，直接开着挖土机就开工了，商品房的店主就站在门口不退让半步，他们就趁着夜里没人的时候挖路。有的老人夜里不睡觉就站在挖土机边上不让他们动工，他们就暂时缓缓，他们说是听上面安排的，让我们找政府闹去，这样拖着对谁都没有好处，总得有人想想办法。"②

明女士经营着一家 12 年的美容美发店，对附近居民的基本情况非常了解。因此，居民们就推举她作为代表把大家的基本情况和联名申请书提交到了拆迁办，后又与拆迁办的人多次协商并确定最终方案，在不影响修

---

① http://jiangsu.china.com.cn/html/2015/gdxw_0415/1372277.html.
② 2016 年 8 月 7 日润州区实地访谈。访谈对象：李某，理发店女老板，38 岁。

路的基础上尽可能保证商品房的价值。

"因为她在几年前有过被拆迁的经验，知道其中是怎么一个流程，并且平时又比较热心，跟居委会的人也很熟络，所以我们觉得应该找她商量，让她拿个主意。"①

4. 介入拆迁冲突治理的社会组织

镇江公证处成立于1980年，是江苏省范围内成立较早的公证处之一。② 随着房屋拆迁引发的冲突愈来愈多，各种利益诉求掺杂其中难以平衡，政府—企业和居民在互动的过程中往往不能达成共识。镇江公证处便是在此种情境下开始寻求与政府以及各开发公司的合作。在对润州土地房屋开发总公司的某负责人进行深度访谈时发现，他们许多方面的工作与房屋公证处密切相关。

"我们的档案是由评估公司提供的，每家每户的装潢不是要评估嘛，这个评估公司是属于个人企业性质的评估事务所，也是受政府委托的，我们遇到问题要调查的时候，他们也要调查，他们除了拆迁评估还可以做其他社会上的评估。而公证处的人要在现场保证评估的公正，现在镇江也可以在公证处的监督下民主选择评估公司，老百姓还是挺相信他们的。"③

镇江公证处在 GT 新区的拆迁事务过程中既做到监督拆迁单位的拆迁协议履行，也需要对反悔和违约的被拆迁户进行教育和协调，是拆迁冲突治理中比较具有专业性和中立性的"第三方"。

三　"第三方"参与拆迁冲突治理的运行机制

作为"第三方"，有的是官方政府人员，有的是非政府、非官方的调解员，依据各职能和性质采取迥异的方式展开冲突治理的工作④。在"第三方"参与冲突治理的过程中形成了多形态"第三方"治理主体，在不

---

① 2016年7月20日润州区实地访谈。访谈对象：孙某，水果店男老板，35岁。
② 王洋：《荣誉背后：记江苏省镇江市镇江公证处》，《中国公证》2008年第8期。
③ 2016年8月22日 GT 新城实地访谈。访谈对象：刘某，润州土地房屋开发总公司审批负责人，35岁。
④ 刘俊波：《冲突治理理论初探》，《国际论坛》2007年第1期。

同的属性下扮演不同的角色并发挥不同的功能。

（一）"第三方"参与冲突治理的角色属性及其定位

我国的公共冲突治理偏向于政府主导型，而"第三方"参与冲突治理的角色属性是什么？在 GT 新城居民的调查问卷中，50.9% 的人认为"第三方"扮演的角色是双方沟通的调解者，21.17% 认为是弱势方的辩护者，12.61% 认为是矛盾的最后仲裁者，8.56% 认为是对话的促成者，5.86% 认为是政府的辅助者。调查表明，一是居民普遍认为"第三方"的角色设定是双方沟通的调解者，是在双方已经展开协商后介入的；二是大多居民认为"第三方"比较"亲民"，具有一定的正义和公正性（如表3.1）。

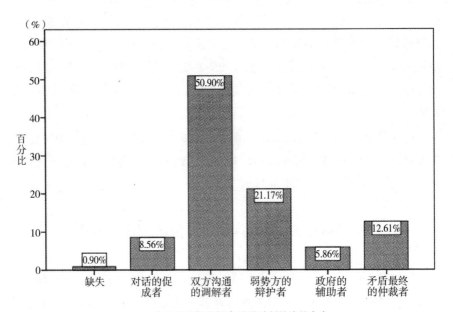

图 3.1　"第三方"在解决冲突时所扮演的角色

资料来源：GT 新城居民调研。

1. 官民二重性

首先，"第三方"可以是冲突爆发前的监测者和预防者。冲突事件虽然是一瞬间爆发出来的，但是在爆发之前有一个孕育的过程，且会表现出一定的征兆和迹象，如果能在冲突还在萌芽状态或初始期时就及时做出监测和预防，采取针对性的措施，或许能防止冲突的发生和升级。及时地收集和掌握信息，是有效处理冲突的第一步。由于拆迁工作涉及到居民的信息隐私以及收集信息的工作量比较大，所以监测和预防工作必须是在政府主导下进行，而最终的决定和信息的处理结果也是政府机关或者是政府所授予的权威机构来发布的。

其次，"第三方"是冲突事态的控制者，冲突控制是冲突治理的一种手段，控制是冲突爆发后的一种应急措施，是对冲突力量的一种强制性的抑制。赵伯艳（2012）认为冲突控制发生在冲突治理的整个过程中，当冲突处于萌芽期，通过统一的意识形态来约束人们对抗意识的形成，进而防止冲突力量的聚集；当冲突进入显化期，控制信息传播防止谣言的产生，通过威逼利诱防止冲突升级，或通过司法①、行政手段对冲突对抗行为进行制止或处置；当对抗已成事实，政府还会采用极端的手段镇压冲突对抗行为。因此，冲突的控制需要对冲突当事方的对错和责任进行判断，这个过程需要治理主体兼具权威性和公正性，且能够让冲突当事双方接受，还要有强大的干预能力。

再次，"第三方"是冲突行为的仲裁者。在冲突治理中，仲裁者的角色是对恶性事件进行裁决，也为他们提供意见和解决方案。这类"第三方"可以在冲突控制阶段对于冲突的事件进行裁决，目的是快速解决冲突，一般采用强制性的手段。当仲裁者的角色出现在冲突化解的阶段，"第三方"提出的解决方案和做出的判决是经过充分讨论后的决议，此时的仲裁是非约束性的，但是有更强的有效性。在城市拆迁冲突的治理中，仲裁分为两种：一种是依据法律法规的强制性仲裁，有明确的程序和规则，但通常不具有灵活性；另一种是根据当事方的意愿协商出的非强制性仲裁。"第三方"在承担仲裁者角色时需要根据冲突的情景和阶段选择仲裁手段。政府通常承担具有公正性、权威性的仲裁者角色。但是，政府并不是唯一的垄断性的仲裁者，其他的社会主体也可以扮演仲裁者的角色。

---

① 赵伯艳：《社会组织在公共冲突治理中的作用研究》，博士学位论文，南开大学，2012年，第19—25页。

最后，"第三方"是冲突结果的保障者。冲突的结果分为两种，一种是冲突得到化解以后转化为正向积极的力量；一种是冲突升级，呈恶性循环。在对冲突的后续治理中，"第三方"要监督冲突的当事方遵守协定，保障和解方案顺利而有效地被执行，并根据反馈的信息进行方案修改和执行。如果冲突进程升级，而"第三方"的调解又没能使双方意见达成一致，当事方会采取比较激烈的行动来发泄自己的情绪，或者是以破坏性的行动来维护自身利益，此时冲突的恶性循环就具有了较高的破坏性和暴力性。而此时能做到最后保障的必须是强大而权威的力量，政府在此时会采取各种制动的行为来制止和清除破坏性的因素、镇压暴力行为来平息冲突，防止冲突的进一步恶化对社会带来的不稳定。当冲突在各方互动中达到很好的解决，政府也有义务将各方好的建议以制度的形式保留下来，以便为突发的事件治理提供参考。

2. "草根"本性

草根本性主要是体现在：

首先，"第三方"是一个冲突双方对话的促成者。冲突之所以产生，主要表现为冲突的当事双方认知不同以及目标的不相容。由于牵涉到各自的利益，他们也会想方设法固化自己的立场，更加不愿意心平气和地进行对话。"第三方"此时的角色就是引导当事方对具有争议的问题减少分歧，为各方抛出有利条件使他们的目标接近统一，使他们愿意面对面进行对话。在城市拆迁冲突治理的案例中，"第三方"由于自身的优势可以直接与冲突双方进行交流，并且将他们双方的意愿表达给对方。他们不仅仅是一个"和事佬"的角色，他们在奔走于当事方之间时，起到了"安全阀"的作用，为双方的沟通和目标的实现创造了条件。

"我们就经常打比方我们就是农村做媒婆的。大部分还好，但是人分三六九等，总有极个别的说不通，家里喜欢斤斤计较的，不同意的，这时候就需要我们上门做工作。人总是有人和他关系好的，就做这些人的工作，让他们去影响（不愿意拆迁的）。"①

其次，"第三方"是冲突双方沟通的协调者。科塞（1989）的"安全

---

① 2016年8月10日丹徒区拆迁办访谈，访谈对象：宋某，丹徒区"五大员平安网"成员，41岁。

阀"理论认为冲突具有维护关系的正向功能，通过冲突释放敌对情绪和表达不同声音，来起到维护关系的作用，而不是采取逃避的手段来应对。[①] 而释放敌对情绪和表达自己的诉求取决于有效的沟通，良好的沟通可以促进双方的理解，统一目标；而恶性的沟通会导致冲突的恶化，使矛盾升级。"第三方"往往在双方沟通过程中扮演着协调者的角色，他们大多时候并不能直接决定和满足冲突双方诉求，而是为有效沟通创造良好的条件，提高沟通的效率。

"以前 1 户人家最多拿 250 个平方，现在 GT 又多了一个老年房，老年房就是可以多拿 54 个平方，这些都是第三方来协调的。现在老年人越来越多，住在一起矛盾也会增多，就需要这个老年房。但是作为第三方，老百姓想要通过欺瞒获得更多的利益也是不太可能的，因为我们跟基层比较熟悉[②]。"

在城市拆迁冲突治理过程中，民间"第三方"有自己的优势，对于基层情况比较了解，对政策比较熟悉，可以保证沟通的真实性和公平性。

再次，"第三方"是冲突弱势方的辩护者。从拆迁冲突的当事方来看，冲突双方的力量是处于失衡状态的。公民个体或者群体相对于拆迁方中的政府或者开发商无疑是相对弱势的。从公民角度来看，个体的力量薄弱，呼声较弱，而群体的素质参差不齐，集体行动比较困难，无法进行整合和公平的协商。相较之下，另一方利用自己的资源，有时通过影响政策来保障自己的利益，更有能力控制冲突的方向和进程。

Kevin 认为从长远角度考虑，冲突中的任何一方在解决问题的过程中都应有一定的发言权，如果将其中一方排除在外对解决方案进行探讨，最后的结果注定失败。[③] "第三方"作为一个辩护者角色可以有效地预防冲突的升级，防止弱势方采用极端手段争取利益。弱势方在利益分配时是较为敏感的，当他的利益不能被满足，易产生"被剥夺感"或"相对被剥夺感"。"第三方"作为辩护者如果可以对他们提供帮助和辅导，帮助他们进行理性的利益表达，为弱势方提供和争取更多的资源和政治机会，释

---

①　［美］科塞：《社会冲突的功能》，孙立平等译，华夏出版社 1989 年版，第 50—51 页。

②　2016 年 6 月 28 日 GT 新村实地访谈。访谈对象：吴某，GT 新城街道办事处拆迁委员会职员，26 岁。

③　Kevin P. Clements. *Peace Building and Conflict Trans - formation*.

放弱势方的情绪，更有利于冲突能量的化解。

最后，"第三方"还是冲突争端的咨询者。民间"第三方"中有一些拥有专业素质的调解组织和团队，在专门的领域给予专业的意见和指导，他们或者拥有专业的资格审查证书，或者有丰富的经验，可以为冲突双方分析清楚事实原委、做出公正裁决、达成最终协议奠定基础。调研发现除了专业的评估公司之外还有像律师协会这种公益性的社会组织，为缺乏专业知识的冲突双方提供意见。

案例：2015 年，眉山法院"诉非衔接"①为冲突治理提供了可借鉴的模式。2014 年 4 月，眉山市某建筑公司施工中，夏朝勇因为施工事故造成高位截瘫，向雇佣他的王志文要求补偿，但是王志文此时因私刻印章被追究刑事责任，赔偿问题陷入困境。眉山市丹棱县人民法院委派县调解办公室介入矛盾的调解之中，使得纠纷得以化解。②

（二）"第三方"在冲突治理中的功能："双刃剑"

"第三方"即使有自己的特质，也只是具备了参与冲突治理的资格，而不是必然参与其中的条件。拆迁冲突的爆发说到底是利益之争，而"第三方"参与其中便不免成为利益的相关者，那么它发挥的功能也会随着冲突治理的进程呈现出不同的状态。

1. "第三方"在冲突治理中的正功能

科塞的"安全阀"理论认为，能够被正确疏导的冲突是具有正向功能的，而一味的打压和抑制会使冲突力量堆积，造成大爆发。根据调研显示，"第三方"之所以被当事方接受，除了介入冲突治理之中的契机和自身特质，还有就是它在治理中所起的正功能。

首先，表现在促进利益的增进上。在拆迁谈判过程中，来自官方的"第三方"和来自民间的"第三方"可以看作是冲突双方派出的代表和中介，自己不方便或者不能出现的场合，由"第三方"出面解决，可以达到高效率和低成本。由于"第三方"本身的属性差别，官方"第三方"

---

① 所谓"诉非衔接"，是一种创新的多元调解组织形式，将非诉讼形式的调解方式和法院的审判结合起来进行。采取这种方式建立专家库，给纠纷者在"委派"前提供咨询和建议，在立案后进行专业的调解。

② http://news.xinhuanet.com/legal/2016—08/25/c_ 129253459. htm.

和民间"第三方"在不同的情境下，从不同的角度协助双方达到利益的平衡，避免利益失衡下矛盾的产生。拆迁冲突产生的根本原因在于双方利益的此长彼消，双方都希望在利益博弈中占有优势。例如商业性的拆迁项目带有经济属性，争取的是利润；而被拆迁户争取的是收益。在各方产生冲突的情况下，"第三方"的介入可更利于收获自己的利益。民间"第三方"的介入保障了双方处于相对平衡的位置，使双方有了平等对话的机会，而官方"第三方"的介入则保障了合理合法的利益诉求能够得到应答。

其次，具有控制冲突局面的功能。根据前文中内容，人处于高强度的对抗或者暴力冲突中，不仅会对自身造成伤害，有时还会波及无辜，造成社会秩序混乱。这时如果有"第三方"以一种"旁观者"的状态及时地对冲突局面加以控制，更利于防止冲突行为扩散和蔓延。"第三方"在双方达成的共识基础之上建立固定的规则，就如拆迁中的拆迁补偿条例和安置条款是根据以往经验不断改进的规则，这也是双方行动的准则，避免双方在无标准情况下的擅自行动。

"拆迁问题还是比较尖锐的，就那些个事情，先上门工作，目的是探底，然后颁布优惠政策，对首批签字的家庭实施鼓励政策，同时，对于被拆迁地块的人选进行调查，对于自身条件优越的，在企事业单位的，先行沟通，双向施压，然后顺序是中层阶级、工薪阶层的适当提供优惠政策。最后是钉子户，各种断水断电。"①

在冲突的爆发期和激烈的对抗期，"第三方"负责将冲突双方从冲突的现场隔离出来，使他们的敌意和怒火有一个缓冲的过程，不直接作用于对方身上，减少破坏力和杀伤力，也为其他解决方案的提出争取机会。

其次，提供可替代方案的功能。冲突双方希望自己在无计可施的情况下，有"第三方"提供一个可行的方案或者提供可供参考的建议。"第三方"在此处承担了决策者和仲裁者的位置，这就要求"第三方"必须对存在争议的事实做出判断，然后才能为冲突当事方提供建议和解决方案。"第三方"之所以能够扮演这个角色，一是因为"第三方"的介入是双方的选择和认可；二是它自身的中立性和专业性保证了仲裁的公平和公正；

---

① 2016年5月28日，RZ区实地访谈。访谈对象：王某，城市管理职员，26岁。

三是因为它具有合法性和权威性。例如 GT 桥的拆迁委员会在遇到拆迁矛盾需要调解时，首先他们掌握了拆迁双方的基本情况，知道利益平衡的幅度；其次他们是由各部门有经验的基层工作人员组成，对拆迁事务比较了解，可以提供有用的建议，他们的工作建立在冲突双方认可的基础上，当遇到双方僵持的局面，便从中斡旋，使他们的目标达成一致；最后，在双方无法给出合理解决方案的时候，帮助他们达成共识，确立最终的方案。

最后，促进监督协议实施的功能。"第三方"监督的职能来源于他对于冲突结果的保障功能。一方面，关注冲突事项，防止冲突复发；另一方面，对冲突的后续结果和协议的落实进行监督。官方"第三方"在冲突治理中的合法性和权威性，以及民间"第三方"的专业性和中立性，是保障冲突协议达成的基础。"第三方"除了监督当事方履行协议，推动最终方案的形成以外，还要鼓励配合拆迁、促进冲突双方的对话，还要对潜在的冲突具有敏锐的观察力等等，以保障冲突结果的后续运转，使协议能够平稳地运转起来。"第三方"在监督过程中扮演着和促进者或调解者类似的职能，但不同的是，"第三方"监督协议实施是在冲突的后期，基本的协议已经达成，发挥的是后续保障功能。

2. "第三方"在冲突治理中的负功能

"第三方"在参与冲突治理之中，由于本身的特性和新的利益关系形成，在有些情境下还会将自己卷入其中，激化矛盾，使冲突升级，造成当事方与"第三方"之间的冲突以及"第三方"之间的冲突。常健、(2011) 将"第三方"介入冲突治理中产生的负面功能定义为"二阶冲突"。[①]

首先，使冲突范围扩大化。从冲突事件的范围来看，冲突事件原本是一个人或者一个家庭与拆迁方的小范围活动，随着相关利益者的介入，范围逐渐扩大，范围的扩大带来的最常见后果就是冲突的不可控。从利益相关理论来理解，利益相关者的范围会随着事态的发展呈现连锁反应，群体性事件的产生是很典型的表现形式。"第三方"的介入使得更多的利益相关者介入其中，冲突的范围也随即扩大，在拆迁冲突治理中是比较常见的。例如镇江润州区修建马路，本来事件波及的范围仅限于施工单位和商品房主，但是在协调过程中，房主的家人和在小区拥有住房的人，以及居

---

① 常健、许尧：《论公共冲突治理的三个层次及相互关系》，《学习与探索》2011 年第 2 期。

委会和区政府,都被卷入其中。使得修建公路事件被搁置,商品房的生意同时也受到了影响。而处于同一处境的其他人也会纷纷效仿,群体性事件就慢慢爆发出来。

其次,将个别争端普遍化。由于人们对于政府的"高依赖与低信赖",当存在政府参与其中的冲突治理时,最终的冲突矛头会容易指向政府。各种弱势群体和失意群体长期被忽视或者压制的利益诉求会在一件事情上寻求共同点和槽点。可能刚开始只是一件拆迁冲突的事件,政府在处理措施出现纰漏以后,会成为一个宣泄口,各种补偿不到位、不公平,就业保障等问题就会涌现出来。个别的拆迁补偿争端就演变成了普遍化的不满和宣泄。在访谈中,街道办的刘女士谈到,即便之前已经安置好的被拆迁者,在别人有意见的时候也会跑过来凑热闹,甚至会一直盯着他们执行其他的任务,遇到一点问题就表示不满和举报。"他们关心的已经不仅仅是拆迁的问题了",刘女士对于居民的表现感到很无奈。

问:就是有拆了以后安顿好以后,之后觉得待遇不好,还会再回来说有意见?

答:嗯,总之要找茬的人总是能找到。想法就不一样,喜欢多管闲事。反正村里的房子只要是违章建起的他就跟你闹,就打 12345 举报。

问:那么怎么样把他们打发走呢?

答:他们提出的小的要求,能满足的就尽量满足,兵来将挡水来土掩,来一个处理一个。[①]

再次,使简单关系复杂化。冲突的主体原本只有当事方,在拆迁案例中指的是拆迁与被拆迁方,但是"第三方"的介入不管是主动还是被动,都改变了原有的二元格局,冲突各方的力量组合也发生了变化,原本无直接利益相关的局外人也卷进冲突进程中,使得冲突的主体关系变得复杂化。2011 年网易新闻播报了镇江多名教师拆迁动员不力被停课,以及在镇江代理拆迁案两北京律师遭殴打事件。[②] 教师和代理律师本来并不是最直接和首要的利益相关者,作为被动参与其中的"第三方",生活和工作

---

① 2016 年 6 月 28 日 GT 新村实地访谈。访谈对象:刘某,GT 新城街道办事处拆迁委员会负责人,42 岁。

② http://news.163.com/11/0101/03/6P9IM9GQ00014AED.html.

也受其影响。这两件事件的爆出是原本简单的拆迁事件的延伸，在这种情境下，冲突由二元对抗转变成了多元对抗，由拆迁事件变为了其他事件的纠纷，各种冲突治理主体之间的关系也变得复杂化。

最后，将公共冲突政治化。拆迁冲突是拆迁方与被拆迁方因为拆迁补偿安置问题引发的，但是"第三方"的参与，尤其是当政府主导的"第三方"参与冲突治理时，由于手段的不当，会导致被拆迁方对政府等公共机构的不信任，或者演变成直接面对政府的暴力行为，使得公共冲突政治化。

调研显示，很多民众认为冲突的引发主要是政府的责任。政府一方面要维护自己的公信力；另一方面要顾及政府本身利益和职责，所以常常陷入一种两难的困境。而从被拆迁者的角度来看，政府是最主要的责任方，对人民有着不可推卸的责任，对此施以很高的依赖，但是一旦政府行为的运作失效，公众会把矛头直指政府。因此，拆迁冲突就演变成了带有政治性质的公共冲突。

四　"第三方"参与冲突治理边界的构建

冲突治理中的"第三方"呈多元化趋势，各种不同的"第三方"治理主体汇集形成角色丛，"第三方"在冲突治理过程中存在治理的困境，导致利益、权力与权利的边界模糊状态。

（一）多元"第三方"治理主体之间的利益边界

达仁道夫（2000）认为冲突是转型时期的一种表现形式，是一种应得权利和供给、政治和经济、公民权利和经济增长的对抗。[①]"第三方"治理主体的多元化牵扯到很多利益相关者，必然会牵扯到利益的分化和整合，以及治理秩序的整合，所以利益冲突在所难免。

首先这种冲突的根源是"第三方"治理主体利益的冲突。

在对 GT 新城的拆迁冲突治理事件进行调查之后发现，"第三方"的

---

① ［英］达仁道夫：《现代社会冲突》，林荣远译，中国社会科学出版社 2000 年版，第 15 页。

参与不仅改变了原有的治理结构，也形成了多元的利益格局，每个利益群体都通过各种方式追逐利益，并保持自身的利益取向。从调研资料看，拆迁冲突的产生大多从利益出发。由于每一方实现利益的驱动是不一样的，所以会表现出不同的行为。

问：您认为能够引起他们矛盾的主要原因是什么？

答：就是补偿金。①

问：对于已经拆完搬到安置小区之后对于拆迁还不满意，这个您是怎么看的？

答：有的人一辈子就拆迁一次，每个人都希望自己多拿一点。你给他100元他想要1000元，你给他1000元他想要10000元。②

在 GT 新城拆迁冲突治理中可以看出，各个治理主体都有自己的利益取向和意志，即便是具有"中立性"的"第三方"也会有自己的利益取向在其中。在社会转型时期，各种非正式的群体也就是"草根"第三方成为一种自下而上的力量，与社会的正式制度也就是官方属性的"第三方"相互支援，形成一种多元和多重的秩序结果，在此基础上形成了全新的利益格局。那么，这种多元"第三方"治理主体的利益取向的分歧点在哪里？从他们的矛盾和冲突的行为中，或许可以发现这些冲突治理主体的内在逻辑。

首先，草根属性的"第三方"与拆迁方的冲突。草根"第三方"可以说是一种"自下而上"的利益诉求方式，从调研中所涉及到的组织和个人来看，主要是非政府属性的，来自民间的。并且利益诉求倾向于比较分散的"第三方"。调研发现，"第三方"的成员中有的甚至就是被拆迁方中的一员，所以在沟通时他们很可能会与拆迁方产生一定的冲突。

其次，官方属性"第三方"与当事方的冲突。官方属性的"第三方"与被拆迁方的冲突是拆迁治理中最常见的一种，我们在调研中接触到的是拆迁基层委员会，他们在其中并不牵涉到个人利益的诉求，更倾向于公共利益的维护。这就会导致个人利益和居委会代表的公共利益的分歧。在市

---

① 2016 年 6 月 28 日 GT 新村实地访谈。访谈对象：刘某，GT 新城街道办事处拆迁委员会负责人，42 岁。

② 2016 年 8 月 22 日 GT 区实地访谈。访谈对象：刘某，润州土地房屋开发总公司审批负责人，35 岁。

场经济中个人利益的张扬，已经不可能使个人利益向公共利益做出绝对让步。政府也具备"经济人"属性，这使得它不仅有逐利行为的产生，也会有"逐名"行为的产生。

再次，草根"第三方"与官方"第三方"之间的冲突。"第三方"不管来自民间还是政府，或者兼具有两方属性，他们会有相似的工作职能和目标，也会存在冲突和分歧。这种分歧和他们的出处和性质有关系，不仅仅是利益取向，还有很多权利与权力的分歧掺杂其中。有时他们所代表的利益取向是不一样的，当他们分别代表某一利益方的时候，他们就站在了对立面。例如，具有企业属性的"第三方"也有自己的利益诉求，虽然他的利益和拆迁中的利益博弈没有直接的关系，但会激化拆迁中的利益和冲突的进程。

最后，其他利益相关者的不满。在拆迁利益博弈的大框架中，除了当事方和"第三方"以外，还有"局外人"等相关的利益者，他们不直接采取行动，但是他们的态度也会影响冲突结果。他们会根据自己的相关利益对拆迁事件提出自己的意见，有纯粹看热闹的，有强调自己立场的，也有发泄怨气的。在因为公路修建而引起的拆迁冲突中，这种相关者的不满和对结果的影响尤为明显。

"我们是小区外面的商品房，我们当然希望修路的把地基往下挖，把我们的地下室也挖出来，这样我们就有三层了，但是小区里的住户和商品房的租赁人就不同意了，他们一是怕地基不稳，二是怕租金上涨，都不肯在上访信上签字。"①

调查了解到他们的利益矛盾并不是单向的，还会涉及到其他事项中的利益相关者并与之产生矛盾，或将导致"邻避"效应及负的外部性。

（二）自上而下的"第三方"治理主体的权力边界

调研发现，作为"第三方"参与到拆迁冲突治理中并且发挥主要作用的主体，一般为政府主导的或者是具有"官民二重性"的组织或者群体，政府在冲突治理中发挥着不可替代的角色。但是从"第三方"所出现的正负双向的功能来看，政府在行使自己的权力、执行自己的权责时，

---

① 2016 年 7 月 16 日润州区实地访谈。访谈对象：马某，药店女老板，45 岁。

并不是始终如一的。本文所指的"自上而下"的治理主体指的中央与地方，以及地方政府与村镇基层政府自上而下的权力治理模式。下文将分析治理主体在治理中所出现的权力异化，以及权力与职责的矛盾如何使其本身陷入两难的境地。

首先，对平行权力异化的分析，这主要是权力与职责的冲突。公共选择本身的缺陷，使得最终集体决策的结果往往偏向于官员自身利益或者强势集团利益，社会公众的影响微乎其微。政府对于权力具有垄断性，而作为政府代表的政府官员也具有特殊的权威。政府的自利性膨胀就代表了它本身自控性的下降，由于其本身利益主体的混淆，导致地方政府从自身利益出发，急功近利，不考虑方案是否合理，盲目寻求投资合作，把公共利益转变为了自己本身的独立利益，混淆了自己的职责界限。政府作为冲突治理主体之一，既是保证利益分配公平的主观实施者，又是受利益分配结果影响的客体。这种双重身份使得它作为治理主体时的执行效果受到影响。

其次，垂直权力的失衡，这主要表现在财权与事权的冲突。在访谈中有这样一段对话：

问：在矛盾冲突中，你处理问题坚持的原则是什么？

答：首先就是政策，其次把老百姓安顿好。两边我们都要顾及好了。要让老百姓相信我们是为他们做事的。但是尽量还是要为老百姓考虑。

问：你为什么觉得要往老百姓那里靠？

答：我们会觉得老百姓拆迁之后的损失还是很大的，不能说不管他们，我们的工作目标就是让双方手握手。①

访谈发现，真正与被拆迁者接触的实际上是最基层的官方性质的组织委员会，他们最清楚自己所在地的情况，也是最有可能为百姓争取利益的发言者。但是，他们的权力是有限的，他们的财权和事权的分离导致了他们权力有效性的减弱、公信力的下降。官方或半官方的"第三方"组织是政府行政权力的末端，它本身并没有制定制度和条例的权力，它的大部分职责和角色扮演其实是上级政府的安排，所以它是比较被动的一个组

---

① 2016年6月28日GT新村实地访谈。访谈对象：刘某，GT新城街道办事处拆迁委员会负责人，42岁。

织，在与上级政府进行利益谈判时，在权力、权利与职责上都是不对等的。这种"自上而下"的压力型体制，使得他们要对上级负责，并接受其监督和安排，但是在事权上又要对百姓负责。于是，出现的尴尬局面是"对上不足，对下同样不足。"

（三）自下而上的"第三方"治理主体的权利边界

达仁道夫认为：现代社会冲突的主题是公民在社会中争取自己的权利和资格，一个群体争取自己的权利并倾向于保卫这种权利，而另一个群体也提出他们的要求，并且寻求自己的代言人，这在历史舞台上有爆发性的力量。"公民"自下而上"的利益诉求和政治参与是冲突事件的不同侧面。从半官方性质的"第三方"以及草根性质"第三方"的崛起，可以看出公民参与权利诉求的日益显化，而我国目前的相关体制并不健全，制度的变迁跟不上现实社会情况的变化，使得作为公民代表的治理主体在利用本身的权利时陷入模糊的情境。

首先，社会群众的行动策略。从对 GT 新城居民的调研结果来看，39.6% 的居民更倾向于用协商的方法，52.3% 的人选择用法律手段来解决问题，想选择暴力方法的有 4.5%，群众其实更趋向于选取利用和平和法制手段来解决问题（如表 4.2）。

表 4.1　　　　　　　　　　　维护自身合法权益的方法选择

	频率	百分比（%）	累计百分比（%）
缺失	6	2.7	2.7
协商解决	88	39.6	42.3
法律手段	116	52.3	94.6
暴力方式	10	4.5	99.1
其他	2	0.9	100.0
合计	222	100.0	2.7

资料来源：GT 新城居民调研。

李琼（2007）将政治参与定义为"公民依照一定的程序，直接或间接地表达自己的意愿，试图对政策结果造成影响的一种活动。"现实中的情况往往是不尽如人意的，近几年因为拆迁引发的群体性事件可以算作是一种暴力和非法的政治参与方式。当事方处于不同的情境会根据此情景做出自己的行动方式的选择，会尽可能动员自己可利用的社会资源来争取自己的权益。GT新城的项目跨时比较长，在拆迁初期出现了暴力拆迁事件。这些非制度的参与存在很多共同的特征：其一，群体性。当他们的利益诉求无法通过正常的渠道表达出去时，就会选择集体的力量采取行动；其二，盲目效仿性。集体性的行动很容易引起共鸣，产生连锁反应，扩大冲突范围；其三，瞬间性。有些大的冲突是在一瞬间爆发出来的，但是它的初衷和后果是带有延续性的；其四，对抗性。对政府的低信任和行政能力的不满，使得他们认为政府并没有充分考虑自己的利益，因此采取攻击行为。

当这种冲突并没有给他们带来更大利益，反而增大谈判成本时，他们的行动策略也会发生改变。他们会选择一种比较合理合法的形式，选取自己的"代言人"替自己发声，通过比较专业、比较理性的态度来解决问题，这也是"自下而上"的"第三方"冲突治理模式的开启。GT新城的冲突治理中出现的居民代表和房产公证处的选择就是很好的案例。

其次，聚焦"第三方"行动的现实境况。可以看出草根"第三方"的兴起，从政治的角度来分析实际上是公民参政的一种表现。在当前时期，政治参与的扩张和政府政策的落后使得相互之间的关系变得紧张。西方很多政治学者认为一个国家的政治制度在很大程度上影响着公众的政治参与方式和结果。在社会转型期，各种利益群体的相互摩擦和博弈，在政治领域表现为对现有政权的挑战。GT新城冲突治理中出现的非官方的"第三方"治理者是对相对滞后的制度供给的一种补充，也是对现有治理方式的一种突破。非制度性的参与行为代表着原有政治结构的失效，或者说原有制度安排已经不是最好的选择。在"第三方"冲突治理主体呈现出多元化的状态时，也就意味着会出现权力和应有权利主张的对立，以及各利益主体的争夺。实践证明，完全消除权利冲突的可能性几乎不存在，关键是将这种冲突控制在可调解的范围中。美国学者萨拉蒙的"志愿失灵"理论可用来解释"第三方"在真正行动中产生的负面作用，也证明了单一的"第三方"治理主体的失灵。所以官民"二重性"的"第三方"也许是政府在应对冲突时的一种尝试和探索。

最后，"第三方"参与冲突治理造成的这种权利边界模糊现象。"草根"第三方参与城市冲突治理，并且对冲突治理结果以及政府的决策造成影响，是公民对于自身权利的一种内在需求。但是现实中，人们对于权利的诉求和对于义务的遵守是不对等的，社会规范很难从根本上厘清权利的边界究竟在哪里。比如"第三方"哪些行为是在权利范围内？他们做到什么程度就超出权利的应有范围了？人们对此的看法并不统一，因此也就形成了一个比较模糊的权利边界。从目前的国家体制来看，宪法赋予公民很广泛的权利，半官方"第三方"的出现可以说是政府主动的一种权力让渡，可以说是对公众参与权利的一种激励。但是由此也看出了这种权利边界是通过外在的行政约束力形成的，而不是公民自主性的权利行使。制度的安排或者社会规范实际上是为了明确权利行使的界限，但是现实中我国的制度安排很少能做到这一点，也无法厘清其边界，对权利边界的划定带有很大的随意性。

"第三方"权利的发展是根据冲突中的进程而改变的，我们坚信每个人都有争取自己权利和利益的自由，但在"第三方"的群体中，每个人对于权利的认知和利用都是不同的，因此也造成了权利运用结果的不同和权利运作的边界模糊。付出成本的权利才能为权利获得安全的担保，在利益关系不明确或者说是模糊的地方，权利的边界模糊也在所难免。从我国现状来看，"自下而上"的权利摩擦是不可能完全消除的，因而需要在权利的"应有"和"应得"基础之上构建良好的边界状态。转型期的治理主体对于自己的"应得"权利边界是不明晰的，而法律边界也相对模糊。现代化的制度体系应该是对冲突和对抗具有包容力的，将他们控制在一定的范围内，并建立合理合法的规范，才是解决权利冲突和模糊的有效方式。

五　结　语

实地调研发现，拆迁冲突中除当事方的自我管理外，还出现了"第三方"的参与角色，使得拆迁冲突管理由简单的二元结构变成了复杂的多元管理结构。然而，这种"第三方"的参与并不是偶然的，它既是冲突当事方的需求，也是自身特质的内在动力。"第三方"的参与有一定的"契机"，这首先来源于当事方的"自我管理困境"，自身的管理无法彻底解决冲突问题，反而使管理成本增大，损耗双方利益，因此希望"第三方"的介入来破解僵局。其次，"第三方"的特质使得它能够在冲突管理中扮演一定的积极角色，成为当事方管理的助力者。而从实际效果来看，"第三方"参与下的冲突管理确实起到了一定的积极作用，发挥了正向的功能。

"第三方"参与除了正向功能以外，还具有一定的负向功能，这源于新的管理格局出现时所具有的管理困境。多元的"第三方"管理格局不仅改变了管理主体的二元性，也改变了原有的利益、权力与权利的格局。原有的利益边界和利益冲突变为多元利益群体的博弈过程，使得利益冲突边界变得模糊，而冲突管理的目标是尽可能地扩大利益"交集"，使得利益取向趋于一致。如果说利益之争是根源，那么权利与权力的边界划分，就是冲突管理秩序的保证。"第三方"管理主体中，具有"自上而下"官方属性的主体，也有"自下而上"的草根属性的主体，他们的参与是权力与权利边界的碰撞。为了防止权力行使中的异化和失衡困境产生，划分权力边界是必要的，而公民在行使权利时也应当遵守"应有"边界，防止权利的滥用。

治理拆迁冲突应重视对隐含于其中的边界建构和调适机制的关注。冲突的边界是一个不断演化的动态过程，而冲突治理的边界也在不断地进行互动和调整。边界的不同设定会导致冲突呈现出不同的性质、特点、模式、演化路径等，边界的演化是一个不断厘清多重冲突边界的过程，也是一个逐渐构建边界秩序的过程。通过对各种边界的分析发现，边界具有多重性和多边形，尤其是在新的治理结构建立之初，治理边界具有一定的模糊性，在各种边界交织之下显示出共生的边界现状。在此基础上，可建立一定的规范来保障各边界结构的平稳运行，而制度化的结构构建则是边界运行稳定的基本保障。

参考文献

[1] 樊成玮：《拆迁冲突的化解机制》，中国民主法制出版社 2012 年版。

[2] 李琼：《政府管理与边界冲突：社会冲突中的群体、组织和制度分析》，新华出版社 2007 年版。

[3] [英] 达仁道夫：《现代社会冲突》，林荣远译，中国社会科学出版社 2000 年版。

[4] 查理德·E. 沃尔顿：《冲突管理》，王燕晴译，中国青年出版社 2014 年版。

［5］狄恩·普鲁特：《社会冲突：升级、僵局及解决》，金盛熙译，人民邮电出版社 2013 年版。

［6］［美］科塞：《社会冲突的功能》，孙立平等译，华夏出版社 1989 年版。

［7］默顿：《社会理论和社会结构》，译林出版社 2006 年版。

［8］亨廷顿：《变革社会中的政治秩序》，生活·读书·新知三联书店 1989 年版。

［9］高峰雁：《公共冲突发生机理问题研究综述》，《行政论坛》2013 年第 5 期。

［10］申海成：《城市拆迁利益主体博弈分析》，《山东大学学报》2015 年第 2 期。

［11］彭小兵、谭亚：《城市拆迁中的利益冲突与公共利益界定——方法与路径》，《公共管理学报》2009 年第 2 期。

［12］堵琴囡：《利益分配、拆迁行为、承诺践行和拆迁冲突——基于城市拆迁满意度的调查》，《福建行政学院学报》2012 年第 3 期。

［13］李二旺：《城市房屋拆迁中的政府失灵及其矫治》，《理论导刊》2010 年第 12 期。

［14］数据来源：GT 新城被拆迁居民调查问卷。

［15］资料来源：GT 新城"第三方"访谈问卷。

［16］资料来源：GT 拆迁办内部会议资料。

专题四:地方治理与文化观念

民众政治秩序观的影响因素分析

——基于我国 C 省居民的抽样调查

肖明浦　　肖唐镖[*]

摘要：本文运用政治社会化理论，解释影响民众政治秩序观的主要因素及其机制。研究发现，在"经济—社会地位"模型中，个人经济地位与受教育程度有助于形塑民众自由、开放的政治秩序观，而生活满意度则使民众对政治秩序的价值取向趋于保守。在"政治境遇与实践"模型中，政治身份和地位使民众的政治秩序观趋于封闭、保守；维权抗争经历对民众的价值支持有重要的积极作用。更值得重视的是，民众的政治秩序观在很大程度上受到"闹事逻辑"的影响，认同"闹事逻辑"的民众在价值认知上较保守，但其价值支持却更自由、开放。进一步的心理机制分析显示，民众秩序观的价值支持既受价值认知的驱动，还受到家长权威意识尤其是"闹事逻辑"等心理动因的影响。

关键词：政治秩序观；经济—社会地位模型；政治境遇与实践模型；"闹事逻辑"

众所周知，自"文革"结束以来，维护社会与政治稳定成为党与政

---

* 南京大学—约翰霍普金斯大学中美文化研究中心"黄成凤奖学金"科研项目、国家哲学社会科学基金重点项目《当前我国公民政治价值观的实证研究》（2016AZZ003）与南京大学引进人才项目"中国公民政治文化与政治行为研究"。本文原载《行政论坛》2017年第 5 期。

作者简介：肖明浦，江西泰和人，硕士研究生，从事政治文化研究；肖唐镖，江西泰和人，教授，博士研究生导师，从事政治文化与政治行为研究。

府工作的重中之重，社会和谐与有序亦成为民间社会远超民主、自由等其他价值的追求。①② 显然，有序的社会和政治生活之实现，其前提乃在于人们对于"秩序"共享可理解、可交流的意义系统和价值符号。③ 然而，已有研究表明，我国多数民众的政治秩序观存在严重的内在冲突。④ 值得关注的是，民众的政治秩序观是如何形成的，哪些因素在其中发挥作用？本文拟集中围绕这一主题，继续讨论我国民众的政治秩序观。首先，我们将集中分析已有的研究文献，据此提出研究假设；其次，介绍核心变量及其测量；再次，进行数据运算，观测研究假设的验证结果；复次，再以"政治秩序的价值支持"为对象，集中检验在控制包括权利意识、家长权威意识和政府权威意识等主观心理和价值条件下，价值认知、生活满意度和"闹事逻辑"等变量的影响力；最后，对全文进行总结，讨论其学术创新和政策意涵。

一　文献分析与理论假设

（一）文献述评

人们的政治态度和政治观念何以形成并变迁？已有大量研究从宏观层面，如社会结构、政治制度和文化传承等视角对其进行解释。不过，针对稳定观与社会冲突态度的实证研究，多以社会问卷调查所收集的数据为研究对象，从个体层次进行理论解释。如以人口学变量对大众冲突及抗争态度的形成与变迁进行解释，包括性别、年龄、种族等。有学者指出，男性比女性更认同抗争行为，年轻人比年纪大的人更倾向于选择街头抗议的方式进行权利表达。⑤ 黑人比白人更倾向于认同抗争，视其为常规的权利表

---

① Jie Chen, Yang Zhong. 2000. "Valuation of Individual Liberty vs. Social Order among Democratic Supporters: A Cross-Validation", *Political Research Quarterly*, 53 (June): pp. 427—439.

② Pye, Lucian W., with Mary W. Pye. 1985. *Asian Power and Politics: The Cultural Dimensions of Authority*. Cambridge, MA: Harvard University Press.

③ Michael Hechter and Christine Horne. 2003. *Theory of Social Order*, A Reader, Stanford Social Sciences, An Imprint of Stanford University Press, p. 44.

④ 肖唐镖、肖明浦：《我国民众的政治秩序观》，工作论文 2017。

⑤ March, A. & Kaase, M. 1979. Background of political action. pp: 97—136, in S. H. Barnes & M. Kaase (eds.), *Political Action: Mass Participation in five Western democracies*. London: Sage.

达行为。①② 还有研究表明，随着时代的进步，尤其是民权运动和女权运动的兴起，这些传统变量的解释力已逐渐下降③，但其对民众政治态度仍有重要影响。④

然而，人口学变量只能验证其与抗争态度和观念的相关性，无法解释态度、观念形成的具体机制。为此，西方学界借助政治社会化理论，进一步探讨形塑观念的因素。该理论主张，人们因社会经济地位的分化经历不同的政治社会化，从而形成类型迥异的观念与态度。⑤ 学者们从受教育水平、职业、经济收入、阶层等社会经济地位指标测量社会分层，并认为处于较高社会经济地位的人们，其政治社会化更趋于自由、民主，因而其政治态度亦更趋包容和开放。⑥⑦ 有学者认为，受教育水平是最关键的解释变量⑧，经济收入、职业、政治面貌等结构性变量均在极大程度上受教育因素的影响。⑨ Robert Hall 等进一步解释了教育影响公民抗争态度的具体机制，即随着受教育水平的提升，民众更倾向于主张自由与权利等政治价值、反对政府非法的强制干预、抵制暴力行为、认同非暴力抗争的正当性，并同情和理解底层抗争的参与者。⑩

① Eisinger, Peter K. 1974. "Racial Differences in Protest Participation", *American Political Science Review* 68 (2): 592—606.

② Isaac, Larry, Elizabeth Mutran, and Stryker Sheldon. 1980. "Political Protest Orientations Among Black and White Adults." *American Sociological Review* 45 (2): 191—213.

③ Jennings, M. K. & Van Deth, J. W., eds. 1990. *Continuities in political action. A longitudinal study of political orientations in three Western democracies.* Berlin: Walter de Gruyter.

④ Dalton, R. 1996. Citizen politics: Public opinion and political parties in advanced industrialdemocracies. Chatam, NJ: Chatam House Publishers.

⑤ Portes, Alejandro. 1971. "Political primitivism, differential socialization, and lower – class leftist radicalism." *American Sociological Review* 36: 820—35.

⑥ Hall, Robert L., Mark Rodeghier, and Bert Useem. 1986. "Effects of Education on Attitude to Protest." *American Sociological Review* 51 (Aug.): 564—573.

⑦ Selznick, Gertrude J. and Stephen Steinberg. 1969. *The Tenacity of Prejudice*, New York, NY: Harper & Row.

⑧ Davis, James A. 1982. "Achievements Variables and Class Cultures." *American Sociological Review* 47 (5): 569—86.

⑨ Verba, S., Schlozman K. & Brady, H. 1995. *Voice and Equality*; *Civic Voluntarism in American Politics.* Cambridge: Harvard University Press.

⑩ Hall, Robert L., Mark Rodeghier, and Bert Useem. 1986. "Effects of Education on Attitude to Protest." *American Sociological Review* 51 (Aug.): 564—573.

　　与上述乐观的"现代化论"观点不同，也有学者认为中上层的社会经济地位亦有可能形塑封闭而保守的稳定观。一方面，教育会对政治态度产生截然相反的作用，它会因政体的不同而不同，即：教育往往根植于本国政治制度，代表着主流官方文化的输出，如在非民主国家，其官方教育并不能培养公民自由与包容的精神。[1] 这种观点得到国内学者的佐证：意识形态程度较高的中学思想政治教育强化了民众威权而非自由取向的政治稳定观，中学生更容易受官方宣传和意识形态的教化。[2] 另一方面，处于社会地位较高、经济条件较好的人由于其可能是现行体制的获利者，因而会更希望保持现有秩序，其观念更趋于保守，反对激进的改革与社会运动。[3] 同体制内的公务人员一样，中上层阶级因与国家、政府的利益捆绑而对威权认同，其政治价值取向也可能较为保守。[4]

　　有研究者还注意到，特殊的人生经历、境遇等非正式的政治社会化模式也可能会对人们的冲突与抗争观念产生影响。公民抗争态度的形塑，不仅受教育等社会分层变量的影响，还受其维权抗争遭遇或抗争行为经历的影响。[5] 如，美国黑人的抗争态度在更大程度上受街头抗议经历的影响，较频繁的抗争经历使他们对待社会秩序持有更为开放、包容的态度。[6] 换言之，当人们处身于社会抗争中，便会学习到与日常生活不一样的知识，并在抗争群体内部形成新的组织网络和人际关系，其利益关联与情感寄托也发生改变，成为影响政治价值观的重要因素。

---

① Weil, Frederick D. 1985. "The Variable Effects of Education on Liberal Attitudes: A Comparative – Historical Analysis of Anti – Semitism Using Public Opinion Survey Data." *American Sociological Review* 50 (Aug.): 458—474.

② 邓燕华、黄健:《教育、阶层与社会冲突态度》,《实证社会科学》2016 年第 1 期, 第57—73 页。

③ 国内学者周晓虹对中国中产阶级"消费上前卫、政治上后卫"的论断, 即是其形象说法。详见周晓虹《中产阶级: 何以可能与何以可为?》,《江苏社会科学》2002 年第 6 期, 第37—46 页。

④ Bruce J. Dickson, *Red Capitalists in China: The Party, Private Entrepreneurs, and Prospects for Political Change*, Cambridge University Press, 2003, pp. 130.

⑤ Hall, Robert L. , Mark Rodeghier, and Bert Useem. 1986. "Effects of Education on Attitude to Protest." *American Sociological Review* 51 (Aug.): 564—573.

⑥ Rodeghier, Mark, Robert L. Hall, and Bert Useem. 1991. "How Education Affects Attitude to Protest_ A Further Test." *Sociological Quarterly* 32 (2): 277—288.

上述研究从不同侧面解释政治社会化理论对于民众冲突和秩序观念的影响机制，极大地推进了对于政治秩序观的理解。它们都强调，因处于分化的社会和政治结构中，人们经历不同的政治社会化，进而形成不同的有关政治冲突或秩序的观念。然而，它们大多限于社会冲突/抗争态度的讨论，主要分析民众对社会抗争的支持，少有研究通过构建综合性的"政治秩序观"概念，对其进行系统解释。实际上，对于民众的政治秩序观而言，抗争支持仅是面向之一，还应有其他的重要维度，如对政治秩序的认知和评价，需要进行系统而全面的理论解释。因此，民众政治秩序观的研究仍有推进的空间。

我们感兴趣的是，以上相互冲突的理论解释中究竟何者能验证于当下中国的情景，究竟是怎样的政治社会化机制在形塑民众的政治秩序观。我们感兴趣的还有，颇具中国特色的"闹事逻辑"是否会影响民众的秩序观。众所周知，这些年来，在我国的社会政治生活中，相当部分民众相信"大闹大解决，小闹小解决，不闹不解决"①，政府为了维稳而采取"兜底"策略，形成"会闹的孩子有糖吃"的局面。② 然而，对于这一我国特有社会化机制的"闹事逻辑"是否并如何影响民众的秩序观，学界的讨论却一直阙如。为此，本文也将其纳入我们的考察和分析之中。

（二）研究假设

基于以上讨论，本文拟从政治社会化的角度，提出"经济—社会地位"与"政治境遇与实践"两个理论模型，以解释我国民众秩序观的形成机制。"经济—社会地位"主要指民众在经济—社会分层中所处的位阶；"政治境遇与实践"则指民众在政治生活中的身份与位阶及其所经历的政治实践。在较为广泛的意义上，民众的政治身份与位阶也是社会分层的重要指标，但鉴于威权国家中政治身份与位阶所内含的强烈政治规训功能，并非一般的"社会分层"概念所能涵盖，为此，我们将其界定为"政治境遇"。我们认为，"经济—社会地位"与"政治境遇—实践"会

①　韩志明：《公民抗争行动与治理体系的碎片化——对于闹大现象的描述与解释》，《人文杂志》2012年第3期，第163—171页。

②　张世勇、杨华：《农民"闹大"与政府"兜底"：当前农村社会冲突管理的逻辑建构》，《中国农村观察》2014年第1期，第81—88页。

以异质化的方式塑造民众的秩序观。鉴此，在控制基本的人口变量下，我们拟提出并检验如下研究假设。

首先，在"经济—社会地位模型"中，客观的高"经济—社会地位"会对秩序观产生自由化的影响，使其趋于包容和开放。人们在满足个体层次的基本需求后，便会进一步追求公共福祉。[1][2] 易言之，所处生活环境更现代的新公民，因经历更自由的政治社会化模式，更能认同自由、民主等现代价值，[3] 倾向于支持公民的基本参与权和抗争表达权。因而，其对社会稳定和政治秩序的认知与取向也应更开放。由此，我们提出研究假设1：社会分层与民众的政治秩序观呈正相关，社会经济地位越高的人，其对社会政治秩序的认知和取向更为包容和开放。

但也有学者认为，作为"经济—社会地位"一个面向的生活满意度评价，同政治参与之间呈负相关的关系，[4][5] 因为他们的需求已得到满足，不愿承担额外的成本。[6] 不过，以往的研究通常仅讨论生活满意度对政治参与和抗争行为支持的影响，但我们认为，较高的生活满意度还会导致消极的价值观念，从整体上形塑封闭、保守的政治秩序观。为此，我们提出研究假设2：生活满意度与民众的政治秩序观呈负相关，生活满意度越高的民众，其政治秩序观更趋封闭、保守。

其次，在"政治境遇与实践模型"方面。根据阶级理论和霸权理论，上层政治精英为了维护不平等的权力分配关系，倾向于采取保守策略限制民众的政治参与和抗争活动，也就是说，拥有较高政治地位的人会因其"霸权式"的政治社会化经历和利益取向，更倾向于认同政治权力的规

---

①　Ingelhart, R. 1977. *The Silent Revolution: Changing Values and Political Styles among Western Publics*. Princeton: Princeton University Press.

②　Ingelhart, R. 1990. *Culture Shift in advanced industrial society*. Princeton: Princeton University Press.

③　Lipset, Seymour Martin. 1981. *Political Man*, Johns Hopkins University Press.

④　Barnes, S., Farah, B., G. Heunks, F. 1979. Personal dissatisfaction. In S. Barnes, M. Kaase, K. R. Allerbeck (Eds.), *Political Action: Mass Participation in Five Western Democracies*.

⑤　Thousand Oaks: Sage. Bahry, D, Silver, B. 1990. Soviet Citizen Participation on the Eve of Democratization. *American Political Science Review*, 84 (3): 821—848.

⑥　Veenhoven, R. 1988. The Utility of Happiness. *Social Indicators Research*, 20 (4): 333—354.

训，从而形成封闭保守的政治秩序观；同时，利益的捆绑也使得权力的规训更为有效。而且，考虑到我国的政治社会背景，数十年的"自由化"转型，民主、自由等公民权利已被纳入官方话语体系，并被视为社会主义核心价值，但当涉及政治秩序与社会稳定时，官方与大部分民众仍持保守的态度。多年来，在"稳定压倒一切"的指针下，官方一直实行日益刚性的"维稳"策略①②③。"霸权式"的政治社会化会影响到人们对于抗争权的价值支持，体制内人士和政治地位越高的人往往更倾向于不支持社会抗争。由此，提出研究假设 3：政治身份和位阶与政治秩序观呈负相关，政治地位越高的人其秩序观更为封闭和保守。

有学者认为，在传统"民本主义"④ 等因素的影响下，中国民众眼中的权利与西方权利概念存在差异⑤，中国民众的权利意识偏于规则取向，即在不质疑立法决策者的前提下对地方的政策执行者表示抗议，更愿意以体制内的方式进行表达⑥。但我们认为，维权抗争作为重要的政治社会化过程，应会使其政治价值受到更深层的自由化影响。大部分民众选择上访或抗争等维权行为往往是因遭受了不公平待遇，这些经历会促使他们形塑更自由、反威权的价值取向，民众在维权实践中常常自主学习相关的法律和政策，了解政治信息，更不相信刻板化的官方宣传和意识形态教育，由此而有助于培育公民的自由、民主与权利意识。据此，我们提出研究假设 4：维权抗争经历与民众的政治秩序观呈正相关，有此经历的民众其政治秩序观更为包容、开放。

---

① Veenhoven, R. 1988. The Utility of Happiness. *Social Indicators Research*, 20 (4)：333—354.

② 于建嵘：《从刚性到韧性，变"维稳"为"创稳"》，《南方都市报评论周刊》2010 年 4 月 4 日。

③ 肖唐镖：《当代中国的"维稳政治"：沿革与特点》，《学海》2015 年第 1 期，第 138—152 页。

④ TongYanqi. 2011. Morality, Benevolence, and Responsibility：Regime Legitimacy in China from Past to the Present. *Journal of Chinese Political Science* 16：141：159.

⑤ 裴宜理：《中国人的"权利"概念（上）——从孟子到毛泽东延至现在》，《国外理论动态》2008 年第 2 期，第 51—57 页；《中国人的"权利"概念（下）——从孟子到毛泽东延至现在》，《国外理论动态》2008 年第 3 期，第 45—50 页。

⑥ Kevin J. OBrien, Li Lianjiang. 2006. *Rightful Resistance in Rural China*, Cambridge University Press.

在"维稳政治"格局下，民众的"闹事逻辑"深含工具理性和机会主义的策略性选择。认同和接受这一逻辑的民众，为了追求自身物质利益的最大化，更可能会牺牲其他价值，不顾公共利益，甚至会利用制度、法律或管理的漏洞打擦边球，将政府刚性维稳的目标作为最大化自身利益的工具。具体而言，"闹事逻辑"对民众政治秩序观的影响也是"利己性"的：它对政治秩序认知的影响是负面的，认为"闹事"会影响政治秩序因而能对政府施压，但对参与和抗争等价值支持的影响却是正向的。正因为其认知比较封闭，认为参与、抗争会威胁政治稳定，他们才更会通过"闹访"或"闹大"来换取利益。也就是说，认同此逻辑的人并未将社会稳定和政治秩序视为值得追求的价值，而是将其仅仅作为实现利益的手段。为此，本文提出研究假设 5："闹事逻辑"对民众政治秩序观的影响是相互冲突的，一方面，与其价值认知呈负相关，持有此心理动机的人更倾向于认为公民基本参与权和抗争权会影响社会政治稳定；但与价值支持呈正相关，即有此动机的人更主张和支持各类包容性的维权参与或抗争政策。

二　变量及其测量

本文研究所使用的数据库，来自 2010 年 7—8 月肖唐镖在我国西部 C 省主持完成的问卷调查。该调查的母体总样本是 C 省全部 31 个区、县的居民，首先，我们基于城乡与经济发展的样本典型性和最大差异性等因素，立意抽取 4 个区县；其次，在各区县，采取用多阶段抽样与系统抽样方法，先抽取 3 个乡镇（街道），再从每个乡镇街道抽取 3 个村（居），最后从村（居）委会提供的年满 18 周岁村（居）民名册中取样到个人，共抽取居民样本 1300 人。调查采取入户面对面访问方式，实际调查完成的有效居民样本 1221 人，有效回收率为 93.9%。

（一）因变量及其测量

鉴于数据测量的完整性与理论建构的简洁性，尤其是价值支持与价值认知、价值评价之间的相关性不同，[①] 本文对因变量——秩序观进行简化，省却价值评价维度，仅讨论价值认知与价值支持两个维度的影响因素。

在价值认知方面，测量"参与权认知"，即以民主选举、多党竞争、参与宗教和社团等公民权利与社会政治稳定之间的关系，测量受访者对于秩序观的认知状况。该组题的答项采用李克特量表的形式，包括"非常不同意""不太同意""一般/说不清/不知道""比较同意"和"非常同意"，以上答项分别赋值为 2、1、0、-1、-2；同时，测量"冲突与抗争认知"（简称"抗争认知"），即询问受访人：静坐、游行、围堵公司与冲击政府等四类行为是否会影响稳定。其答项有"会""不会"与"不知道"，分别赋值为 -1、1 和 0。

在价值支持方面，测量维度包括"行为支持"与"政策支持"两个维度。"行为支持"包括 5 种较温和的体制内参与，如通过一些现行制度内的监督、表达方式维护自身权利，包括上访、起诉、媒体监督举报，也包括 8 种较激进的体制外抗争方式，即通过游行示威、街头抗议、罢工及暴力冲突等方式对政府施加压力，以表达利益诉求。该组题的答项亦用李克特量表模式，本文对"非常不同意""不太同意""一般/说不清/不知道""比较同意"和"非常同意"分别赋值为 -2、-1、0、1、2。对于抗争行为的"政策支持"，即指对于政府处置上访和群体性事件政策的支持态度。其答项分别为"应严加打击""应严格限制""应宽松结合""可放宽一些""可彻底放开、实行法制化管理"，我们将此有序类别变量视为连续的等距变量，分别赋值为 1、2、3、4、5。分值越高，意味着民众的政治秩序观就越自由、包容，反之则越封闭、保守。

（二）自变量及其测量

首先，对于"经济—社会地位"变量，如表 1 所示，分别从受教育程度、民众的个人收入和生活满意度等 3 个维度来测量。

其次，"政治境遇与实践"变量，分别从党员身份、职业角色（工作单位）、维权抗争经历和对"闹事逻辑"的体认等 4 个维度进行测量。其

[①]　肖唐镖、肖明浦：《我国民众的政治秩序观》，工作论文 2017。

中，对于"维权抗争经历"，我们列举较常见的 21 种抗争维权行为，询问受访者是否参与过这些行为。我们将"偶尔做""有时做"与"经常做"的答项合并为二分的"0、1"变量，一同合并为"做过"，并赋值为 1；将"没做过"赋值为 0。这些题组可分为"体制外抗争经历"和"体制内参与经历"两类，前者指民众以一种较温和的制度内参与方式，表达利益诉求、维护自身权利；后者即指民众通过较为激烈的制度外抗争方式，制造更大的社会影响以对政府施压。对"闹事逻辑"的体认，则采用间接测量法：询问受访者现在是否只有"闹"，惊动"大领导"，问题才可能解决。

表 1   自变量的测量

变量	测量指标	问项
经济—社会地位	教育程度	1 小学及以下；2 初中；3 高中；4 大专/中专；5 本科；6 硕士研究生；7 博士研究生
	个人经济年收入	遵照具体数值
	生活满意度	总体来说，您对自己现在的生活感到满意吗
政治境遇与实践	党员	党员身份 = 1，非党员身份 = 0
	工作单位	1 党政机关　2 国有企业　3 事业单位　4 集体企业　5 个体经营　6 私营/民营企事业　7 三资企业　8 部队　9 农村　10 无单位　11 其他类型
	维权抗争经历	是否采取过下列行动：1）到法院起诉政府；2）向政府逐级上访；3）到上级部门举报；4）提请行政复议或裁决；5）提请听证；6）通过人大代表反映问题；7）通过政协委员反映问题；8）通过党代表反映问题；9）找新闻媒体调查、曝光；10）通过领导的热线电话反映问题；11）通过领导接待日反映问题；12）通过领导网上信箱反映问题；13）围堵交通以求引起关注；14）写大字报；15）签名请愿；16）故意破坏公物以示抗议；17）罢工；18）和平性的示威游行；19）聚众冲击政府机关，攻击政府人员；20）同警察肢体冲突的示威游行

续表

变量	测量指标	问项
政治境遇与实践	对"闹事逻辑"的体认	现在只有"闹"，惊动"大领导"，问题才可能解决

（三）控制变量

首先，性别、年龄、种族等人口学变量是最基本的、并为学者讨论最多的变量，不过，本文以民族变量替代种族变量。其次，人的出生和成长地亦会对政治态度产生重要影响。[①] 此外，民众的价值支持可能为多种心理动因驱动，如对政府工作的满意度评价、权利意识、家长权威意识、政府权威意识等。为此，我们也将这些变量予以控制（详见表2）。

表2   控制变量的测量

变量	问项
年龄	遵照具体数值（出生年份）
性别	男＝1，女＝0
民族	汉族＝1，其他＝0
主要成长地	您的主要成长地是在城市还是乡村：1）乡村；2）小城镇；3）县城；4）地级市；5）省城以上大城市；6）大/中型企业（城）；7）其他
政府满意度	您对本地政府下列工作的满意程度如何？1）经济发展状况；2）政府廉洁状况；3）环境保护状况；4）科教文卫方面
权利意识	如果政府不依法办事，老百姓就有权不服从政府
家长权威意识	父母的要求即使不合理，子女也应该听从
政府权威意识	政府领导等于一个大家庭的家长，一切大小国事，都应该听从他的决定

---

① Chunping Han. 2012. Attitudes Towards Government Responsibility for Social Service：Comparing Urban and Rural China. *International Journal of Public Opinion Research*. Vol. 24. No 4.

（四）诸变量的描述值

对由多个题项进行多向度测量的变量，本文采用因子分析降维或赋值加总方法而计算其值。如，对抗争认知、体制内维权支持、体制外抗争支持、体制内维权经历、体制外抗争经历等变量进行因子分析，其结果见表3。而对参与权的认知、政策支持则赋值加总处理。

表3　　　　　　　　　　　　　变量的因子分析

问项	抗争认知（KMO = 0.756）	体制内参与支持（KMO = 0.847）	体制外抗争支持（KMO = 0.847）	问项	体制内参与经历（KMO = 0.904）	体制内抗争经历（KMO = 0.904）
1	0.866			1	0.600	
2	0.874			2	0.642	
3	0.765			3	0.726	
4	0.736			4	0.779	
1		0.650		5	0.722	
2		0.773		6	0.648	
3		0.833		7	0.644	
4		0.655		8	0.597	
5		0.809		9	0.709	
6			0.551	10	0.710	
7			0.631	11	0.693	
8			0.682	12	0.739	
9			0.745	13	0.483	
10			0.646	14		0.660
11			0.515	15		0.684
12			0.869	16		0.829
13			0.845	17		0.755
				18		0.609
				19		0.862
				20		0.910

表 4 是诸因变量、自变量与控制变量的统计值。从因变量的情况看，在总体上我国民众的政治秩序观呈限制型特点，并未形成较为自由、开放的秩序观，认为激进的抗争行为对政治秩序、社会稳定是一大威胁。在价值支持上，民众的政治秩序观更偏向规则取向而非权利取向，倾向于包容温和的、符合制度规则的维权表达；其政策类的价值支持亦呈现出"民本主义"的特点，民众寄望于政府能以一种为民做主的方式更妥善地处理上访、群体性事件等社会问题，而非通过亲身参与给政府施压。

表 4　　　　　　　　　　　诸变量的描述性统计

变量	均值	标准差	频率	有效样本
因变量：				
抗争认知（最小值 = -4，最大值 =4）	-2.00	2.42		1172
参与权认知（最小值 = -8，最大值 =8）	1.15	2.43		1084
体制内参与支持（最小值 = -10，最大值 =10）	1.13	4.60		1093
体制外抗争支持（最小值 = -16，最大值 =16）	-8.42	5.68		1093
抗争政策支持（最小值 = -2，最大值 =3）	1.10	1.43		880
自变量：				
党员（是 =1，否 =0）		0.338	13%	1213
工作：党政机关（是 =1，否 =0）		0.116	1.4%	1019
工作：国企及事业单位（是 =1，否 =0）		0.321	11.7%	1019
工作：私企（是 =1，否 =0）		0.357	15%	1019
中等教育：中学及专科（是 =1，否 =0）		0.492	59%	1210
高等教育：本科及以上（是 =1，否 =0）		0.193	3.9%	1210
人均年收入（最小值 =0，最大值 =18.66）	1.191	1.300		1221
体制内经历因子（有 =1，无 =0）			17.3%	938
体制外经历因子（有 =1，无 =0）			3.9%	938
生活满意度（最小值 = -2，最大值 =2）	0.457	0.978		1160

续表

变量	均值	标准差	频率	有效样本
闹事逻辑（最小值＝-2，最大值＝2）	0.100	1.453		1026
控制变量：				
性别（男＝1，女＝0）	0.499	0.500		1198
年龄	47.78	15.82		1195
民族（汉族＝1，其他＝0）	0.988	0.107		1206
成长地（城市＝1，乡村＝0）	0.277	0.448		1209
政府满意度因子				975
权利意识	3.39	1.36		1088
家长权威意识	2.81	1.28		1093
政府权威意识	3.21	1.26		1046

三　数据分析

（一）价值认知

本文使用逐步回归的方法对多元线性回归方程进行检验，结果见表5。其中，模型1为客观变量的回归模型，其拟合度（R方）过低，应遗失了重要的解释变量。模型2纳入生活满意度、政府满意度及认同"闹事逻辑"等三个主观变量，显示回归方程的拟合度得到显著上升，原回归模型中各变量的相关性仍保持一致，新变量亦呈现较强的显著性。

1. 经济—社会地位模型

从表5可见，在"经济—社会地位"模型中，客观社会经济地位指标与价值认知呈正相关关系。其中，个人经济收入对参与权认知（beta＝0.121，sig＜0.05）有显著的正面影响，但与抗争认知无明显关系。受教育程度对参与认知的影响最大：受过中等教育和高等教育的人分别在0.1和0.01的显著性水平上更倾向于包容、开放的参与权认知，且高等教育的影响（beta＝0.183）大于中等教育（beta＝0.103）。

其次，生活满意度与参与权认知在0.1的显著性水平呈负相关（beta

= −0.092），即对生活越满意的人其对参与权的认知越封闭，认为它们会影响社会稳定；但与理论预期不同的是，生活满意度与抗争层面的价值认知成正相关（beta = 0.098，sig < 0.1）。这说明，对生活越满意的民众，其参与权认知越封闭、保守，抗争认知却更自由、开放。对于社会政治秩序而言，抗争行为的危险程度与暴力程度明显高于参与行为，因此，二者之间应存在递进关系，即相较于抗争行为，人们更易于包容参与行为。但对生活满意度较高的民众，他们却更易于包容抗争行为。对此，需要结合当下中国具体的社会情境来加以解释。由于选举、结社与宗教信仰等公民参与权具有较强的敏感性，对于社会政治制度更具挑战性，因而在某种程度上较抗争行为更具风险性。因此，对于生活满意度较高的民众来说，他们或许更愿意维持现状，所以对此类参与权的价值认知持保守态度；而国内的游行示威、街头抗议等抗争行为并不是为了挑战当下体制，而是更关乎民众的利益，所以对其认知能更为自由和开放。

综上，"经济—社会地位"模型得到了部分验证。其一，客观性的社会—经济地位指标与价值认知呈正相关。这验证了假设1，即经济—社会地位越高的人，其政治秩序观的认知更自由、开放；其二，主观性的经济—社会地位指标，即民众的生活满意度对其价值认知亦有重要的影响，与参与权认知呈负相关，但与抗争认知呈正相关。这部分地验证了假设2，即生活满意度越高的民众，其参与权认知更保守，但对抗争认知更包容。

2. 政治境遇与实践模型

结果显示，党员比非党员在抗争认知方面表现得更封闭、保守（beta = −0.092，sig < 0.1），这表明政治身份与抗争认知呈明显负相关，但与参与权认知无明显关系。"闹事逻辑"仅对参与权认知有较为显著的负面影响（beta = −0.170，sig < 0.01），这表明，认同"闹事逻辑"的群众之秩序观念是更为封闭、保守的。但工作单位、维权抗争经历同参与权认知、抗争认知之间并不存在显著的相关性。这部分验证了研究假设3和研究假设5，即政治身份和地位越高及认同"闹事逻辑"的民众，其政治秩序的价值认知更封闭、保守，政治规训对民众秩序观的认知层面确实有显著效应。

表5   价值认知的多元回归分析

	参与型秩序的认知		抗争型秩序的认知	
	Model 1	Model 2	Model 1	Model 2
经济—社会地位变量				
个人年收入	0.105 **	0.121 **	− 0.082 **	− 0.057
	(0.084)	(0.095)	(.033)	(0.037)
生活满意度		− 0.092 *		0.098 *
		(0.128)		(0.030)
中等教育	0.105 **	0.103 *	0.028	0.039
	(0.224)	(0.281)	(0.091)	(0.108)
高等教育	0.156 ***	0.183 ***	− 0.002	0.001
	(0.550)	(0.623)	(0.225)	(0.243)
政治境遇与实践变量				
党员	− 0.012	− 0.045	− 0.083 **	− 0.092 *
	(0.300)	(0.351)	(0.122)	(0.139)
党政机关	− 0.016	− 0.043	− 0.009	0.009
	(0.893)	(1.014)	(0.348)	(0.371)
国企与事业单位	0.008	− 0.014	0.001	0.013
	(0.337)	(0.395)	(0.139)	(0.156)
私企	0.017	0.002	− 0.003	− 0.008
	(0.273)	(0.337)	(0.112)	(132)
参与经历	0.055	0.051	0.019	− 0.018
	(0.089)	(0.114)	(0.037)	(0.045)
抗争经历	− 0.025	− 0.029	− .034	− 0.017
	(0.108)	(0.116)	(0.045)	(0.045)
"闹事逻辑"		− 0.170 ***		0.074
		(0.078)		(0.030)
控制变量				
性别	0.048	− 0.009	0.058	0.082 *
	(0.190)	(0.236)	(0.077)	(0.091)

续表

	参与型秩序的认知		抗争型秩序的认知	
	Model 1	Model 2	Model 1	Model 2
控制变量				
年龄	0.020	0.023	0.021	0.050
	(0.007)	(0.009)	(0.003)	(0.004)
民族	-0.037	-0.045	-0.034	-0.025
	(0.945)	(1.070)	(0.390)	(0.419)
成长地	0.032	0.024	-0.065	-0.046
	(0.237)	(0.292)	(0.096)	(0.112)
政府满意度		0.124 **		-0.148 ***
		(0.123)		(0.049)
R 方	0.061	0.109	0.028	0.054
调整的 R 方	0.043	0.079	0.011	0.024
N	737	500	707	511

P<0.1 记为 * ; P<0.05 记为 ** ; P 小于 <0.01 记为 *** ;（ ）外的数字为标准化系数，（ ）内的数字为标准差。

（二）价值支持

表 6 是以秩序观的价值支持为因变量所做的逐步回归结果，具体说明如下。

1. 经济—社会地位模型

首先，在客观性的经济—社会地位指标中，个人经济收入对民众的价值支持无明显影响，但受教育程度和参与层面的价值支持呈显著正相关。高等教育（beta = 0.164，sig < 0.01）亦比中等教育（beta = 0.100，sig < 0.05）对参与支持带来更强的自由化影响；而与认知层面不同的是，受中等教育的民众在体制外抗争支持上比只受小学教育的民众表现得更为封闭、保守（beta = -0.098，sig < 0.1）。这可能是因为我国中学教学更注重政治意识形态教育，同时中学生因年龄及成长环境的影响，其价值形塑

更容易受到官方教育的影响。①

　　其次，不同于对价值认知的分化影响，主观性经济—社会地位指标——生活满意度与上访、群体性事件的政策支持无显著相关性，但与体制内参与支持（beta = - 0.141）、体制外抗争支持（beta = - 0.142）均在 0.01 的显著性水平上呈现一致的负相关。其中参与层面的价值认知和价值支持保持一致，这说明对生活满意度较高的民众其整体的政治秩序观偏向保守，然而，它对抗争层面的价值认知和价值支持的影响是冲突的。即使生活满意度使民众的抗争认知趋于包容、开放，民众还是不愿意支持体制外抗争。对此，可能的解释是：一方面，价值支持比价值认知更为深层；另一方面，民众对于体制外抗争的价值支持可能不仅受开放型秩序认知的影响，还受到其他心理机制的驱动。可见，在价值支持方面，"经济—社会地位"模型中的假设 1 和假设 2 基本得到验证。

　　2. 政治境遇与实践模型

　　在政治境遇与实践模型中，假设 3、假设 4 和假设 5 得到验证。

　　首先，党员身份会带来"威权式"的政治规训效应，其与体制外抗争支持（beta = - 0.111，sig < 0.05）、上访和抗争的政策支持（beta = - 0.107，sig < 0.1）均呈负相关。

　　其次，政治身份和地位对价值支持的消极影响明显强于对价值认知的影响。在公共部门工作会对民众的价值支持产生显著的负面影响，即在党政机关工作的人对政策支持表现得更保守（beta = - 0.130，sig < 0.05）。在个体经营、私企/民企、三资企业工作的民众，对上访与抗争的政策支持却比在其他单位工作的人更为开放（beta = 0.135，sig < 0.05），不过，此相关性仅表现在政策支持层面而非行为支持层面，这也印证了民众对"民本主义"的偏好。这表明，相较于个体经营、私企/民企、三资企业等单位，我国的党政机关与事业单位有着较强的规训效果。

　　再次，维权抗争经历对价值认知虽无显著影响，但对价值支持表现出显著的相关性。体制内参与经历与体制内参与支持（beta = 0.086）、体制外抗争支持（beta = 0.080）均在 0.1 的显著性水平上呈正相关；体制外

抗争经历在 0.05 的显著性水平上与体制外抗争支持呈正相关（beta = 0.101）。这说明，维权抗争经历虽不一定有助于民众形成开放、包容的政治秩序认知，却会形塑权利意识等价值理性，并影响其价值支持。

最后，对"闹事逻辑"的体认与体制内参与支持（beta = 0.189，sig < 0.01）、体制外抗争支持（beta = 0.111，sig < 0.05）、上访和群体性事件的政策支持（beta = 0.088，sig < 0.05）存在显著的相关性。可见，认同"闹事逻辑"对价值支持的影响与理论假设保持一致：它会使民众的政治秩序观呈现内部冲突的特点，即在价值认知上封闭、保守，但在价值支持上包容、开放。不过，这种包容和开放的价值支持并非基于自由型秩序观的价值驱动，而是受机会主义或工具理性的影响，他们之所以选择参与抗争，乃是以此作为影响"社会稳定"的施压和胁迫策略，谋求问题的解决。

此外，在控制变量中，如表 5 所示，对政府工作的满意度在很大程度上影响了价值认知，但其作用机制却是分化的。在 0.05 的显著性水平上，它与参与权认知呈正相关（beta = 0.124）；在 0.01 的显著性水平上，它与抗争认知呈负相关（beta = -0.148）。这说明，对政府工作满意度较高的人对抗争认知较保守，因其对政府的认同度较高，而更赞同"权力维稳"的政策；而它与参与权认知的正相关，验证了当下中国政府在话语体系建设中对参与权的肯定。不过，它对价值支持的影响却是不显著的。此外，性别、年龄、民族等人口学变量也在一定程度上影响了民众的价值支持：在 0.1 的显著性水平上，男性的抗争认知比女性更偏向包容、开放（beta = 0.082）；年龄与体制内参与支持（beta = -0.111，sig < 0.05）呈负相关；汉族比其他民族在上访、群体性事件的政策支持上更为开放（beta = 0.106，sig < 0.05）。

表6　　　　　　　　　　　　价值支持的多元回归分析

	体制内参与支持		体制外抗争支持		政策支持	
	Model 1	Model 2	Model1	Model2	Model 1	Model 2
经济—社会地位变量						
个人年收入	0.000 (0.037)	-0.004 (0.044)	0.002 (0.036)	-0.019 (0.041)	-0.024 (0.041)	0.019 (0.045)

续表

	体制内参与支持		体制外抗争支持		政策支持	
	Model 1	Model 2	Model1	Model2	Model 1	Model 2
经济—社会地位变量						
生活满意度		− 0. 141 ***		− 0. 142 ***		− 0. 028
		(0. 050)		(0. 048)		(0. 067)
中等教育	0. 168 ***	0. 100 **	− 0. 141 ***	− 0. 098 *	0. 038	− 0. 017
	(0. 091)	(0. 110)	(0. 090)	(0. 105)	(0. 123)	(0. 144)
高等教育	0. 187 ***	0. 164 ***	− 0. 036	0. 002	0. 095 *	0. 049
	(0. 228)	(0. 248)	(0. 225)	(0. 236)	(0. 290)	(0. 306)
政治境遇与实践变量						
党员	− 0. 028	− 0. 006	− 0. 098 **	− 0. 111 **	− 0. 111 **	− 0. 107 *
	(0. 124)	(0. 142)	(0. 123)	(0. 135)	(0. 161)	(0. 174)
党政机关	− 0. 032	− 0. 008	− 0. 054	− 0. 030	− 0. 113 ***	− 0. 130 **
	(0. 345)	(0. 372)	(0. 341)	(0. 353)	(0. 465)	(0. 462)
国企与事业单位	− 0. 073 *	− 0. 078	− 0. 033	− 0. 054	− 0. 057	− 0. 039
	(0. 141)	(0. 158)	(0. 139)	(0. 150)	(0. 178)	(0. 198)
私企	− 0. 010	− 0. 003	− 0. 024	− 0. 033	0. 122 ***	0. 135 * *
	(0. 114)	(0. 135)	(0. 112)	(0. 128)	(0. 145)	(0. 166)
参与经历	0. 128 ***	0. 086 *	0. 076 **	0. 080 *	0. 045	0. 005
	(0. 039)	(0. 047)	(0. 038)	(0. 044)	(0. 044)	(0. 054)
抗争经历	0. 052	0. 055	0. 095 **	0. 101 **	− 0. 020	− 0. 018
	(0. 055)	(0. 058)	(0. 055)	(0. 055)	(0. 064)	(0. 065)
"闹事逻辑"		0. 189 ***		0. 111 **		0. 088 **
		(0. 031)		(0. 030)		(0. 040)
控制变量						
性别	0. 054	0. 046	0. 040	0. 042	0. 009	− 0. 030
	(0. 078)	(0. 093)	(0. 077)	(0. 088)	(0. 104)	(0. 119)

续表

	体制内参与支持		体制外抗争支持		政策支持	
	Model 1	Model 2	Model 1	Model 2	Model 1	Model 2
控制变量						
年龄	- 0.090 **	- 0.111 **	- 0.029 **	0.003	0.084 *	0.072
	(0.003)	(0.004)	(0.003)	(0.003)	(0.004)	(0.005)
民族	- 0.001	0.028	- 0.080	- 0.070	0.065	0.106 **
	(0.468)	(0.534)	(0.463)	(0.507)	(0.588)	(0.666)
成长地	- 0.025	- 0.001	0.038	0.047	- 0.052	- 0.032
	(0.097)	(0.115)	(0.096)	(0.109)	(0.125)	(0.114)
政府满意度		0.061		- 0.072		- 0.066
		(0.048)		(0.045)		(0.064)
R 方	0.088	0.119	0.064	0.123	0.058	0.086
调整的 R 方	0.070	0.089	0.046	0.093	0.035	0.048
N	694	485	694	485	552	407

P < 0.1 记为 * ；P < 0.05 记为 ** ；P 小于 < 0.01 记为 *** ；（　）外的数字为标准化系数，（　）内的数字为标准差。

四　进一步的讨论

我们在另文①对政治秩序观内在结构的分析表明，民众对于政治秩序的价值支持与其对政治秩序的认知存在一定的相关性。上文的分析进一步表明，在"经济 - 社会地位"与"政治境遇与实践"两个模型中，诸变量对于价值认知与价值支持的影响存在不一致性，如部分变量对民众的价值认知并无明显关系，但会显著影响其价值支持。不过，人们是否支持参与或抗争行为，或许还受到权利意识、权威意识等其他传统文

---

① 肖唐镖、肖明浦：《我国民众的政治秩序观》，工作论文 2017。

化、政治价值的影响。为进一步厘清价值支持究竟受何种心理机制驱动，我们再控制一些主观心理与价值如权利意识、家长权威意识和政府权威意识等变量，集中检测价值认知、生活满意度和"闹事逻辑"等变量的影响力。

表7的回归分析结果显示，在控制上述主观心理与价值等变量后，抗争认知对价值支持的影响是显著的。它与体制内参与支持在0.01的显著性水平上呈负相关（beta = 0.106），与体制外抗争支持（beta = 0.064）和政策支持（beta = 0.069）在0.1的显著性水平上呈正相关。这说明，认为社会抗争不会影响政治秩序的人，会更愿意支持体制外抗争，排斥体制内参与，并希望政府实行较宽容的政策。此其一。其二，参与权认知对价值支持的影响是有限的，它仅对政策支持有较强的正面影响（beta = 0.096，sig < 0.05）；其三，"闹事逻辑"的体认对民众价值支持的影响尤为重要，它与体制内参与支持（beta = 0.224）、体制外抗争支持（beta = 0.149）及政策支持（beta = 0.163）之间均在0.01的显著性水平上呈正相关，这与前节的数据结果保持一致；其四，生活满意度对价值支持的影响相对较弱，它主要对体制外抗争支持（beta = − 0.224，sig < 0.01）产生消极性的影响。

此外，家长权威意识被发现是另一重要的影响因素。它在0.01的显著性水平上与体制内参与支持（beta = − 0.138）和政策支持（beta = −0.129）呈负相关，但在0.05的显著性水平上与体制外抗争支持（beta =0.075）呈正相关。这说明，具较强家长权威意识的人，其价值支持也更封闭、保守。换言之，家庭塑造的强服从意识使得民众不愿意通过正式的规则挑战权威，而支持以非正式的方式表达不满。

综上可见，影响政治秩序价值支持的心理机制是多元性的。其中，部分受到价值认知的影响，人们对抗争行为的认知，会直接影响其价值支持。但体认"闹事逻辑"却是更为重要的影响因素。这表明，当下我国民众之所以认同参与表达或维权抗争的价值支持，关键的影响因素是他们觉得只有将事情"闹大"，问题才能得到解决。同时，家庭成长环境所塑造的权威意识也有重要影响，家庭教育的社会化效应对民众秩序价值观的形塑非常重要。

表7 多元回归——价值支持的心理机制

	体制内参与支持	体制外抗争支持	政策支持
抗争认知	- 0. 106 ***	0. 064 *	0. 069 *
	(0. 037)	(0. 034)	(0. 047)
参与权认知	0. 030	- 0. 052	0. 096 **
	(0. 014)	(0. 013)	(0. 018)
"闹事逻辑"	0. 224 ***	0. 149 ***	0. 163 ***
	(0. 026)	(0. 024)	(0. 033)
权利意识	0. 039	0. 044	0. 027
	(0. 027)	(0. 025)	(0. 034)
家长权威意识	- 0. 138 ***	0. 075 **	- 0. 129 ***
	(0. 030)	(0. 027)	(0. 039)
政府权威意识	- 0. 061	- 0. 049	0. 029
	(0. 031)	(0. 028)	(0. 039)
生活满意度	- 0. 051	- 0. 224 ***	- 0. 033
	(0. 038)	(0. 035)	(0. 050)
R 方	0. 088	0. 097	0. 055
调整的 R 方	0. 079	0. 088	0. 044
N	715	715	610

注：$P < 0.1$ 记为 * ；$P < 0.05$ 记为 ** ；P 小于 < 0.01 记为 *** ；（ ）外的数字为标准化系数，（ ）内的数字为标准差。

五 结 论

本文关于秩序观的研究，虽以学界的既有研究为基础，但不同于国内学界长期来重规范、诠释而轻实证的方法，也不同于西方学界多以民众抗争态度为对象的研究，而是结合政治文化尤其是政治社会化的理论框架，以"经济—社会地位"和"政治境遇与实践"两个模型来讨论政治秩序观的影响因素。研究表明，这两个理论模型确实在发挥作用。其中，"经济—社会地位"对政治秩序观的影响是分化的，个人经济收入和受教育程度的影响是正面的，而生活满意度的影响却是负面的。这与学界有关社会抗争态度的研究结果是一致的，也就是说，学界的已有研究得到验证。"政治境遇与实践"对政治秩序观的影响也是不一致的，党员身份、工作单位等政治身份和地位对秩序观的作用是消极的，会产生"威权化"的政治规训效应；维权抗争经历对秩序观的影响则是自由化的，但主要影响价值支持，而对价值认知的作用不甚明显。这也验证了学界的相关研究。换言之，常见的政治社会化机制也在这里得到验证。

本文结合我国特有的情境，提出并验证了"闹事逻辑"的驱动作用。就政治秩序的价值支持而言，它受到价值认知与家长权威意识的影响，更深受"闹事逻辑"的形塑。当下我国民众对于政治秩序的价值支持不仅受价值理性的影响，更受工具理性和机会主义的"闹事逻辑"的影响。这一发现即为本文研究的重要创新。

当然，本研究由于既有设计的限制，无法检验媒体传播、社交网络、人生其他境遇及家庭成长环境等重要变量对民众政治秩序观的影响。按理，在信息革命时代，媒体传播、社交网络对民众的价值观念应有十分重要的影响。相关重要变量的缺失，应会影响本文既有模型的解释力，此缺失有待于后续研究的进一步完善。此外，本文有关影响因素的分析，与其说是因果解释，更不如说是相关因素的分析。如需走向更为严谨的因果机制解释，尚需多波跟踪性数据与研究方法的完善。

显然，本文的研究结论有着重要的政策意涵。不同于传统社会的封闭型秩序，现代社会的政治秩序乃是以自由和法治为基础，在多元、竞争、宽容、妥协中实现更有弹性而高效的稳定状态。对公民参与、社会冲突更为包容的信念，正是实现政治秩序现代转型的必要基础。本文的研究表明，"经济—社会地位"的提高，参与维权与社会抗争活动，均有助于实现政治秩序观的现代化转型。这说明，随着我国经济和社会的全面发展和进步，自主性地参与维权与社会抗争活动，以及自主性的职业选择，将推动民众政治秩序观的理性转型。然而，政治身份和地位的"威权化"规训，对"闹事逻辑"的体认，却会发挥反向的作用。为此，应当努力改变以权力为中心、反法治取向的"维稳"政策，实行以公民权利为中心、依法而治的政策。

城镇社区合作治理的"认同"维度分析：以豫北 S 镇社区为例

马翠军　　陈功[*]

摘要： 通过对豫北 S 镇社区合作治理进程实地调研，笔者发现利益并不是制约社区治理合作行动的唯一因素。"认同"对于合作治理而言是稳定和可持续影响因素，也是各方主体想尽力获得的"免费合作资源"。社区认同的关键维度表现为身份认同、制度认同和社区价值观认同。在现代媒介和城市化进程中，居民之间及其对社区的传统认同纽带式微，社区合作治理面临重建认同的压力，社区文化符号恢复和公共空间营造是重建社区认同的有效途径。

关键词： 社区认同；身份认同；制度认同；社区愿景

历经三十多年的改革开放，中国在经济发展方面取得长足进步，建设成果丰硕。但正如"一个高度传统化的社会和一个已经实现了现代化的社会，其社会运行是稳定而有序的，而一个处在社会急剧变动、社会体制转轨的现代化之中的社会，往往充满着各种社会冲突和动荡"，[②] 中国在传统社会快速现代化过程中产生了一系列社会问题。针对这些问题，党的十八届三中全会指出，要"坚持系统治理，加强党委领导，发挥政府主导作用，鼓励和支持社会各方参与，实现政府治理和社会自我调节、居民

---

　* 马翠军，河南大学哲学与公共管理学院副教授，政治学博士，硕士生导师，主要研究领域为地方政府与社会治理、公共政策分析理论。陈功，河南大学哲学与公共管理学院硕士研究生。

　② 〔美〕塞缪尔·亨廷顿：《变化社会中的政治秩序》，上海人民出版社 2008 年版，第 38 页。

自治良性互动"，① 实现这一目标的载体就是在全国范围内推行的社区建设和社区治理创新。

目前，在众多研究社区治理的观点中，多元化主体合作治理是研究主旨，其观点聚焦在合作条件、合作问题、解决对策、合作主体间权责划分等。合作性研究一般以不同利益相关者间的博弈为切入点，来分析治理主体间关系。虽然，通过利益角度能部分解释相关主体的行为动机，但社区治理实践中大量的"自然合作"现象在"利益框架"下并不能找到合理注解。作为社区治理主体的社区居民，其本质上就对社区具有与生俱来的情感，因而在社区治理过程中，其行为很大程度上包含"让社区更美好"的价值取向，并为此让渡了本身部分的权利给其他治理主体，这是实现社区良好治理的前提条件，也恰恰证明了主体并不是一味地追求自身利益，再如作为社区治理的引导主体——政府机关，其存在本身就包含了对"公平"和"效率"的双重追求。所以，以利益博弈取向解释治理主体间关系与主体性质存在"矛盾"或"悖论"。如何解释非利益条件下的行为，"相互间的认同"是催生合作行为的强化剂，也是使合作行为投入成本最小化的资源类型，它曾一度被称为治理中的"免费资源"。在社区合作治理过程中，居民的"身份认同"、"制度认同"、"价值认同"提供了稳定合作的基础。

一　社区认同发生的逻辑

泰勒（Taylor. C）指出："在前现代社会，人们并不谈论'认同'或'承认'，这并不是因为人们没有（我们所说的）身份认同，也不是因为人们不依赖别人的信任和承认，而是由于这些东西完全不成问题，根本没有必要把它当成一个问题来研究。"② 的确，认同的研究始于现代社会发展到一定程度，受现代性的冲击，人们的身份不再是唯一的，在不同的场域里被不断重新定义，因而认同逐渐成为一个被广泛关注和

---

① 党的十八大报告：《坚定不移沿着中国特色社会主义道路前进为全面建成小康社会而奋斗》，人民出版社 2012 年版。

② ［美］泰勒：《承认的政治》，载陈清桥编，《身份认同与公共文化》，牛津大学出版社 1997 年版，第 9 页。

讨论的话题，这一重要性同样表现在社区治理的过程中，并构成了社区合作治理的基础。社区主体认同包含"身份认同"、"制度认同"和"价值观认同"。

在社区中，社区居民以及组织的"认同"始终贯穿治理的整个过程，其中包含了对治理主体的"身份认同"、治理过程中形成的"制度认同"，以及建立在"默认一致"基础上的"价值观认同"，所有这些都深刻影响着社区治理的发生和持续。

（一）身份认同确认合作主体角色

身份认同是指在一定范围内产生集体交往行动的人们，为满足自身发展的需求，相互之间产生的交往、互助的行为，并在此基础上形成的心灵归属感，这种归属感很大程度影响人们的日常行为。身份认同往往会随着交往深入而内化为集体组织的本质要素。身份认同的前提是交往行动方对对方角色的认同。在社区合作治理进程中，身份认同最为关键之处在于各个主体对所担任角色的相互认同。

在 S 镇中，B 村与 D 村有一片居民区是相互掺杂在一起的，由于没有固定的垃圾回收处理机制，在居民区内垃圾都是在一定区域内倾倒，等到一定程度后再处理。至于对于"程度"与"处理"的定义，笔者在访谈过程中得到了不同村民的回答：村民甲"每次都是垃圾把路堵了，才向村里反映。"居民乙"我们这边的村民都住在垃圾堆的里面方向，垃圾堆积得多了，出入特别不方便，村民代表向村里反映，村里说这是两个村的问题，可是人家村又不会觉得不方便。"村民丙"一般来说，都是我们这些村民代表向村里反映，村里说这不是一个村的事儿，让我们去镇里反应，镇里也给解决问题，让两个村商量下怎么解决，其实也就是找个公司借几辆铲车、卡车，拉走就中了，一般都是乡里乡亲的，也不会收太多钱，费用由镇里出或者两个村分摊。"（根据访谈日志整理）

垃圾问题关系社区居民的切身利益，在上述案例中，当问题出现时，作为直接受影响者的村民通过向村民委员会反映，希望能得到重视，未得到满意反馈后又进一步向政府反映，在政府的牵头下，由居委会和企业共同解决问题。这是一个简单的社区治理事件，但也基本将参与基层社区治理的主体全部包括进来，主要包括村民、村委会、政府和企业等。值得关注的是，此过程中所有的行为都是被各方治理主体所认可的，村民直接向政府反馈也是在居委会的"指导"下进行，并不存在超出正规程序的行动，各方主体都能表现出各司其职，问题最终得到了解决，可以说整个过程都是建立在各方对彼此的身份认同的基础上，这里所说的身份认同主要包括两方面的内容，首先是对于所处社区的认同（心灵归属），其次是建立在前者基础上的对于社区治理过程中角色定位的认同。

（二）制度认同提供合作行动框架

中国传统的权力制度框架是"皇权不下县"，从治理角度分析，在传统社会中公共事务较少、政府力量较弱的情况下，在农村中形成了"县政乡治"的制度，为达到有效治理目标，将社会精英领导的乡村自治组织作为政府力量的补充，明清时期进一步完善为保甲和乡约制度。国家为了改变乡村失控局面，从晚清开始着手在乡村建立国家政权，其主要内容是在乡村社区内，建立合理化的官僚组织替代原有治理体系。这一过程一直持续到民国时期，但直到新中国成立都没取得实质性进展。新中国成立之后，为实现对新生政权的巩固，国家建立村人民代表会议制度和村人民政府，将政权末梢延伸到了村一级。1954 年开始逐渐撤销村级行政机构，乡镇便成为基层政权组织。1958 年开始，为完成国家工业赶超计划，需要对乡村有效动员，以农业积累作为工业化战略基础，人民公社制度取代乡镇政府。人民公社制度实现了对乡村的有效整合，但限制了农民的劳动积极性，党的十一届三中全会之后，人民公社制度逐渐被乡镇政府取代，同时乡村社区中社会治理职能再一次出现缺位，村民自治组织——村民委员会应运而生，这一制度也被国家认可和推广，并在法律中予以明确，将乡村自治由乡规民约、维护治安扩大到了社区全面治理，至此，在社区治理过程中，形成了国家行政权与村民自治权互动的框架，"乡镇村治"的治理模式初步形成。

近年来，特别是党的十八大之后，国家一方面加强对培育社会资本的支持力度，一方面鼓励社会力量参与社区治理，加快了向社会购买公共服务的进程，未来社区治理应当是向多个主体共同参与的合作治理发展。

只有当制度产生了合法性，才能形成权威性，进而被人民认同和遵循。合法性体现于社会对事物的接纳程度。制度的合法性来源于制度对社会需求的有效回应，制度要获得合法性，则应当满足社会发展的需求，符合社会价值观进而得到民众的认可。延伸至基层的政权框架和村委会制度，都代表了基层人民的需求，获得了农民的认同，各主体对制度的认同提高了社区治理框架的有效性。

（三）价值观认同培育合作的情感归属

滕尼斯认为："共同体主要是建立在自然的基础之上的群体里实现的，它是建立在有关人员本能的主意与思想有关的共同的记忆之上，服从权威并且基于共同信仰和共同风俗之上，一个人们相互之间亲密无间、相互信任、守望相助，有机地浑然生长在一起的自然共同体。"[①] 这里所说的共同体就是社区，而社区居民对于社区日常事物的"默认一致"就是社区价值观认同的基本表现，在此基础上，社区居民个体参与社区治理的行为不仅出于对自身利益的诉求，更重要的是包含了对社区更加美好的期望。这种情感伴随社区居民加入社区组织，也成为社区组织的愿景，使得社区组织成为参与社区治理，推动社区向更好方向发展的主要力量。与之相对应的，政府、党委以及一些官方背景性质的组织，其行为导向也是通过运用自身的权力，使得社区能够良好发展，社区内居民能够生活得更好，这也是政府能够获得政治认同，实现长治久安的前提条件。由此可见，无论是行政权力还是自治权力，其所追求的都是社区的良性发展，承认这个前提，能够更好地帮助我们理解社区治理主体之间合作关系。

社区治理价值认同逻辑是一个参考标准之上的相对价值判断，它尊重对客观事实的描述，而不是将社区治理行为绝对置于"公共性"下的价值评判。其中，参考标准是指站在不同立场，相对主体相互认可的接受程度。正如费孝通在论述传统乡村人际关系时所说，中国社会关系的构成像一个以"己"为中心，逐渐向外扩散的圆，无论亲缘或者地缘，关系的远近都是以圆心中的"己"为参考的，这也就构成了中国社会中的差序格局[②]，这种格局就是构成参考标准的基础，也是人们作出价值判断的前提条件。尽管在理解社区治理价值认同中，由于自身定位与立场的不一样，对于社区治理价值的理解也稍有差别，作出的价值判断必然不会完全一致，各方行为难

---

① ［德］费迪南·滕尼斯：《共同体与社会》，商务印书馆 1999 年版，第 2 页。

② 费孝通：《乡土中国》，上海人民出版社 2007 年版，第 56 页。

免会产生冲突。但是，这一切都是建立在对社区良性发展的追求基础上，"社区愿景"是协调各方行为，实现合作治理的情感支撑。

二　社区认同的消解

中国传统的乡村是一个天然的共同体，在历史传承中一直保持相对稳定的社会结构。在封建礼制的约束和缓慢发展累计下，乡村社区形成一套自己的"村规民约"，同时，对于普通人来说，在一个地方生活一辈子是一件很正常的事，对社区内规则的遵从与生俱来，社区认同并不用成为一个专门的话题被讨论。然而，近代以来，多元性要素介入，对中国传统社会造成一定冲击，传统基层乡村的社会结构也受到很大影响。新中国成立之后，对于乡村社区的进一步整改也彻底打破了传统农村治理模式，即使近年来实现了向自我管理的部分回归，但社会主义市场经济改革对于社区居民的影响不仅是生活生产方式方面，更深刻地体现思想变化方面。可以说，社区认同在近代以来的长时段发展过程中，一直处于消解冲击中。

（一）传统社区认同的特征

1. 发源于公共空间的社会认同。传统乡村是一个典型的熟人社会，由于乡村独特的区域位置、深厚的文化传统和积极的生活方式，使得社区公共空间成为人们社交、消闲、表意的发生平台，村民通过在不同的公共空间中进行互动与交流，与社区成员产生各种形式的社会关系。正是这些行为，使得空间不再是单纯的物理空间，而变为一个具有社会性的场域，并影响和推动着乡村社会的生活生产，最终使其形成一个有机共同体。

从某种意义上来说，公共空间就是乡村社区的缩影，在这里，村民们可以体息和放松，乡村事务形成一致或妥协，国家政策得到传达和扩散，传统文化得以保存和传承，公共空间也承载了社区治理的大部分功能[①]。然而，不可否认的是社区内的传统公共空间正在逐渐地消逝，社

---

① 公共空间所承载的治理功能主要体现在传统乡村格局下，宗族势力在治理过程中所承担的责任，除去村民在日常劳动、休闲等过程中完成的关于民意的表达等，更制度化的层面就包括更权威化的家族会议或各种祭祖活动，其发生一般有固定地点，如祠堂等。

区内已经不太容易看到人们三五成群的在一个固定地点聊天，类似于家族祭祀等行为也已经销声匿迹，而原本由公共空间所承载的治理功能逐渐弱化。

2. 传承在人文习俗中的社区认同。社区或者说共同体本身就包含了认同的含义，而社区认同是以人文习俗为载体一代代传承下来的。同一区域内的居民，因为血缘、亲缘、地缘等因素逐渐变得联系紧密，随着时间的推移，社会事务变得日益复杂，超过家庭生产生活范围的事务需要社区共同治理，在一代代的传承中，形成了一整套的人文习俗，社区内的居民都会自觉遵守，体现了其对于社区治理的制度认同。虽然每个时期都会有"祖宗之言不足惧"的说法，但不可否认历史传承中人文习俗对于社区治理产生的影响，特别是在社区内特殊因素影响下形成的人文习俗。以样本社区 S 镇为例，S 镇位于豫、晋、冀三省交界处，依托其优势地理位置，北魏时就有先人在此"以水鼓风冶铁"，据今已经 1400 多年。时至今日，冶炼业仍然是其支柱产业，在当地最大的广场建成之际，镇政府组织了盛大的祭拜冶炼老祖的活动；社区内青壮年在钢铁企业工作的也占了很大一部分。因而在当下大多数传统习俗逐渐消逝的时候，其对于社区内事物影响的深刻性与广泛依然性持续着。

3. 体现在主动参与行为中的社区认同。参与的主动性是社区认同衡量体系中的重要参考指标。居民主动参与社区治理事务，是其社区主人翁心态的一种表征，它既体现了居民对社区的归属感，也与社区治理效果的满意度息息相关。英国政治思想家约翰·密尔在其著作《论自由》中写道："对于一个人的福祉，本人是关切最深的人；除在一些私人联系很强的事情外，任何他人对于他的福祉所怀有的关切，和他自己所怀有的关切比较起来，都是微薄而肤浅的。"[1] 按照密尔的逻辑，社区内事物因为与社区居民切身利益息息相关，所以社区居民应当对参与社区治理有强烈的积极性，在社区运行良好的情况下，居民对社区治理的参与程度应保持相当高的水平。同时，由社区各方共同参与做出的决策，其成果无论对哪方有利，承诺一旦被达成，就应当被共同遵循。只有当社区居民都愿意参与，制度能够保证有效参与时，社区认同才能达到最大化。

---

① ［英］约翰·密尔：《论自由》，商务印书馆 1959 年版，第 85 页。

（二） 传统社区认同的消逝

传统社区认同是建立在传统乡村生产生活方式基础上的，随着社会变迁的愈发迅速，乡村社区的生产生活方式发生了很大改变。村民从"集体生产，共同生活"的模式中脱离出来以后，很长一段时间里，承载社区认同的公共空间日渐式微，特别是随着电视、电话、手机等现代媒介走进人们生活，人们的交际场所慢慢由街头巷尾退回到家庭中。另一方面，在市场经济的浪潮下，社区居民特别是青壮年外出务工人员逐年增加，社区空心化严重，原本的人文习俗对人们的约束力也大不如前。在传统社区认同消逝，而新的社区认同纽带尚未建立起来的时候，社区面临一系列因"认同"而引发的问题。

1. 新生代居民对社区的认同感降低。S镇是一个工业重镇，同时也是晋冀豫三省重要的商品集散地，民营企业经济发达，在经济发展最好的时期，该镇的经济总量可以占到全县的70%，可以说这是一个充满活力的共同体。社区的良好发展离不开社区居民的共同努力，在参与社区建设过程中，老一辈居民对社区产生了深厚的情感，对于社区内的事务也愿意积极参与。与之相对的新生代居民，没有经历过人民公社时期的集体生活，对于参与社区公共事务的体验不够，在近年来本地企业效益下滑的时候，部分青年选择外出打工，常年在外的生活也使得其参与社区事务较少，没有像老一辈一样的强烈的社区认同感。虽然与周边乡镇相比，社区空心化现象不是特别严重，但即便是一直居住在社区的新生代居民对于参与社区治理也都不具有太大积极性。调研发现，青年中有相当一部分对于包括正在进行的社区建设，以及参与社区事务的渠道方式都不太了解，在不涉及到自身利益的时候，也不会去主动了解。

2. 社区变迁中的参与制度缺位。S镇是一个经济相对发达的小城镇，改革开放以后，绝大多数居民都经历了户籍农转非改革，农村中重中之重的"土地问题"基本没有，居民也都以"城里人"自居。调研初期笔者曾经困惑是否应当将其归入城市社区，但是通过对社区的历史沿革分析，发现该镇治理体系的变迁与传统乡村由"人民公社"到"乡镇村治"基本吻合，只是依托其良好的经济基础，城镇化进程推进较快。但其治理格局与农村没有区别。在社区治理的过程中，既要面临传统乡村消解后居民参与热情不高的问题，又要面临城镇化转型背景下，社区治理参与制度供给不足的困境。

随着经济条件的改善，小镇上也掀起了一股"盖楼热"和"买楼热"，走进镇区，超过十层以上的楼房并不罕见，村民自建小区和商业小区林立，居住条件的改变也影响着人们参与公共事务的途径。"楼房"打破了镇区内各个村庄划片居住的格局，即使在各村自建的小区内也会有属于其他行政村的居民居住，社区居委会通过原有的方法不能实现对小区内资源有效整合，因而如何建构新的环境下的参与制度就变成当前急需解决的问题。无论是在原有居委会制度上，通过制度创新实现对本村居民的有效整合，亦或是效仿城市社区，在业主间组建业委会，与居委会以及物业公司等形成新的治理框架，现存的治理困境都急需完善参与制度，保证参与治理的方便性和低成本性。

3. 社区文化衰落，人际关系呈现"原子化"趋势。在传统乡村社会，人们按照自然规律劳作，一年的时间分为农忙与农闲。随着社会的发展，S 镇的耕地一直在减少，农业生产逐渐退出社会生活，居民转而进入第二、三产业，乡村社会有了精细化思想，居民也适应了按天按月按小时收取工资的生活状态。原本在农闲时期会举行的一些传统文化活动变得无人问津，新生代对于老一辈人口中的"抬歌①"纷纷表示已经不常见到；原本是走亲访友好时节的各个村庙会也没有了以前的热闹气氛；即使在正月里，村里的传统文化和仪式活动都难以开展。无法堪比以前，因而很难借助传统的仪式来加强村民对于社区的认同。

传统人文习俗衰落的本质是社区文化的失落，也是社区价值观认同危机的原因。一方面，新生代流动人口对原有社区的认同度降低；另一方面，对于仍然留守村庄的农民来说，村庄的开放性已经将他们及他们的家庭与城市、与遥远的地方联系在一起。为寻求更好的生活资源（比如教育、公共设施等），人们从周边村落搬到了镇区，从镇上搬到了市里或更大的城市，但他们与原住社区之间仍然有着或紧或松的联系。虽然在一定意义上，社区居民对生于斯长于斯的村庄仍然保持了很高的社区认同，然而除去对亲人的感情，即建立在血缘关系等天然因素基础上的身份认同，

---

① 豫北地区传统的一种类似于游行式的庆祝丰收的活动。

很少再有那种同社区共进退的自豪感和激情了。除去血缘关系的亲属之外，社区内人际关系呈现"原子化"趋势。

三　社区认同的重构

社区认同衰落由多方面原因造成，根本原因是改革开放以来社区原有的认同纽带被打破，影响了人们参与公共生活的态度，如果不能构建出新的认同纽带，不利于国家对基层社会治理的效率提升。如何重构社区认同？

1. 通过文化符号建构认同。社区文化是社区居民在长期的社会生活中共同创造的价值观的总体表现形式，具体来说就是社区居民在长期参与各项文化活动，以及其他各项社会交往的过程中，透过正面的价值观念体系培养起来的群体精神，长期优化并表现在日常的群体意识中。当地流传下来的风俗习惯是一个共同体文化的最好代表。因而在建设社区文化的时候，一方面应当加强对传统文化习俗的保护，鼓励社区居民参与诸如各村"集会"等活动，政府也应当加强对传统活动的支持力度。比如，S镇在正月十五举行了近年来不多见的"抬歌"，吸引了周边乡镇十几万居民前来观看，镇区的主干道一时人声鼎沸，成为当地居民欢度丰收年的一件盛事。另一方面，应当丰富社区文化活动形式，学习和借鉴先进社区文化建设方式，通过经常举办具有社区特色、居民乐于参与、健康向上的群众性文化体育活动，增强社区居民对社区的归属感和认同感。

2. 依参与制度创新建构认同。在现存治理体系中，社区居民参与社区治理的途径主要有两种：一种是参加村民代表大会，选举或被选举为村委会成员，参与社区重大事项的表决；另一种是参加非政府组织，以参加文体活动或公益活动的形式参与社区事务。这两类参与方式不能够满足居民参与需求。一方面，村民代表大会定期举行，在休会期间公共讨论行为难以发生。一般而言，很难因为重大事项召开全体村民会议，因为其组织成本较大，参与效能相对较低。另一方面，社区内非政府组织还没有形成规模，数量少，人数少，专业性不强，没有参与社区治理的竞争能力。因而，重建认同的一个重要方面就是创新社区参与制度，使社区居民有方便灵活的参与途径。

3. 营造公共空间重建认同。从某种意义上说，公共空间是社区认同的载体，是社区内认同发生、发展和持续的基本要素。传统认同纽带破裂的一个重要原因就是公共空间的消逝。伴随社区居民的流动，传统公共空间的失落是不可避免的事实，所以，构建新时期的公共空间是重构社区认同的一个重要举措。一方面，公共空间的构建要与开展社区文化活动相结合，在社区文化建设过程中，通过建立图书阅览室，文化广场等形式，为公共活动的开展提供硬件设施，同时通过开展文化性活动，吸引社区居民参与集体行动。在有条件的情况下，将这些措施纳入政府的日常行政工作中，并提供制度性保障。另一方面，在社区内营造参与氛围，通过鼓励居民参与集体活动，促进社区内居民横向互动网络的形成，有利于提升社区范围内的社会资本存量，为社区治理提供良好的人文环境。

小　结

"认同是在文化特质或相关的整套的文化特质的基础上建构意义的过程，认同必须与传统社会学家所说的角色或角色设定一作区别。角色是由社会的组织与制度所架构的规范来界定，而它们影响人们行为的程度取决于个人与这些制度及组织的协调与安排。认同则是行动者意义的来源，也是由行动者经由个别化的过程而建构的，虽然认同也可以由支配的制度产生，但是只有在社会行动者将之内化且将他们的意义环绕着内化过程建构时，它才会成为认同"。① 诚然，当前社会面临着一系列因为社会变迁所造成的认同衰落，"文化失落"、"村庄原子化"等问题都可以称之为是其表征。深入分析其原因，市场经济对中国传统乡村的冲击，改变了人们看待事物的角度，随着城乡交流频繁，成规模的人口迁徙成为普遍现象，变化的生产生活方式和生存环境都是造成传统社区认同纽带破裂的重要影响因素。如何在发展中构建新的认同纽带？在社区建设过程中，社区文化建设、创新制度设计理念、营造公共空间等举措使得社区认同内化为社区居民的行动来源，同时这也是国家在基层社会治理改革过程中实现良好治理目标的行动维度。

---

① ［美］泰勒：《认同的力量》，社会科学文献出版社 2006 年版，第 3 页。

精准扶贫政策清单治理绩效的
价值之维与执行逻辑

陈浩天[*]

摘要：扶贫政策清单作为一种规制性治理工具，是实现精准扶贫与精准脱贫的有效途径。政策清单治理的价值取向主要体现在清单制定的公共性目标，清单内容的合法性供给，清单政策的工具性定位三个维度。作为一种治理工具，政策清单为扶贫攻坚提供了契机。清单治理有助于消解扶贫单元纵向科层治理与扶贫对象横向识别之间的张力，预防扶贫治理"内卷化"与政策执行中的负面效应，纠正国家资源输入与内源式脱贫互相排斥的扶贫治理悖论。政策清单治理贯穿于贫困对象"网络型"识别的供给过程，要完成扶贫清单政策治理与村民自我脱贫的无缝衔接，须建构多部门协同的清单分类治理和动态考核机制，实现政策效能评估与清单式脱贫需求的兼容。

关键词：精准扶贫；政策清单；价值维度；绩效控制

贫困是困扰世界各国发展的重要公共议题，被列处当今世界三大社会发展问题之首。2013年习近平提出精准扶贫的战略规划，昭示着我国扶贫进程进入到新的历史阶段。2017年"中央一号文件"明确提出，要扎

———————

 * 作者简介：陈浩天，河南开封人，博士，河南师范大学公共政策与社会管理创新研究中心研究员，《河南师范大学学报》（哲学社会科学版）责任编辑，主要从事公共政策与基层治理相关研究。

基金项目：国家社科基金项目"精准脱贫视域下农村扶贫政策清单动态跟踪及成效研究"（17CZZ012）；河南省社会科学规划项目"基于整体性治理的农村公共服务体系协同优化研究"（2015CZZ006）。

实推进脱贫攻坚，注重提高脱贫质量，激发贫困人口脱贫致富积极性主动性，建立健全稳定脱贫长效机制。[①] 显然，扶贫治理仅仅依靠政府科层式的"高位推动"，在一定程度上抵消了市场和其他力量的合理介入。无论从经济要素、经济溢出视角探讨提升经济能力实现区域整体脱贫能力，还是从社会保障、社会公平视角提高福利待遇和收入水平实现整体脱贫治理的路径，抑或从政府角色、政策实践、公共物品供给角度进行的扶贫项目开发和扶贫效能评价等研究理路，大多忽视了扶贫政策实践中国家治理主体和治理结构、制度安排与地方行动等内在因素的隐性约束。由于学术领域、理论预设与分析方法上的差别，关于扶贫的既有研究业已形成了相对独立的分析路径与政策观点。政策清单作为一种规制性治理工具，目前已经成为了地方政府开展扶贫攻坚的重要手段和途径。毋庸赘言，我国贫困治理的政策实施中存在着"执行背离"与"非理性交织"的实践悖论。扶贫清单的引入为推进我国扶贫政策的有效执行提供了重要的理论和经验借鉴，也成为观瞻"中国特色"扶贫治理的重要窗口。

一　清单治理：扶贫政策绩效运作的价值之维

"公共行政一直是关于治理的科学，而不只是管理的科学。……人们认为传统公共行政是层级节制的、效率低下的、缺乏想象力的，而治理是具有创造力和回应力的。"[②] 政策清单蕴含了扶贫主体价值认知对脱贫实践需求治理的应有之意。从形态上看，扶贫政策清单治理是以"价值群"的形式出现的。扶贫政策绩效清单在一定程度上受到"价值群"的规约，清单作为精准扶贫政策执行的有效载体，统摄了清单绩效治理的全过程。具体而言，清单制定着眼于扶贫过程中的公共性目标，在清单内容合法性供给的基础上，实现于清单政策的工具性定位。

---

① 《2017 年中央一号文件全文》2017 年 2 月 6 日，［2017—03—13］．http：//fupin．red-net．cn/c/2017/02/06/4205673．htm．

② 乔治·弗雷德里克森：《公共行政的精神》，张成福等译，中国人民大学出版社 2003 年版，第 83 页。

（一）　清单制定的公共性目标

公共政策是社会价值的权威性分配过程，而"一个社会关心其穷人的方式反映该社会的价值"。①清单作为一种信息的清晰化集成，已经存在于公共利益为制度内核的扶贫治理议程之中。因此，返本公共性价值重建扶贫治理的知识体系，确立公共性价值的"研究强纲领"，是扶贫政策清单制定在国家治理体系中的扩展。脱贫不仅是中央顶层设计时刻观照的民生议题，清单制扶贫更是政府脱贫治理中关乎"分配正义"的政治哲学命题。

因此，清单对扶贫政策执行领域的边界做出了明晰的划分，对"公共的善"进行了深刻的关注。清单制作为中国特色扶贫治理的有效实践，是对既有扶贫"项目制"运作的提升。扶贫清单在地方实践中的运用，已经实现了"物的逻辑、价值逻辑和责任逻辑"的三维联动。②"物的逻辑"——清单作为脱贫载体，实现了农民在生产供给和资源配置中的主体性。"价值逻辑"——扶贫清单的运作不仅要具备公平规范的运作流程，而且清单的制定要具有公共性。"责任逻辑"——强调清单政策的拟定要体现治理责任的分担和实现。毫无疑问，如果不将公共性作为研究的价值预设，也就无法寻找合作机制的变量或理论要素，同时嵌入在扶贫治理结构中的公共价值也就被遮蔽。因此，清单的制定在一定程度上阻止了扶贫政策执行中公共性扩散的后果。

政府被认为是公共性的集中体现，扶贫政策的公共目标决定了脱贫资源的配置方向，而社会性的扶贫手段一旦被看作为纯粹的私人性存在，就必须依靠国家的强制性力量进行公共性的再造。唯有此，才能实现扶贫过程中贫困对象的边际收益最大化。"政府的公共性不是取决于国家权力机构的主观界定，也不是由法律做出的规定，而是一种源于历史发展过程的客观性规定"③。目前，中央政府已将扶贫治理主体下放于县级政府的治理单元，中央政府将扶贫项目通过行政方式筹集扶贫资源，作出决策、确

---

① 　查尔斯·扎斯特罗：《社会工作与社会福利导论》，孙唐水等译，中国人民大学出版社2005年版，第134页。

② 　阮新邦：《批判诠释论与社会研究》，上海人民出版社1998年版，第11页。

③ 　张康之：《公共行政的行动主义》，江苏人民出版社2014年版，第112页。

定扶贫项目执行的标准，然后再"外包"于基层政府，基层政府通过市场化的运作及扶贫治理功能的"外包"，赋予了清单制定的公共性内涵，由此，扶贫政策清单的公共性从国家及其政府扩散到了社会组织，社会组织因承担起了治理功能而必然获得公共性这一价值目标。

（二）清单内容的合法性供给

合法性是一个关于正当性、合理性的价值命题，它"试图解决一个基本的政治问题，而解决的办法即在于同时证明政治权力与服从性"。[①]从清单内容来看，扶贫政策清单合法性供给的诸多方式皆深植于贫困领域。但是，精准扶贫战略提出以前，扶贫政策主要指向扶贫资源的配置、区域化扶贫等一般供给模式，因此造成传统时期扶贫模式政策重心偏移的生态资源赔偿的欠缺，扶贫过程中的精英俘获现象致使扶贫目标偏离、结果偏误和系统偏差等扶贫困局。因此，清单在扶贫政策强制性变迁和贫困对象诉求变革的双重变奏下，完成了市场和政府治理领域的政策整合，将制度扶贫渗透到社会治理领域，为扶贫清单的供给提供了治理平台。

诚然，获得了合法性的政策清单才能实现扶贫治理的公共性目标。[②]清单内容的合法性供给不但表征着贫困对象对清单治理政策治理系统的认可和接纳，而且要求扶贫政策系统与法律规范相契合。因此，清单内容的合法性促进了扶贫政策目标群体对政策系统、政策过程以及政策执行后的脱贫效应。在普惠式扶贫向精准扶贫转变的背景下，国家亟需通过政策执行寻找扶贫治理的有效性与合法性载体。这是因为，"一项政策选择不论在技术上多么正确，如果它不能被公众证明是合法的，那么它就几乎不具有实践价值"。[③]毫无疑问，从清单内容的供给来看，扶贫应该涉及资源配置效率与贫困对象的微观需求，同时兼顾政策绩效。

从目前地方政府扶贫效果来看，精准扶贫的实践重点观照了贫困对象的碎片化和个性化需求。在提供扶贫信息咨询、技术更新、组织参与等方

---

① 让－马克·夸克：《合法性与政治》，佟心平等译，中央编译出版社 2002 年版，第 12 页。

② 麻宝斌、贾茹：《权力清单制度的理论分析与现实检视》，《探索》2016 年第 3 期。

③ 盖依·彼得斯：《美国的公共政策：承诺与执行》，顾丽梅等译，复旦大学出版社 2008 年版，第 97 页。

面，政策清单已经表现出了扶贫治理的精准性和专业性。从国家扶贫治理能力角度来看，通过扶贫清单进行扶贫不仅是国家应对绩效压力、实现既定目标的一种手段，更是国家治理能力的关键维度和重要体现。① 从清单内容的合法性供给方式来看，政策清单的扶贫内容要切实还权于市场与社会，同时，市场、社会要遵循"法无禁止皆自由"的原则，实现政府与市场、社会的无缝对接和扶贫治理目标。因此，扶贫清单政策的实施要瞄准提升贫困对象和贫困区域的扶贫效果，保障扶贫效果的最优化产出。

（三）清单政策的工具性定位

政策工具是政府治理的手段和途径，是政策目标与结果之间的中介，其是"为解决某一社会问题或达成一定的政策目标而采用的具体手段和方式"②。清单是地方政府进行扶贫治理的实践性工具，这种工具突破了扶贫治理的既有范式，在目前基层政府扶贫政策的文本中已经给出了切实的回应。显然，政策清单工具是政府为解决贫困而采取的治理手段和途径，在扶贫政策执行时，要制定切实可行的"扶贫清单"。"选择政策工具的过程也就是一种揭示政策具体内容的过程。"③ 因此，必须按照"解剖麻雀"的手法，认真梳理研究扶贫对象需求及措施清单，为贫困区域、贫困对象逐一精心编制个性化需求清单、脱贫时限清单、扶贫措施清单和脱贫责任人清单等"四项清单"，做到精准扶贫脱贫"一本清账"。清单政策工具对公共事务的合作治理已经成为一种新的扶贫治理方式。

清单政策工具是政府将扶贫政策规划转变为公共决策的依托载体，扶贫清单的引入为扶贫流程的再造和管理方式的优化提供了契机，是政府可资利用文本资源的一种转换形式，这亦是清单之所以被扶贫决策者所采用的根本原因。扶贫清单作为一种治理工具，合理界分扶贫项目的性质以及准确判断政策环境，是有效使用扶贫政策工具的首要前提。面对高度复杂的贫困情境，扶贫清单的工具性定位是政府脱贫议程"超越管制"并寻

---

① 杨丽丽：《公共政策合法性危机的产生及其消解：基于协商民主的视角》，《行政论坛》2015 年第 1 期。

② 陈振明：《政策科学：公共政策分析导论》，中国人民大学出版社 2013 年版，第 170 页。

③ B. 盖伊·彼得斯：《公共政策工具》，顾建光译，中国人民大学出版社 2007 年版，第 30 页。

求"新政策工具"的必然选择。正如吉登斯所言，社会中支配结构的资源可以分为配置性资源和权威性资源，其中配置性资源指的是可以支配物质工具的能力，而权威性资源则是指支配人类自身活动形式的手段，它主要包括各种政策工具。①

清单作为政策工具被扶贫决策者以及实践者所采用，是政府将扶贫意图转变为扶贫政策执行的工具性目的。具体而言，可将地方扶贫政策工具分为三大类，即市场化工具、工商管理技术和社会化手段。市场化手段的扶贫难以解决呈现分散、个体、差异化特征的脱贫对象。要利用市场的分散化决策机制实现扶贫的目的，如产业化方式的整体扶贫等。作为政策工具，扶贫的工商管理技术工具涵盖扶贫战略管理技术、贫困对象诉求、扶贫过程的全面质量管理、绩效标杆管理等诸多政策目标。社会化手段的扶贫方式调动了第三方的社会资源，在国家扶贫的推进方式上实现了多元主体合作治理的扶贫格局，如家庭、社区和自愿组织等自愿类政策工具的扶贫。因此，扶贫清单作为一种治理工具，厘清扶贫政策项目的性质和外部环境，是有效使用清单工具的首要前提。

二　绩效偏差：政策清单嵌入的扶贫治理契机

扶贫绩效不但要回应清单政策目标与贫困受益群体之间的差异，还要明确特定贫困对象精准脱贫过程中的"政策立场"。具体而言，扶贫绩效的偏差主要表现为扶贫单元纵向科层治理与扶贫主体横向识别之间的张力、扶贫治理"内卷化"与政策执行异化的负面效应、资源输入与内源式脱贫互相排斥的治理悖论、乡村治权弱化与扶贫技术治理的限度。相对于扶贫政策治理而言，政策清单的引入和运用破解了扶贫治理的难题，搭建了扶贫效率在政策目标与执行结果之间的沟通桥梁。

（一）扶贫单元纵向科层治理与扶贫对象横向识别之间的张力

从纵向层级"条条关系"角度来看，层级式纵向的科层治理是目前

① Anthony Giddens, Central Problems in Social Theory: Action, structure and contradiction in social analysis [M]. The Macmillan Press LTD, 1979: 36.

基层政府开展精确识别的主要方法。扶贫绩效治理主要从政策输入、转化与输出和效能评价方面挖掘扶贫政策系统偏差的控制途径。精准扶贫涉及到扶贫政策的层级性，其基本程序是：各省根据本地实际划定扶贫线，然后由市县组织扶贫专班，按照"市县—乡镇—村—户"四级网络运作，通过"自上而下"的国家权力下渗，实现扶贫的政策目标，从而形成中央统一性和地方多样性的执行格局。显然，"压力型"体制下的扶贫政策执行网络是官僚制组织的延伸，"官僚制组织绝不仅仅意味着一种复杂的组织，它的主要特征是僵化和迟钝，有效的行动受到官样文章的阻碍"[①]。

可见，纵向科层治理是在"压力型"体系下采取目标责任考核的方式。从扶贫主体来看，政府为主导联合多部门扶贫小组开展的层级推进式扶贫体制是一种"政治任务"。下级各部门为了完成硬性规定的各项指标和任务，不得已采取竞标赛式的扶贫效果"竞赛"。在扶贫实践中，地方各部门为完成"规定"的扶贫目标，"创造性"地采取了各种针对扶贫效果的"迎检"手段。因此，各级政府基于扶贫的扶贫压力，在扶贫指标分派后就"千方百计"地寻找各种政治资源为扶贫这一"中心任务"提供"方便"。因此，自上而下的治理框架下采用逐级分配指标的做法使得贫困的识别变得异常困难，贫困对象的识别也异化成一个政治过程。一方面，扶贫单元纵向科层治理强调行政权威的强制作用；另一方面，贫困对象的致贫原因各有差别，这种通过自上而下的"层级式"逐级认定，牵涉到多个部门的综合性协调，在一定程度上消解了扶贫政策细化过程中的执行绩效。[②]

因此，这种对贫困对象横向识别的治理模式虽然有严格的逐级审核体系，但其运作层级过多，识别的行政成本也会随之增倍，容易在识别中产生"漏桶效应"，扶贫政策的承载能力和传递效能也难以负载，导致完全按行政区划扶贫的目标瞄准偏离。加上横向识别的公开透明度不高，亦造成了部分群众的不满和异议。由此，造成"层级式"科层纵向治理与贫困对象"参与式"横向识别之间的张力，使精准扶贫工作面临棘手难题。

---

① 米切尔·黑尧：《现代国家的政策过程》，赵成根译，中国青年出版社 2004 年版，第 173 页。

② 郑瑞强等：《连片特困区政府减贫行为供需对接障碍与机制优化》，《青海社会科学》2015 年第 3 期。

因此，"传统的等级制政府模式根本就不能满足这一复杂而快速变革的时代需求，靠命令和控制程序、刻板的工作限制以及内向的组织文化和经营模式维系起来的严格的官僚制度，尤其不适宜处理那些常常要超越组织边界的复杂问题①。对此，中央顶层设计的扶贫战略规划必须找到制度化的常态扶贫机制，针对扶贫对象在政策配套上进行"点"（贫困个体）与"面"（贫困地区）相结合，确保扶贫资源配置与扶贫绩效的最优化。

（二）扶贫治理"内卷化"与政策执行异化的负面效应

"内卷化"是指"一种社会模式在某一发展阶段达到一种确定的形式后，便停滞不前或无法转化为另一种高级模式的现象"②。扶贫治理的"内卷化"解释了扶贫过程中逆向效应的多元特征。"内卷化"的减贫效应根源于扶贫效果效应递减，减贫政策的执行落入到扶贫可持续性脆弱的窠臼之中。这是因为在"资源下乡"的大背景下，随着基层扶贫资源的递增，客观要求乡村内部的治理系统变得愈发精细化。与此相比照的是，反贫困项目成为基层政府捞取政治资本的手段，扶贫治理的"内卷化"导致了大量的公共资源并没有真正到达扶贫对象的手中，贫困区域治理的"内卷化"趋势愈演愈烈。

从扶贫政策执行的效应来看，国家扶贫政策治理所蕴含的技术理性、价值理性和行动理性，揭示了国家扶贫政策治理系统主体、客体与对象嵌入情境的复杂性及其内在的隐性结构与隐性机制。尽管我国的扶贫工作经历了从区域性瞄准到"精准到县"再到"精准至村"的转型，同时，政府主导的扶贫工作，重"输血"而轻"造血"，忽视了贫困者主动脱贫的能力。政策执行的负面效应可以通过扶贫绩效的"时差""区差"和"位差"信息揭示国家扶贫政策治理体系中存在的认知差距、角色差异、制度堕距等治理内卷化的结构性问题。对于扶贫工作"内卷化"窘境而言，"发展"是总体目标，"增长"则意味着减贫工具的运用。

因此，须从以下几个角度考察扶贫治理"内卷化"与政策执行负面

---

① 斯蒂芬·戈德史密斯、威廉·埃格斯：《网络化治理》，孙迎春译，北京大学出版社2008年版，第6页。

② 杜赞奇：《文化、权力与国家：1900—1942年的华北农村》，王福明译，江苏人民出版社2010年版，第53—54页。

效应之间的关系。其一，总体扶贫政策预期。主要从民生价值导向、公共空间境遇与公共行动激励等方面分析国家扶贫政策的规范指向。其二，扶贫政策议程模式。主要从扶贫政策的总体布局、重点领域和关键任务分析扶贫政策在地方的微观实践。其三，扶贫政策场域系统。主要从社会扶贫、行业扶贫和专项扶贫角度分析扶贫政策的分层治理系统。其四，扶贫的精准效应目标。主要从贫困对象的定位和需求凸显扶贫进程中的驱动和控制方向。因此，要围绕扶贫治理中出现的极化现象、积聚效应和分化效应等目标偏差状况，提炼国家精准扶贫政策预期目标实现的经验教训，概括项目实现的有效条件，归纳增强政策调试能力的途径。

（三）　资源输入与内源式脱贫互相排斥的扶贫治理悖论

在现有利用公共权力配置扶贫资源的政策执行框架中，贫困县、贫困村和贫困农户的识别最终都与资源分配密切相关，稀缺资源而导致的资源竞争同样发生在更低一层的分配单元。"一个政策系统或指定政策的整个机构模式包括三要素的相互关系：公共政策、政策利益相关者和政策环境"。[①] 本质上看，国家强势推进下的资源输入式扶贫更多体现在外援扶持机制的建立，这种扶贫模式并未实现"输血"向"造血"的转变。相反，内源式脱贫凸显的是扶贫的内生力量和本土民众的公共参与。因此，通过政策治理的嵌入，运用扶贫政策的合理设计，通过内源扶贫强化贫困对象的自我脱贫意识，降低扶贫瞄准的惯性依赖，是贫困地区脱贫发展的治本之策。

资源输入背景下扶贫政策治理体系所蕴含的行动局限，揭示了精准扶贫政策治理系统主体、客体与对象嵌入环境的情景复杂性及其内在的隐性限制。在扶贫资源向贫困对象传递过程中，政府基于强制力量配置资源，市场通过资源交换配置资源，社会则借助于价值观的推广配置资源。因此，根据国家精准扶贫理性预期，要在总结扶贫政策实践经验教训的基础上，概括地方脱贫行动的有效条件，归纳增强政策调试能力的途径，提炼国家扶贫政策治理系统优化的整体性方案。同时，从国家扶贫的多个政策

---

① 威廉・N. 邓恩：《公共政策分析导论》，谢明等译，中国人民大学出版社 2002 年版，第79 页。

界面和行动目标分析地方脱贫的具体情境和条件差异。根据贫困对象内源式脱贫的特点，适时调整协调扶贫政策，从精准扶贫的理性预期和地方脱贫实践差异化运作结构的双重关联把握扶贫政策系统协调和治理系统的创新。

在依托于"项目制"进行的资源输入过程中，"项目下乡"主要以财政资金专项化和项目建设市场化的方式运作。[①]　如前文所述，"项目制"的扶贫运作不仅加剧了县际、镇际乃至村际之间的竞争，而且，也造成了扶贫项目资金的供给与农民的实际需求相脱节。因此，精准扶贫的战略布局客观要求政府机制、市场机制和社会机制三者相互配合，共同发挥资源配置过程中的合力。首先，从扶贫政策"四个精准"目标要求，分析精准扶贫政策执行和效能评价中所存在的精准扶贫目标偏离、执行背离、结果偏误和系统偏差问题。其次，从扶贫目标和政策制定角度分析精准扶贫所存在的信息难题、距离悖论、角色冲突和评估风险等绩效治理困境。最后，从公共治理的宏观政策视角分析精准扶贫政策所面临的政策环境"区位"差异、制度弹性、供需矛盾与责任风险等贫困治理悖论。

三　绩效控制：扶贫清单治理的政策执行逻辑

政策清单作为一种规制性治理工具，是有效执行公共政策的重要手段。相对于扶贫政策治理而言，政策清单的引入和运用，搭建了扶贫治理难题和扶贫政策执行效率之间的通道。在地方治理的传统研究中，清单政策的供给实现了贫困对象"网络型"识别的载体。要立足于清单扶贫政策治理与村民自我脱贫的对接，建构多部门协同的清单分类管理和动态考核机制，实现扶贫治理的政策扩散与清单式脱贫需求的兼容。

（一）贫困对象"网络型"识别的清单政策供给

鉴于目前"层级式"纵向治理与贫困对象横向识别的弊病，应对精准识别载体进行优化配置，构建政策清单供给的"网络型"识别机制。清单政策供给的"网络型"识别侧重层级识别的扁平化处理和参与对象

---

① 渠敬东：《项目制：一种新的国家治理体制》，《中国社会科学》2012 年第 5 期。

识别的公开化运作。其一，清单政策总体预期。主要从扶贫的民生价值设计清单的内容，从扶贫行动的公共性内容对扶贫政策进行瞄准。其二，政策议程模式。通过地方扶贫过程中清单政策的具体运用，从扶贫政策执行的重点领域和关键任务分析精准扶贫的政策执行模式。这是因为，"政策窗口或者因强制性问题的出现而打开，或者因政治流发生的事情而打开……政策提倡者有责任将问题和解决措施结合在一起，使问题与解决措施两者与政治生活结合到一起"①。因此，扶贫对象的"网络型"识别与扁平化运作有助于解决因层级过多而导致的识别成本过高和信息沟通失真。

如前文所述，目前县域已经成为扶贫的政府主体，"县抓落实"是农村扶贫开发的基本要求。因此，在乡村治理现代化视角下，要围绕清单这一创新载体研究国家扶贫政策的目标导向系统、政策圈层体系、政策执行结构、纵向与横向关系的协调，定位于扶贫政策清单的战略导向、整体价值、治理范围和项目治理过程中的政治理性。由于"政治理性是一种说服过程，它也就是寻找标准和为选择论证其合理性的过程。……平等、效率、公正以及其他诸如此类的目标都仅仅是一个共同体的渴求"②。具体而言，要依托扶贫政策清单驾驭社会扶贫、行业扶贫和专项扶贫的政策分层治理系统。

民众的生计空间是一个多元复合体，具体致贫的原因也不是由单一维度所定。贫困对象"网络型"识别的清单政策，要重点发挥贫困对象自身参与识别的作用。要从受众定位、需求挖掘、过程控制、效果评估、数据驱动等精准机制角度分析扶贫政策的治理绩效。利用社会认知理论、社会行动理论和政策执行模型分析地方政府脱贫系统的政策回应、自主裁量、政策生产及其与情境的互动关系，确保扶贫对象认定结果的群众满意度。推动扶贫对象识别层级的扁平化，强化县、村两个主体的识别权，将需要扶助的"真贫"对象纳入精准扶贫范围，预防扶贫对象识别中"漏桶效应"的出现。在扶贫跨域治理中，要使新型扶贫制度的价值与效率

---

① 迈克尔·豪利特：《公共政策研究：政策循环与政策子系统》，庞诗译，生活·读书·新知三联书店 2006 年版，第 198 页。

② 德博拉·斯通：《政策悖论：政治决策的艺术》，顾建光译，中国人民大学出版社 2009 年版，第 398 页。

落实在地方政府的组织架构之中。

（二）清单扶贫政策治理与村民自我脱贫的无缝衔接

精准扶贫是一项牵涉到多个部门的综合性工程，从扶贫清单体系探讨精准脱贫政策要素的结构层次与作用机制，在政策瞄准、帮扶方式、资源管理和监督评估等层面进行清单治理创新。运用政策执行理论框架，运用系统思维深化扶贫政策清单目标的精细化过程，通过推进贫困人口的精准识别和具体的帮扶措施制定更加有针对性的扶贫方案，提高脱贫的效能。凸显出政府管理与村民自我脱贫及"自我造血"的能力。同时，着眼于我国精准脱贫政策目标，在对地方扶贫政策清单治理效果进行理性分析与科学评价的基础上，构建我国扶贫政策清单治理的分析框架，并提出具有针对性、系统性和操作性的对策建议。

具体而言，农民的自我减贫能力可以从静态和动态两个维度来衡量。首先，农民自我脱贫的静态维度主要包括其自身的生存能力和发展能力。其次，农民自我脱贫的动态结构主要包括自身的劳动能力、信息获取力、资源整合力等三个维度。因此，必须针对不同的贫困情况、致贫原因以及地理环境，采取切实有效的扶贫措施，强化分类治理和村民自我脱贫相结合。[①] 毫无疑问，从清单扶贫政策治理来看，无论是从扶贫的"对象—资源—主体"精准，还是扶贫的"目标—过程—结果"精准以及"微观—中观—宏观"的不同扶贫层级精准，精准扶贫与精准脱贫都必须力主解决因政府分割造成的贫困识别不准、瞄准偏差与目标偏离等难题。在扶贫政策清单的治理框架中，要运用"政策细化、政策组合与政策链接""资源禀赋、应变能力与行动价值"和"应变途径、多样手段与多元目标"框架，厘清地方脱贫选择性治理的多元行动路径。[②]

进一步而言，要通过政策文本和实地调研分析扶贫政策清单的基本内容和体系构成，分析以扶贫对象需求清单、扶贫措施清单、扶贫目标及时限清单和扶贫责任清单为代表的清单事项和分层系统。首先，遵照地方扶

---

① 朱天义、高莉娟：《精准扶贫中乡村治理精英对国家与社会的衔接研究：江西省 XS 县的实践分析》，《社会主义研究》2016 年第 5 期。

② 朱天义、高莉娟：《选择性治理：精准扶贫中乡镇政权行动逻辑的组织分析》，《西南民族大学学报》（人文社科版）2017 年第 1 期。

贫政策清单的编制与内容细分，从脱贫目标定位、厘清扶贫主体职能、明确扶贫监管责任等方面的规划、标准与绩效要求方面开展工作。其次，在纵向上要延伸到多个治理层级，在横向上要覆盖多种扶贫机构与工作部门，清单治理需要克服"政策照搬"与"信息孤岛"现象，避免政策清单的同质性复制和执行表层化、机械化。其三，对扶贫政策清单实施控制。扶贫清单构建了一个科学的权责体系，在扶贫功能上对扶贫主体、对象和职能进行合理定位；在扶贫结构上，对扶贫的程序、环节和责任进行系统规划。在扶贫价值上，针对脱贫对象的需求，提升了贫困人口发展的能力和条件，在实施精准脱贫考核的基础上，确保扶贫有序退出，有助于预防虚假脱贫和数字脱贫。

（三）建构多部门协同的清单分类治理和动态考核机制

要从扶贫政策输入、转化与输出与效能评价等方面建构多部门协同的清单分类管理和动态考核机制。首先，从扶贫清单的纵向"条条关系"角度提取政策治理的层级推进途径，注重扶贫效果的持久性和长期性。通过扶贫政策转化的过滤机制、交换机制、承载能力和传递效能，降低脱贫人口返贫概率，在考核评估环节要特别注重其持续性和动态性。一方面要注重考核评估贫困人口的脱贫效果，进行一段时间的跟踪监测，使具备可持续发展能力的脱贫人口逐渐退出，另一方面要制定动态的帮扶主体考核机制，使帮扶不积极或效果不明显的成员退出，支持和鼓励帮扶效果好的成员推广帮扶范围和措施，实现帮扶主体和帮扶措施优胜劣汰。①

从横向"块块关系"来看，扶贫清单的运用要力主消除扶贫过程中的跨域协调、政策分割、价值排序与项目链接问题。首先，建立政策清单的激励驱动机制。从"自上而下"层级推动对"自下而上"横向对接的推进模式进行研究，着重分析扶贫政策的分层治理、条块分割、横向协调和系统整合问题。围绕清单内容整合扶贫资源，形成区域自主治理网络，实现区域治理的协同整合。其二，政策执行主体的治理协同。在清单动态考核方面，主要从扶贫政策治理的内在效度、外在效度、决策

---

① 吴晓燕：《精细化治理：从扶贫破局到治理模式的创新》，《华中师范大学学报（人文社会科学版）》2016 年第 6 期。

效度和治理效度评价方面，分析政策转化能力、系统对接能力、项目协同能力、治理整合能力。在清单动态考核阶段，要从减贫成效、精准识别能力、精准帮扶能力、公众满意度方面综合考核，优化区域扶贫跨域治理的组织耦合。谋求经济协作以创造合作基础，优先以增强地方协作能力为主导的扶贫方向，逐步拓展扶贫规划的整合领域，明确单个地方政府无法承担的公共责任，推动区域经济一体化向管理协同化、服务均等化等纵深领域发展。

（四）扶贫治理的政策评估与清单制脱贫需求的兼容

贫困之所以继续存在，是因为它在增强社会系统的存活能力方面的好处超过了它造成的损害。[①] 因此，扶贫治理政策评估的考核评估对象有两个：一是对贫困人口的脱贫效果进行评估，建立脱贫对象的有序退出标准；二是对帮扶主体的具体业绩进行考核，实现帮扶主体和帮扶措施优胜劣汰。从清单式脱贫的微观需求来看，要基于国家扶贫政策开发纲要的整体战略布局、审批权限改革、地方扶贫职责调整的治理发展路径，增强政策情境认知能力，完善政策执行系统架构和增进精准扶贫政策效果的外部环境。创新扶贫政策战略执行框架和扶贫政策行动模式以克服脱贫治理二元系统内在的张力，同时，实施国家扶贫政策监控和评估工程，开发一体化的政策协作系统。

要构建扶贫治理政策评估框架，从政策治理结构、议程设置和执行框架对扶贫机构、互动模式、系统关联、资源配置等方面重新设置扶贫体制，这是因为，"越来越多的公共服务是在核查支付手段的基础上提供的。……如何以可以接受的精确度来有效地核查人们的支付手段，同时避免其他负面作用。"[②] 通过扶贫政策清单的制度平台与分类标准的差异，增强政策清单在协同脱贫目标与扶贫手段之间的脱贫效作用。在此基础上，实施国家扶贫政策监控与评估工程，从建立扶贫开发信息管理系统、贫困监测机制、多元参与机制、责任与风险机制、绩效考评机制方面提出

---

① 麦克斯怀特：《公共行政的合法性：一种话语分析》，中国人民大学出版社 2002 年版，第 4 页。

② 阿玛蒂亚·森：《以自由看待发展》，任赜译，中国人民大学出版社 2013 年版，第 129 页。

对策与建议，提升政策清单治理对扶贫绩效的控制和协调能力。

政策清单作为扶贫工具的优化配置是选择和运用政策工具的基本原则，要对清单治理的程序规范及配套治理进行深度挖掘，归纳清单制运作与贫困对象脱贫需求的兼容性特征。具体而言，要从话语更新、知识认同与社会互动方面进行反馈，从政策建构、执行建构、政策追踪、政策传播与可持续性发展目标协调方面进行经验总结，推进扶贫政策系统学习和政策扩散，优化中国特色扶贫理论和政策体系。同时，也要改进基层政府扶贫实践中的调查方法，提高扶贫开发决策水平和行动能力。精准扶贫是一个长期的系统工程，常态化机制必不可少，"精准脱贫"政策目标的重点在"脱"，相对而言，"精准扶贫"只是一种手段，手段与目标之间是可能存在治理偏差的。为实现扶贫治理实践的多重目标，清单政策治理的逻辑进路为"政策情境的嵌入—治理目标定位—政策工具的运用"。

结　语

扶贫政策清单的运用能够弥补既往扶贫治理的局限，在地方脱贫实践中，清单式脱贫能够通过清单治理的特性和功能来扩大扶贫政策的使用范围和整体效能。因此，清单扶贫治理就是针对某些条件下"市场失灵"和"政府失灵"的一个全新治理模式与路径。截至目前，对于清单制扶贫的应用虽仍有诸多在内容设计、方法应用、程序处理和理论认知等有待加强的领域，但有针对性地强化解决扶贫治理中最主要的问题，无疑是实现脱贫攻坚的必由之路。显然，扶贫政策清单的引入规避了既往扶贫的弊端。当然，这需要透过政策清单供给模式的个案，不断调整扶贫治理过程中多种政策工具的配套措施。具体来说，政策环境影响了清单政策工具的选择，解决好政策从出台到落地之间的时滞降低政策的精准度的问题，否则再好的扶贫政策也会因为"最后一公里"现象而成为摆设。丹尼尔·贝尔曾说："一个社会的创伤，就是指不能掌握人民所需要的全部知识。"① 在现实的社会与经济发展中，人们看到了越来越多的"市场失灵"

---

① 丹尼尔·贝尔：《后工业社会的来临》，高铦译，商务印书馆1985年版，第191页。

和"政府管控失灵"的社会现实①。因此，扶贫政策清单的运用和学理研究为我国的精准扶贫政策提供了理论支撑与实证支持，扩展了扶贫研究的理论视野和实践空间。

---

①　张鸿雁：《"社会精准治理"模式的现代性建构》，《探索与争鸣》2016 年第 1 期。